Zauberkünstler und Mentalisten können auf der Bühne die unglaublichsten Dinge vollbringen. Doch wie sieht es im wahren Leben aus? Können sie auch hier von ihren Fähigkeiten profitieren? Nicolai Friedrichs Antwort lautet: »Ja!«
Erstmalig gibt einer der Besten seines Fachs geheimes Wissen preis und gewährt dem Leser Einblicke in die Welt seines magischen Denkens. Profitieren Sie von den zahlreichen Tricks und Methoden, die sich wirkungsvoll auch im wahren Leben einsetzen lassen, um den Schwierigkeiten des Alltags ein Schnippchen zu schlagen. Lassen Sie sich inspirieren, motivieren und seien Sie verblüfft, wie leicht es Ihnen fallen wird, mit Ihren bis dato verborgenen mentalen Zauberkräften für unmöglich gehaltene Ziele zu erreichen.

Schon als Kind träumte Nicolai Friedrich (Jahrgang 1976) davon, Zauberer zu werden. Um auch einen »soliden« Beruf vorweisen zu können, studierte er Jura und ist heute neben seiner Zauberei in einer Frankfurter Anwaltskanzlei tätig. Friedrich hat sich auf die sogenannte Mentalmagie spezialisiert und erhielt in dieser Disziplin 2009 in Peking bei der Weltmeisterschaft den Preis der besten Darbietung. Mit seiner Bühnenshow tourt er im In- und Ausland und ist regelmäßig zu Gast in TV-Talkshows.

Weitere Informationen, auch zu E-Book-Ausgaben, finden Sie bei www.fischerverlage.de

NICOLAI FRIEDRICH

ICH WEISS,
WAS IN DIR STECKT

MIT MENTALEN TRICKS
UNMÖGLICHES ERREICHEN

FISCHER
TASCHENBUCH
VERLAG

Vielen Dank an Thomas Heine und Rainer Mees von www.paracons.de für ihre Mitarbeit und tatkräftige Unterstützung bei der Realisierung dieses Buches.

Wenn Sie in diesem Buch nebenstehenden Code entdecken, haben Sie die Möglichkeit, sich mit Ihrem Smartphone einen dazu passenden Videoclip anzusehen.
Zum Einscannen dieser sogenannten QR-Codes benötigen Sie nur eine der zahlreichen kostenlosen Softwareapplikationen.
Falls Sie nicht über diese technische Möglichkeit verfügen, finden Sie auf Seite 298 eine Liste mit den entsprechenden Internetlinks, so dass Sie sich die Videos auch bequem auf Ihrem PC ansehen können.

Veröffentlicht im Fischer Taschenbuch Verlag,
einem Unternehmen der S. Fischer Verlag GmbH,
Frankfurt am Main, April 2012

© S. Fischer Verlag GmbH, Frankfurt am Main 2012
Abbildungen: Thomas Heine
Projektbetreuung: Mendlewitsch + Meiser, Düsseldorf
Satz: pagina GmbH, Tübingen
Druck und Bindung: Druckerei C. H. Beck, Nördlingen
Printed in Germany
ISBN 978-3-596-19397-4

Inhalt

Drei Wünsche? Das war gestern. 9
Am Anfang war der Zauberkasten 11

1. Kapitel Geht nicht, gibt's nicht 19
Die Möglichkeiten des Unmöglichen // Entscheidend ist der
Zieleffekt

2. Kapitel Wunderbar, alles ist da 30
Zauberzutat Nummer eins: das Ich 30
Wer glaubst du, bist du? // Du bist, was du glaubst // Stärke
dein Selbstvertrauen // Optimisten, Realisten, Pessimisten //
Mut zu Veränderungen // Die Krux mit der Entscheidung //
Sinne schärfen und Wahrnehmungsfähigkeit nutzen // Gute
Ziele, schlechte Ziele

Zauberzutat Nummer zwei: Unterbewusstsein. 63
Sprich mit deinem Unterbewusstsein // Die Gedanken sind
frei // Gedanken fühlen // Ganz gezielt programmieren // Raus
mit dem Gedankenmüll

Zauberzutat Nummer drei: Kreativität 77
Geheimwaffe der Superklasse // Brainstorming oder der ein-
same Weg zum Erfolg // Loslassen und wegschauen // Feste
Gewohnheiten // Die Sache mit der Selektion

Zauberzutat Nummer vier: Motivation 92
Zuckerbrot und Peitsche // Tricks gegen Trägheit // Motivati-
onsbooster »Sinn« // Begeisterung, der Schlüssel zum Erfolg //
Motivation durch das richtige Umfeld

Zauberzutat Nummer fünf: Konzentration 106
Mythos »Multitasking«

Zauberzutat Nummer sechs: Willenskraft 111
Wo ein Wille ist, ist auch ein Weg // Ohne Fleiß kein Preis

Zauberzutat Nummer sieben: keine Angst vor der Angst 114
Mein Name ist Angsthase. Ich weiß von nix! // Der Angst auf
der Spur

3. Kapitel Jetzt wird gezaubert 119
Das erste Prinzip der Zauberei: die Grenzen unseres Verstandes
erkennen und nutzen 119
Selektive Wahrnehmung // Erwartungen und Denkmuster //
Wer die Denkmuster kennt, ist klar im Vorteil // Gefangen in
den eigenen Denkmustern // Unglaublich – der blinde Fleck
unseres Gehirns

Das zweite Prinzip der Zauberei:
nur Übung macht den Zaubermeister 132
Natürlichkeit ist harte Arbeit // Nur mit Proben ganz nach
oben

Das dritte Prinzip der Zauberei:
geheime Tricks und Methoden anwenden 136
(Fast) alles ist erlaubt // Mission »Ablenkung« // Priming &
Co. // Mit Fehlern umgehen können // Die Kunst des Perspek-
tivenwechsels // Mit Störungen umgehen oder das Ja-Sager-
Prinzip // Täuschen oder nicht täuschen? Das ist hier die Frage

Das vierte Prinzip der Zauberei:
Persönlichkeit entwickeln 155
Charisma, Ausstrahlung und Anziehungskraft // Natürlich-
keit, die Zweite // Vorbereitung gegen Lampenfieber // Mutig
und risikobereit handeln

Das fünfte Prinzip der Zauberei:
Emotionen hervorrufen. 160
Kleine Emotion, große Wirkung // Erwartungen übertreffen

4. Kapitel Die Methoden der Mentalisten 164
Der Körper spricht Bände // Kalibrierung, das Mittel der
Wahl // Immer schön lächeln // Mimik, ein vielschichtiges
Spiel // Schau mir in die Augen // Lass die Hände sprechen //
Lügner entlarven // Mit Silent Reading Menschen richtig ein-
ordnen

NLP & Co. – eine mentale Trickkiste 177
Verhaltensmuster oder Metaprogramme // Rapport herstellen
und nutzen // Matching oder wie man geschickt spiegelt // Reframing oder alles neu verpackt // Ängste einfach verschwinden lassen // Mit einem Swish ist alles weg // Den Anker setzen

Das Phänomen Hypnose. 196
Hypnose, was ist das? // Hypnose mal ganz praktisch // Am
Anfang ist die Induktion // Hypnose als Therapie // In 15 Mi-
nuten zum Nichtraucher

Die Macht der Beeinflussung. 208
Zauberwörter, Zauberwörter, Zauberwörter // Die Reihen-
folge macht's // Beeinflussung durch unbewusste Überzeugungen // Das kleine Einmaleins der Beeinflussung // Konfusion
und Überraschung // Den Fuß in der Tür haben // Soziale Beeinflussung // Pacing & Leading // Beeinflussen durch aktives
Zuhören // Verrückte Welt // Beeinflussung von außen lauert
überall // Beeinflussungen abwehren

5. Kapitel Wunderwaffe Gedächtnis. 230
Wer lernen kann, ist klar im Vorteil. 232
Welcher Lerntyp sind Sie? // Auf allen Kanälen funken // Vom
Trampelpfad zur Autobahn

Mnemotechniken oder die Kunst der Assoziation 241
Die Loci-Methode // Die Geschichtentechnik // Das Bild-Zahlen-System // Namen merken

Lern-, Merk- und Erinnerungshilfen aus dem Unterbewusstsein . . 257
Lernen im Kontext // Das Lernumfeld // Wissen, komm raus!
Ich weiß, dass du da bist

6. Kapitel Das Geheimnis dauerhafter Stärke 266
Regenerationsphasen einplanen // Atemtechniken nutzen //
Autogenes Training oder Runterkommen auf Kommando //
Selbsthypnose mit externer Induktionstechnik

7. Kapitel Werden Sie zum Magier Ihres Lebens 279
1. Zaubere dich glücklicher // 2. Zaubere dich erfolgreicher //
3. Zaubere dich gesünder // 4. Zaubere dich kreativer // 5. Zaubere dich smarter // 6. Zaubere dich gelassener // 7. Zaubere
dich geduldiger

Anmerkungen 289
Links zu den Videos 298

Drei Wünsche?
Das war gestern

Wie jedes Kind habe auch ich mich gefragt, was wäre, wenn mir eine Fee begegnete und ich drei Wünsche frei hätte. Was würde ich mir in diesem Fall wünschen? Ich würde sagen: »Danke, liebe Fee, aber ich brauche nur einen Wunsch, die anderen beiden kannst du behalten. Ich wünsche mir, dass ich zaubern kann.« Heute vermag ich zu behaupten – obwohl mir bisher leider keine Fee begegnet ist –, dieser, mein größter Wunsch, ging wirklich in Erfüllung. Nun ja, vielleicht nicht so ganz …

Mein Beruf ist Zauberkünstler. Die Kunst, scheinbar Unmögliches möglich zu machen, ist mein Geschäft. Ich verdiene meinen Lebensunterhalt damit, tagtäglich Menschen zum Staunen zu bringen. Mit Leichtigkeit setze ich Naturgesetze außer Kraft und lese Gedanken. In diesem Moment kann ich wirklich zaubern. Für mein Publikum und mich ist dies, jedenfalls solange ich auf der Bühne stehe und meine Vorstellung dauert, Realität. Damit hat sich mein an sich unmöglich zu erfüllender Wunsch doch noch erfüllt. Zwar muss ich Ihnen gegenüber, liebe Leserin und lieber Leser, zugeben, dass einige meiner Zauberkräfte jäh verschwinden, sobald ich die Bühne verlasse, aber ehrlich gesagt, dieses kleine unbedeutende Detail können wir an dieser Stelle vernachlässigen. Zumal mir ein Großteil meiner Kenntnisse und Fähigkeiten auch im wahren Leben großartige Dienste leisten. Genau darum soll es in diesem Buch gehen.

Zahllose Motivationstrainer predigen, durch Willenskraft und mentale Stärke ließen sich ausnahmslos alle Ziele erreichen. Ich will ja kein Spielverderber sein, aber meine Erfahrung zeigt, dass dem leider nicht ganz so ist. Die Kunst, scheinbar Unmögliches möglich zu machen, besteht in ganz anderen Herausforderungen. Zum einen besteht sie darin, persönliche Fähigkeiten weiterzuentwickeln und mentale Power optimal zu nutzen, aber zum anderen auch darin, auf dem Weg dahin alle zur Verfügung stehenden Tricks und Methoden zu nutzen sowie immer wieder kleine »unsichtbare« Kompromisse zu finden und einzugehen.

Manchmal erreichen Sie so ein nahezu perfektes Ergebnis oder aber – wie in meinem Fall mit dem Zaubern auf der Bühne – auch die perfekte Illusion. Auch diese kann unter gewissen Umständen ausreichend sein, denn sie erzeugt bei meinen Zuschauern ein reales Erlebnis, eine echte Wirklichkeit, und das ist, was für mich letztendlich zählt. Aus diesem Grund lässt sich die Arbeitsweise, die bei der Entwicklung eines Zauberkunststücks vonnöten ist, eins zu eins auf unser Leben und unsere alltäglichen, unmöglich oder vermeintlich unlösbaren Probleme, unerreichbaren Ziele sowie scheinbar unerfüllbaren Wünsche übertragen.

Zauberkünstler und Mentalisten verfügen über eine Fülle von erstaunlichen Tricks und Methoden, um scheinbar Unmögliches zu vollbringen und bei ihren Zuschauern den Eindruck absoluter Unglaublichkeit, ja schönstenfalls Staunen und Begeisterung hervorzurufen. Ich werde Ihnen einige dieser noch geheimen Techniken verraten, und ich kann Ihnen versichern, dass einige meiner Methoden auch Ihnen in Ihrem Leben große Dienste leisten werden.

Am Anfang war der Zauberkasten

»Wie wird man eigentlich Zauberkünstler?« Neben der Bitte »Können Sie mir mal ein Bier zaubern?« ist dies eine der häufigsten Fragen, die mir gestellt wird. Doch tatsächlich: Los ging's bei mir mit einem Zauberkasten. Dieser fand sich aber nicht, wie bei den meisten Kindern, irgendwann zufällig unter dem Weihnachtsbaum, nein, ich habe ihn mir ausdrücklich gewünscht oder besser gesagt, ich musste ihn unbedingt haben. Damals war ich gerade mal vier Jahre alt und hatte bei einem Zirkusbesuch zum ersten Mal einen Zauberer gesehen. Ich war zutiefst beeindruckt. Während die anderen Kinder den Clown anhimmelten, war für mich der Magier der eigentliche Star der Vorführung gewesen. Er zerteilte seine Assistentin – und setzte sie später wieder zusammen –, er ließ einen Pudel aus dem Nichts erscheinen und fügte große geschlossene Stahlringe mit leichter Hand zu einer Kette zusammen. Ich war total begeistert und fasziniert, wie dieser Mensch spielend die Naturgesetze außer Kraft setzte, die ich gerade zu begreifen gelernt hatte. Aus nächster Nähe sah ich, was ich schon immer können wollte: Zaubern!

Kurze Zeit später gab mir ein etwas älterer Nachbarsjunge eine Privatvorführung aus seinem Zauberkasten. Er hatte die Fenster in seinem Kinderzimmer verdunkelt, sich einen mystisch wirkenden Umhang umgelegt, und plötzlich begann er, Bälle hervorzuholen und wieder verschwinden zu lassen. Sein Zauberstab verbog sich auf Kommando, Schaumgummihasen vermehrten sich in meiner eigenen Hand, und schließlich ließ er einen Ball wie von Geisterhand in Bewegung gesetzt durch die Luft fliegen. Ich war unglaublich beeindruckt und einfach sprachlos. In diesem Moment machte es bei mir klick: Ich dachte, wenn dieser nur wenig ältere Junge mit Hilfe eines solchen Kastens zaubern kann, dann kann ich das auch. Zu Weihnachten bekam ich meine erste Grundausrüstung und begann sofort, fleißig zu üben. Jeder, der mir über den Weg lief, wurde zu meinem Publikum bestimmt, ob er das wollte oder nicht. Übrigens ein interessantes Phänomen im engeren Familienkreis von Hobbyzauberkünstlern. Die meisten der Verwandten entwickeln mit der Zeit eine regelrechte Zauberphobie, da sie ständig als Testpublikum für die neuesten Tricks und Kunststücke herhalten müssen.

Mit der Zeit wuchs meine Sammlung an Zauberkästen beträchtlich, und ich gab kleine Vorführungen in unserem Garten für die Nachbarskinder. Ich erinnere mich noch, dass sie trotz des für damalige Verhältnisse astronomischen Eintrittspreises von 50 Pfennigen begeistert von mir waren. Vor nichts und niemandem schreckte ich zurück, wenn es darum ging, neue Kunststücke auszuprobieren und wieder und wieder vorzuführen. Mein besonderes Highlight zu dieser Zeit war ein Kunststück mit einer Fingerguillotine. Ein Plexiglasrequisit mit einem Loch und einem scharfen Messer. Nachdem ich mit Hilfe einer Karotte die Schärfe des Messers unter Beweis gestellt hatte, musste ein Zuschauer seinen Zeigefinger durch die Öffnung stecken. Das Messer wurde mit voller Wucht nach unten geschlagen und durchdrang auf magische Weise den Finger.

Nachdem ich meine sämtlichen Familienmitglieder mit der Vorführung beglückt hatte, begann ich, die Nachbarschaft abzuklappern. Ich klingelte an jeder Tür und bat die verdutzt schauenden Leute, ihren Finger durch die Guillotine zu stecken. Sie können sich ihre Begeisterung vorstellen, als ein Vierjähriger sie darum bat, sich den Zeigefinger amputieren zu lassen. Dementsprechend kostete mich die Sache ziemlich viel Überzeugungsarbeit. Aber ich kann Ihnen versichern, dass alle Nachbarn bis heute noch ihre Finger besitzen.

Irgendwann stößt jeder Hobbymagier an die Grenze seines Zauberkastens. Zur damaligen Zeit war es für mich schwierig, an neue Kunststücke heranzukommen. Doch ein glücklicher Zufall, gepaart mit meiner störrischen Beharrlichkeit, sollte das ändern:

Mein jüngerer Bruder war auf einem Kindergeburtstag eingeladen, und die Eltern des Geburtstagskinds hatten als Attraktion einen Zauberer engagiert. Da sie von meiner Besessenheit in puncto Zauberei wussten, gestatteten sie mir, dem älteren Bruder, bei der Vorführung dabei zu sein. Nach der Show verließen alle Kinder den Raum und gingen begeistert zum Spielen über, nur einer blieb sitzen. Dreimal dürfen Sie raten, wer. Endlich hatte ich einen Zauberer da, wo ich ihn schon immer haben wollte: in einem Raum, ganz für mich allein, mit dem Abbau seiner Requisiten beschäftigt, so dass er mir nicht einfach davonlaufen konnte. Ich begann, ihn mit Fragen zu löchern, bis er mir irgendwann genervt seine Visitenkarte in die Hand drückte und meinte, ich solle ihn doch bitte anrufen. Und das tat ich auch. Täglich meldete ich mich bei dem armen Mann.

Mich interessierte vor allem die Quelle, wo genau er seine tollen Tricks herbekam. Irgendwann wurde es ihm zu viel, und er wollte meine Mutter sprechen. Er bat sie, mir die fortwährenden Anrufe zu untersagen, aber sie konnte ihm verständlich machen, dass mein Interesse wirklich groß sei und ich schon geraume Zeit versuche, ernsthaft über das Stadium des Zauberns mit einem simplen Zauberkasten hinauszukommen.

So bekam ich von ihm die Adresse eines Zauberladens mitsamt Versand. Der dicke gelbe Produktkatalog wurde zu meiner Lieblingslektüre. Jeder Pfennig meines Taschengelds wurde in die neuesten Tricks investiert, und so nahm die Entwicklung ihren Lauf. Vom Ausprobieren gekaufter Kunststücke ging es im nächsten Schritt zum Studium der einschlägigen Literatur. Es gibt ja eine unglaubliche Fülle von Zauberfachbüchern. Das älteste Werk in meiner Bibliothek heißt »The Discovery of Witchcraft« und stammt aus dem Jahr 1584. Leider besitze ich nicht das heute schier unbezahlbare Original, sondern nur einen Nachdruck. Ein großer Teil der Werke war in englischer Sprache erschienen, so dass ich in jungen Jahren nicht alles hundertprozentig verstehen konnte. Diese Lücken begann ich, mit Kreativität zu füllen, und je mehr Wissen ich mir angeeignet hatte, desto mehr fing ich an, verschiedene Ideen zu kombinieren und selbst abzuwandeln.

Am Ende dieses langen Prozesses stand die Erfindung eigener Kunststücke. Eine meiner bekanntesten Entwicklungen hat ihren Ursprung 1994 und heißt »Das Lächeln der Mona Lisa«. Hierbei findet ein Zuschauer aus Tausenden von unterschiedlichen Puzzleteilen das fehlende letzte – das Lächeln – und kann damit das Gemälde des genialen Leonardo da Vinci vollenden. Mona Lisas berühmtes Lächeln konnte wohl nicht nur mich faszinieren. Einige Jahre, nachdem ich das Kunststück im Rahmen eines Zauberkongresses in Las Vegas und im sagenumwobenen Magic Castle in Hollywood aufgeführt hatte, klingelte mein Handy, und am anderen Ende der Leitung war David Copperfield. Er bat mich, ihm die US-amerikanischen TV-Rechte an dem Kunststück zu verkaufen. Eine große Ehre für mich und eine tolle Chance in meiner Laufbahn, die ich selbstverständlich gern nutzte. Der Weg vom Zauberlehrling zum Zaubermeister war jedoch keinesfalls einfach zu gehen, vielmehr wurde es ein langwieriger und schwieriger Prozess. Es hat wohl seinen Grund, dass die meisten Kollegen, die von ihrer Profes-

sion leben können, bereits im Kindesalter mit der Zauberkunst angefangen haben.

Warum erzähle ich Ihnen das alles? Nun, schon in dieser
Geschichte von meinen Anfängen sind einige meiner persönlichen Erfolgsgeheimnisse versteckt, die Sie im späteren Verlauf des Buches immer wieder finden werden. Sie erinnern
sich? Ausgangspunkt war mein an sich unmöglich umzuset-
zendes Ziel, zaubern zu können. Was ist eigentlich Ihr unmöglich umzusetzender Wunsch? Gibt es etwas, dass Sie
schon immer machen wollten, sich aber bis heute nicht zu-
getraut haben?

Stellen Sie sich einmal vor, Sie könnten alles machen, wozu
Sie Lust hätten, nur einen Moment lang, ohne Rücksicht auf
Geld, Beruf oder Ihre Mitmenschen nehmen zu müssen. Was
würden Sie am liebsten tun wollen, was würden Sie alles ändern in Ihrem Leben? Viele werden jetzt sagen, wenn ich genug Geld zur Seite legen könnte, dann hörte ich auf zu arbeiten. Kann es das sein? Zahlreiche Studien haben gezeigt,
arbeiten macht glücklicher als faul zu sein und nichts zu tun.
Sollten Sie jetzt an große Anschaffungen denken, dann gebe
ich zu bedenken, dass materielle Güter das Glücksempfinden,
wenn überhaupt, nur kurzfristig steigern können, und schneller, als Sie denken, werden Sie den neuen Luxus als alltäg-
lich oder normal wahrnehmen. Geld erleichtert vieles, und
ein bisschen davon muss man haben, aber glücklich macht
es allein nicht. Sollten Sie trotzdem Millionär werden wollen,
dann werde ich Ihnen auch hierfür Möglichkeiten aufzeigen,
denn Sie wissen ja: Alles geht, wenn Sie es nur wollen.

»You can get it, if you really want, but you must try, try
and try …« Die Textzeile stammt aus einem meiner Lieb-
lings-Gute-Laune-Songs von Jimmy Cliff und enthält sehr
viel Wahres. Entscheidende Grundlage aller Vorhaben, Ihrer und meiner, ist es, sie auch zu wollen, und zwar richtig zu

wollen, mit allen Kräften. Ich werde Ihnen später zeigen, wie man diese schärfen und verstärken kann.

Optimal eingesetzte Willenskraft bietet enormes Potential. Die Betonung liegt aber auf »optimal«. Denn wenn wir nur blind vor Willenskraft wie ein kraftstrotzender Stier mit aufgestellten Hörnern aufs Ziel zujagen, kann es sein, dass der Torero blitzschnell, locker und leicht das rote Tuch zur Seite zieht und wir ungebremst gegen die Wand knallen. Klar müssen wir unser Ziel fest im Blick haben und mit voller Willenskraft darauf zusteuern, aber gleichzeitig müssen wir die Sache auch spielerisch angehen, sonst kann es daneben gehen. Der Song verdeutlicht übrigens durch seinen Reggae-Rhythmus und seine Melodie sehr schön, dass wir locker bleiben müssen, denn dann können wir versuchen, versuchen und versuchen, einfach so lange, bis sich der gewünschte Erfolg irgendwann einstellt. Immer mit einer kleinen entscheidenden Veränderung. Bisher konnte ich in meinem Leben alle Ziele, die ich mir wirklich gesteckt hatte, auf diese Weise auch erreichen. Toi, toi toi, hoffentlich bleibt es so.

Ich habe zwei juristische Staatsexamina mit Prädikat bestanden, einen Master in Medienrecht gemacht, meinen Pilotenschein geschafft, bin Marathon gelaufen, und nicht zuletzt habe ich meine große Leidenschaft, die Zauberkunst, zum Beruf machen können. Nichts von alldem geschah von selbst oder ist mir einfach in den Schoß gefallen. Für manche Dinge musste ich sehr hart arbeiten und darum kämpfen – auch mit mir selbst. Ich habe mich aber nicht entmutigen lassen, durch keine Niederlage, und habe niemals aufgegeben und so den richtigen Weg gefunden.

Ich erinnere mich zum Beispiel noch an meine erste Zaubervorstellung vor einem Mitglied des Magischen Zirkels von Deutschland. Das ist der Verein der deutschen Zauberkünstler, er wurde 1912 gegründet und hat zurzeit über 2800

Mitglieder. Um in den erlauchten Kreis zu kommen, bedarf es einer Aufnahmeprüfung. Zulassungsvoraussetzung ist allerdings, dass man sein Können eine geraume Zeit als sogenannter Anwärter unter Beweis gestellt hat. Mein hochoffizieller Besuch und meine Vorführung sollten entscheiden, ob ich als Anwärter auf die Mitgliedschaft in der magischen Vereinigung zugelassen werden würde.

Ich war sehr nervös und meine Darbietung fiel zu diesem Zeitpunkt ehrlich gesagt ziemlich dilettantisch, ja geradezu grottenschlecht, aus. Es gibt ein Video aus dieser Phase, in dem ich als Zehnjähriger in einem lächerlichen Clownkostüm, inklusive Zylinder und überdimensionaler knallgelber Fliege, zu sehen bin und versuche, eine Horde unruhiger Kinder zu bespaßen. Ich spielte mich dort auf, als sei ich ein zu klein geratener Erwachsener und wurde natürlich von den anderen Kids null Komma null ernst genommen, entsprechend feindlich fiel die Reaktion meines jungen Publikums aus. Meine stetigen Ermahnungen: »So, Kinder, jetzt seid mal ruhig …«, wurden komplett ignoriert. Es war aus heutiger Sicht einfach eine peinliche Vorstellung, die ich da ablieferte. Nun ja, der Kommentar des Vertreters des Magischen Zirkels beim Anschauen meiner Bewerbungsvorstellung fiel verständlicherweise ähnlich vernichtend aus. Ich habe ihn noch heute im Ohr: »Junge, geh doch lieber Briefmarken sammeln.« Ich war anschließend am Boden zerstört gewesen, fühlte mich aber zugleich auch auf eine seltsame Art herausgefordert und motiviert. Aufhören, das kam für mich überhaupt nicht in Frage. Jetzt erst recht nicht.

Ab diesem Zeitpunkt wurde doppelt so viel geübt, und ich begann, durch das Beobachten vieler guter Zaubererkollegen ein Gefühl dafür zu entwickeln, was gute Zauberkunst ausmacht. Das bloße Ausführen der Tricks ist nämlich nur ein kleiner Teil des Erfolgsgeheimnisses. Entscheidend ist immer auch das ganze Drumherum, die Präsentation, die Persönlichkeit des Vorführenden, die gelungene Interaktion mit dem Publikum und die Fähigkeit, die Menschen im richtigen Moment emotional zu berühren. Diese Aspekte der Zauberkunst sind viel wichtiger, als das bloße Geheimnis hinter einem Trick zu kennen. Und genau das ist es, was übertragbar auf das tägliche Leben ist, und was ich Ihnen weitergeben möchte.

Ich bin von meinen Zuschauern schon oft gefragt worden, ob ich meine Fähigkeiten auf der Bühne auch im Alltag nutzen könne. Da die Antwort ein eindeutiges Ja ist, brachte mich das auf die Idee, dass auch Sie davon profitieren könnten. Viele meiner Kunststücke sind zwar in ihrer Wirkung auf die Bühne beschränkt, aber es gibt Aspekte, die ihnen zugrunde liegen, die für alles Mögliche von Bedeutung sein können. Es sind Basisregeln, Tricks und Prinzipien, deren Kenntnis einem auch im wahren Leben garantiert ungeahnte Vorteile verschafft. Einige davon werde ich Ihnen auf den folgenden Seiten verraten.

1. Kapitel
Geht nicht, gibt's nicht

Zuerst einmal geht es darum, die Frage nach dem Ob-etwas-geht in die Frage nach dem Wie-es-geht zu verwandeln. Ziel ist es, die fest betonierte Grenze in unserem Kopf, die definiert, was möglich ist und was nicht, aufzuheben, um überhaupt einen Blick für neue Möglichkeiten zu bekommen. Denn: Fernab unserer bisherigen Vorstellungskraft liegt unser mentales Wunderland und wartet mit phantastischen Möglichkeiten und Abenteuern auf uns.

Die Möglichkeiten des Unmöglichen

In der Vorstellungskraft eines Kindes ist alles möglich. Denn bis zum Alter von etwa vier bis fünf Jahren ist das gesamte Leben eine einzige Zaubershow. Daher ist die Vorführung eines Magiers vor Kleinkindern manchmal eine frustrierende Angelegenheit. Denn selbst wenn der Künstler tatsächlich über magische Kräfte verfügen würde und nur mit den Fingern schnipsen müsste, um eine Kuh leibhaftig im Wohnzimmer erscheinen zu lassen, könnte es sein, dass das junge Publikum weder verblüfft noch überrascht wäre. Warum auch? Es ist für sie ja nichts Besonderes, vor ihnen steht ja ein Magier, und der kann ja schließlich zaubern. In ihren Köpfen existieren eben wirklich phantasiereiche Bilder, bunter als alle Erwachsenen meinen. Unmöglich? Gibt's bei ihnen wirklich nicht.

Sind wir Erwachsene somit etwa Mängelwesen? Davon kann natürlich keine Rede sein, aber im Zuge unserer großartigen Entwicklung bleiben naturgemäß ein paar Fähigkeiten auf der Strecke, wie ein kleiner Ausflug in unsere Evolutionsgeschichte zeigt.

Jedes neugeborene Affenbaby kann bei seiner Geburt mehr als wir. Es kann sich überall festkrallen, findet die Mutterbrust und ist bald selbständig. Und was kann ein Menschenbaby bei der Geburt? Nichts. Komisch. Es kommt noch besser: Jede frisch geschlüpfte Kaulquappe vermag Sinnvolleres zu leisten als ein neugeborener Mensch. Doch gerade in diesem scheinbaren Nachteil steckt zugleich unsere größte Chance.

Unser Gehirn hat bei der Geburt ein Volumen von nur etwa 0,3 Litern, damit der Kopf durch den Geburtskanal im Becken der Mutter passt. Später vergrößert sich dieses Ausmaß auf 1,3 Liter. Diese enorme Steigerung innerhalb einer kurzen Zeit ist das, was uns von allen anderen Tierarten auf der Erde unterscheidet. Unsere Gehirnentwicklung erfolgt im Rahmen unserer sozialen, intellektuellen und kreativen Entwicklung und der damit verbundenen Lernprozesse. Für das Leben eines Huhns genügt es, wenn es laufen und picken kann. Und das kann es bereits innerhalb weniger Stunden nach dem Schlüpfen aus dem Ei. Wir hingegen benehmen uns noch Wochen und Monate später wie ein Käfer auf dem Rücken und sind mehr oder weniger hilflos. Weil wir aber so viel lernen müssen und weil deshalb Gehirn und Kopf irgendwann sehr groß werden – und bald einen deutlich größeren Durchmesser, als der Geburtskanal der Mutter es zuließe, erreichen –, erfolgt die Niederkunft sehr früh. Würden wir wie andere Lebewesen sofort danach ohne fremde Hilfe überleben können, müssten unsere Mütter uns viel länger austragen. Biologisch ist das aber nicht möglich.

Sie werden es natürlich schon bemerkt haben: Wir Menschen müssen wirklich wesentlich mehr lernen als jedes andere Lebewesen auf unserem Planeten. Und jetzt kommt die gute Nachricht: Wir können das auch. Dafür sind wir gebaut. Das, wofür evolutionär der entscheidende Teil der Größenzunahme unseres Gehirns verwendet wird, ist im Wesentlichen für die Kortexstrukturen reserviert, also für die Sektionen, in denen die Lernprozesse stattfinden, sowie für jene Bereiche, die für die Ausbildung unseres Bewusstseins zuständig sind.

Wir sind in der außergewöhnlichen Lage, uns sehr schnell nach der Geburt ein Bild von der Welt zu machen. Zunächst ist dieses vollkommen ungetrübt vom Wissen um Funktionszusammenhänge. Dinge geschehen einfach und sind da. Wir wissen erst mal nicht, warum und wofür es sie gibt. Muss auch nicht sein. Wir merken nur: Sie passieren. Und weil wir weder Gründe noch Folgen erkennen können, halten wir zunächst auch alles für möglich. Ob Wolkenbewegungen Naturphänomene sind, verursacht durch Kondensation von Wassertröpfchen in der Troposphäre und durch Unterschiede im Luftdruck zwischen Luftmassen, ob sie als »Botschaften der Götter« zu deuten sind, wie unsere Vorfahren glaubten, oder den Atem eines Riesen hinter den sieben Bergen darstellen – bis zu einem bestimmten Punkt in unserer Entwicklung ist das für uns einerlei. Wie die Kinder, die die weißen Kaninchen, die aus einem Zauberhut springen, zwar als süß, aber nicht als besonders überraschend empfinden.

Je mehr wir aber lernen und verstehen, wie die Welt um uns herum tatsächlich funktioniert, desto mehr verkümmert unsere Unvoreingenommenheit. Damit sind wir zwar keine Mängelwesen, aber ein kleiner Nachteil dieses Lernprozesses ist es doch. Wir müssen uns also ein Stück weit zurückentwickeln, um vorwärtszukommen. Denn: An sich Unmögliches möglich machen kann nur, wer es schafft, sich Eigenschaften wie Neugierde, Begeisterungsfähigkeit, Phantasie, Kreativität, Offenheit, Optimismus, Spaß an der Herausforderung, am Spielerischen und an der Leichtigkeit zu bewahren. Das, was Kindern eigen ist. Wir sollten also versuchen, die kindliche Stimme in uns wieder zu hören, sie zu beachten und zu nähren, um sie bewusst im täglichen Leben und bei jedweder Problemlösung einzusetzen.

Es ist überhaupt nicht kindisch, kindlich zu sein. Entdecken und wecken Sie das Kind in Ihnen. Nutzen Sie Ihre Phantasie und bewahren Sie sich Ihre Begeisterungsfähigkeit. Gehen Sie mit offenen Augen durchs Leben und versuchen Sie, wieder Spaß und Freude am Unbekannten zu entwickeln, auch indem Sie Neues ausprobieren.

Obwohl Sie in Ihrem Alltag für gewöhnlich mit beiden Beinen fest auf dem Boden der Tatsachen stehen müssen, sollten Sie versuchen, sich eine visionäre Sichtweise anzueignen. Die Kraft der Imagination bietet zahllose großartige Möglichkeiten, die Leistungsfähigkeit zu steigern, Veränderungen vorzunehmen oder einfach Dinge so zu sehen, wie man sie noch nie sehen konnte. Und die Fähigkeit, die Sie dazu brauchen, können Sie erlernen. Nutzen Sie die Macht Ihrer Imagination. Sie können über Ihre Vorstellungskraft gezielt starke, emotionale Bilder kreieren und Ihr Unterbewusstsein, das einen Großteil Ihres automatischen Verhaltens steuert, immer wieder neu prägen und reicher machen.

Albert Einstein hat gesagt, Phantasie ist wichtiger als Wissen, denn Wissen ist begrenzt. Und tatsächlich ist die größte Fähigkeit des menschlichen Geistes die Phantasie, die uns in die Lage versetzt, sich nahezu alles vorstellen zu können. Von Natur aus sind ihr fast keine Grenzen gesetzt. Ein wunderbares Beispiel hierfür ist die Geschichte eines sechsjährigen Mädchens, welches in der Zeichenstunde eifrig anfing, ein Bild zu malen. Die Lehrerin freute sich über das Engagement ihrer Schülerin, schaute dem Mädchen über die Schulter und fragte: »Was zeichnest du?« Das Mädchen erwiderte: »Ein Bild von Gott.« Die Lehrerin reagierte verwundert: »Aber Kind, niemand weiß doch, wie Gott aussieht?« Da antwortete das Mädchen: »Oh, doch, warten Sie nur eine Minute, ich zeig's Ihnen.«

Nun geben Sie's schon zu. Wollten Sie nicht schon immer mal frei wie ein Vogel durch die Luft fliegen, mit Ihrem Lieblingshollywoodstar eine heiße Nacht verbringen oder als Superheld die Welt retten? Auch diese Spezialwünsche sind erfüllbar, und noch dazu ist es ganz einfach. Sie können alles sofort haben, überall und ohne Zeitverzögerung oder irgendwelche Vorbereitungsmaßnahmen: Sie müssen nur die Augen schließen. Versuchen Sie es mal. Jetzt! Schließen Sie die Augen und stellen Sie sich etwas vor, das Sie sich schon immer gewünscht haben. Genießen Sie Ihre Gedankenbilder in vollen Zügen.

In Studien[1]* konnte gezeigt werden, dass gezielt eingesetzte Tagträume unser Leben signifikant verändern und positiv bereichern können. Mit Tagträumen meine ich allerdings nicht das unkontrollierte Abdriften der Gedanken oder das Schwelgen in der Vergangenheit – dies kann sogar schädlich sein –, sondern das gezielte Einsetzen von positiven Gedanken, um sich zur konzentrierten Arbeit im Hier und Jetzt anzuregen. Je öfter Sie diese Art des Tagträumens einsetzen, desto schneller werden Sie feststellen, wie sich Ihre Fähigkeiten, in Gedanken zu sehen, zu hören, zu fühlen, zu riechen und zu schmecken, verbessern werden.

---

* Die Anmerkungen stehen am Ende des Buches ab Seite 289.

Falls Sie glauben, Sie könnten so etwas nicht, weil sie kein Meditationstyp sind, dann fragen Sie sich doch bitte, ob Sie wirklich nie schweißgebadet aus einem Traum aufgewacht und in diesem Moment felsenfest überzeugt davon gewesen sind, dass all das, was Sie gerade geträumt haben, echt gewesen ist. Es hat sich doch so real angefühlt, und der Schrei ist so markerschütternd gewesen ...

Wie? Sie können in Gedanken nicht hören? Hatten Sie noch nie einen Ohrwurm? Ging Ihnen noch nie Marianne Rosenbergs Song »Er gehört zu mir, wie mein Name an der Tür« nicht mehr aus dem Sinn? Summen Sie die Melodie einmal in Gedanken nach. Ich bitte um Entschuldigung, wenn Sie danach den Rest des Tages von diesem Würmchen verfolgt werden. So, nun aber bitte wieder Augen auf und aufwachen, das Kopfkino hat kurz Sendepause. Sie müssen wissen: Sie sollen mit diesem Buch zwar lernen, im Traum zu tanzen, aber ohne dabei zu einem Traumtänzer zu werden. Also bitte, bei aller Phantasie auch immer realistisch bleiben.

Werden Sie zum Möglichkeitsdenker. Benutzen Sie Ihre Phantasie und werden Sie zum Tagträumer. Schwelgen Sie aber nicht in der Vergangenheit oder in der unrealistischen Zukunft, sondern nutzen Sie vielmehr Ihre Tagträume gezielt, um sich zur konzentrierten Arbeit zu motivieren. Seien Sie stets neugierig und hinterfragen Sie Ihre selbstgesteckten Grenzen.

Einige Selbsthilfegurus predigen, dass man durch bloßen Einsatz von starker Vorstellungskraft seine Ziele spielend erreichen könne. Aktuelle Forschungen[2] haben jedoch gezeigt, dass man sich durch solche Übungen lediglich kurzzeitig besser fühlen kann, die alleinige Vorstellung jedoch wirkungslos verpufft und gegebenenfalls sogar schädlich sein kann.

Um Ziele zu erreichen, braucht man einfach mehr. Und daher ist es entscheidend, wie Sie solche Übungen nutzen. Sie dürfen nie vergessen, sich in die richtige Richtung zu motivieren, denn nur wenn den Gedanken die entsprechenden Handlungen und Aktionen folgen, kommen Sie dem echten Ziel einen Schritt näher. Letztendlich zählen nämlich nicht Ihre Ideen, sondern deren Umsetzung, die Taten. Je mehr Erfolge sich durch Handlungen einstellen, desto besser für Sie. Denn: Erfolge sorgen für neue Erfolge.

Suchen Sie sich ein Ziel und machen Sie es möglich

Wie einfach sich die Frage nach dem Ob-etwas-geht in die Frage nach dem Wie-etwas-geht verwandeln lässt, zeigt folgendes Beispiel, welches ich bei Christian Bischoff, dem Autor von »Willenskraft. Warum Talent gnadenlos überschätzt wird« gelesen habe.[3]

• Schauen Sie aus dem Fenster und suchen Sie mit Ihren Augen die nächstgelegene Kirchturmspitze. Nun stellen Sie sich vor, Ihr größtes Ziel wäre es, einen Koffer, der sich dort oben befände, in die Finger zu kriegen. Wahrscheinlich werden Ihnen, bevor Sie sich überhaupt das Ziel zu eigen machen können, lauter Argumente einfallen, weshalb es schwierig werden dürfte, dort hinaufzukommen oder warum es eigentlich überhaupt nicht gehen wird. Sie sitzen in der Falle. Mit diesen Bedenken im Kopf sind Sie schon so gut wie gescheitert.

• Stellen Sie sich nun bitte vor, ich hätte in dem Koffern auf der Kirchturmspitze eine Million Euro in bar platziert und verspräche Ihnen, wenn Sie es in der nächsten halben Stunde da raufschafften, gehörte das Geld Ihnen.

25

Na, merken Sie etwas? Ihre Herangehensweise an das Problem hat sich dank dieses kleinen, nicht gerade unbedeutenden Details um 180 Grad gewandelt. Stimmt's? Jetzt fallen Ihnen mit Sicherheit spontan sogar mehrere Möglichkeiten ein, an den Koffer mit seinem wertvollen Inhalt zu gelangen.

Ziel dieser Übung ist es, ein Feintuning an Ihrer Lebenshaltung vorzunehmen. Übertragen auf Ihre scheinbar unmöglich zu erreichenden Ziele heißt das: Nur das, was Sie für möglich halten, können Sie auch erreichen. Und da Sie sich dank Ihrer Phantasie alles vorstellen können, vermögen Sie auch alles für möglich zu halten. Logisch, oder?

Entscheidend ist der Zieleffekt

Zugegeben, sobald Sie Ihre Augen beim Tagträumen wieder geöffnet haben, sind Sie umgeben von vielerlei Unmöglichem. Ständig stoßen Sie an Grenzen, sehen um sich herum, was nicht geht, und spüren, dass etwas unmöglich ist. Doch nicht selten sind die Grenzen lediglich eingebildet, und vieles von dem, was man noch gestern für ausgeschlossen hielt, ist heute selbstverständlich und Realität. Beispiele gefällig? Bitte sehr:

- »Die Erde ist eine Scheibe.« *Lehrmeinung der Kirche bis 1492*
- »Das Erdöl ist eine nutzlose Absonderung der Erde – eine klebrige Flüssigkeit, die stinkt und in keiner Weise verwendet werden kann.« *Verlautbarung der Akademie der Wissenschaften in St. Petersburg 1806*
- »Alles, was erfunden werden kann, ist erfunden worden.«

Charles H. Duell, Beauftragter des amerikanischen Patentamts im Jahre 1899

• »Menschen werden niemals fliegen, denn fliegen ist den Engeln vorbehalten.« *Milton Wright, der Vater der Flugpioniere, Gebrüder Wright, 1903*

• »Das Radio hat keine Zukunft.« *Lord William Kelvin, bedeutender Mathematiker und Physiker 1897, kurz nach der Erfindung des Radios*

• »Ich denke, dass es weltweit einen Markt für vielleicht fünf Computer geben wird.« *Thomas Watson 1943, damals Vorstandsvorsitzender von IBM*

Diese Liste berühmter Fehleinschätzungen ließe sich noch weiter fortsetzen. Heute können wir über die meisten Aussagen nur müde lächeln. Im Nachhinein ist natürlich alles immer leichter. Aber schauen Sie sich die Sache mit dem Fliegen doch mal etwas genauer an: »Menschen werden niemals fliegen ...« Diese Aussage trifft auch heute noch zu. Denn: Jedes Jahr können Sie sich von den kläglichen Versuchen einiger Erfinder am Rande der Red-Bull-Flugtage im englischen Leeds belustigen lassen, die mit angeklebten Flügeln von einem Pier ins Meer trudeln. Bis heute kann der Mensch nicht aus eigener Kraft fliegen. Aber: Er hat etwas erfunden, mit dessen Hilfe er sich in die Lüfte schwingen kann, und wie. Immer wieder können neue Superlative vermeldet werden: Das größte Passagierflugzeug ist gegenwärtig der Airbus A380. Dieser kann bis zu 850 Personen komfortabel um die Welt fliegen. Die Erfindung des Flugzeugs hat also bewirkt, dass wir mitfliegen können, und gerade dadurch ist es uns sogar möglich, deutlich schneller und angenehmer durch die Lüfte zu gleiten, als es wohl mit angeklebten Flügeln der Fall wäre.

Unrealistische Ziele bringen uns nicht weiter. Aber oft genügt es schon, alles auf den gewünschten Effekt abzustellen, um ein Ziel erfolgreich zu erreichen. Es kann also von entscheidender Bedeutung sein, nicht auf ein konkretes Ziel, sondern auf den zu erreichenden Zieleffekt hinzuarbeiten. Das ist auch ein wichtiger Grundsatz bei der Entwicklung eines neuen Zauberkunststückes, und er lässt sich tatsächlich eins zu eins auf viele Situationen des Lebens anwenden.

Ein gutes Beispiel für den Zieleffekt: Seit Captain Kirks legendärem Ausspruch »Beam me up, Scotty« ist die Vorstellung, sich mal eben blitzschnell nach Australien zu beamen, um mit einem alten Freund zu plaudern und nach einem Boxkampf mit einem Känguru pünktlich zum Abendessen wieder daheim zu sein, der Traum vieler Menschen. Bislang blieb diese Form des Teleportierens aber leider nur der Crew von Raumschiff Enterprise vorbehalten und geht weiterhin über unsere Fähigkeiten hinaus. Und doch lässt sich der Effekt des Beamens mit modernen technischen Mitteln nahezu perfekt simulieren.

So hielt Charles, der Prince of Wales, 2008 eine viel beachtete Rede auf einer Zukunftskonferenz in Abu Dhabi. Das Besondere war, dass er, als er so lebensecht am Rednerpult stand, in England weilte. Erreicht wurde dies durch die technischen Möglichkeiten der Holographie. Eine Projektion des Prinzen in bester HD-Qualität erzeugte einen absolut realistischen Eindruck seiner Person auf der Bühne, direkt vor den Augen der Zuschauer. Fakt ist: Der Effekt der realen Anwesenheit lässt sich schon heute verwirklichen.

Ein Mensch, der bei einem Unfall sein Bein verloren hat, sollte sich das Ziel setzen, wieder gehen zu können, und sich nicht vorrangig wünschen, das verlorene Körperteil zurückzuerlangen. Vielleicht wird es in Zukunft die Möglichkeit geben, Extremitäten nachwachsen zu lassen oder wie bei einer Organspende zu verpflanzen. Hätte sich die medizinische Forschung auf der Suche nach einer Lösung für das Problem aber auf letztere Ziele beschränkt, wäre die Alternative, Prothesen zu konstruieren, wohl nie so erfolgreich umgesetzt worden, wie es heutzutage der Fall ist. Für Menschen, die schwer behindert sind, bedeuten hochentwickelte Prothesen aber einen Gewinn und viel neue alte Lebensqualität. Der österreichische Skirennfahrer Matthias Lanzinger, dem nach einem spektakulären Sturz ein Unterschenkel amputiert werden musste und dem ich mehrmals bei Veranstaltungen begegnet bin, kann auf diese Weise sogar wieder Skifahren.

Grundsätzlich gilt also: Je breiter und weniger konkret der Zieleffekt gefasst ist, desto besser stehen unsere Chancen, diesen auch zu erreichen. Voraussetzung ist natürlich darüber hinaus, dass man die vorhandenen Fähigkeiten optimal einzusetzen weiß.

Versuchen Sie nie, nur mit einem eng gefassten Lösungsansatz ein Ziel zu erreichen. Denken Sie immer breit gefächert und haben Sie den Zieleffekt im Auge. Fast alles ist erlaubt!
Formulieren Sie den Zieleffekt genau und protokollieren Sie alle Fortschritte und Erkenntnisse. Bewerten Sie diese und justieren Sie sie immer wieder neu.

2. Kapitel
Wunderbar, alles ist da

»Können Sie auch meine Frau verschwinden lassen?« Mit diesem scherzhaften Wunsch werde ich sehr häufig konfrontiert, und ich antworte immer: »Es hängt davon ab, was der Freund Ihrer Frau dazu sagt.« Ganz klar: Die Frage, ob einige der Fertigkeiten, die ich auf der Bühne präsentiere, auch im realen Leben angewendet werden können, beschäftigt naturgemäß mein Publikum. Die gute Nachricht ist: Alles, was Sie brauchen, um zum Magier Ihres Lebens zu werden, besitzen Sie bereits. Sie brauchen also in keinen Zauberladen zu gehen, denn die Zutaten für den Zaubertrank, der es Ihnen ermöglichen wird, bislang unmöglich Geglaubtes zu vollbringen, sind alle vorhanden. Sie schlummern verborgen in Ihnen. Manche Fähigkeiten müssen lediglich aufgeweckt und trainiert werden. Dann wollen sie noch in die richtige Folge gebracht und optimal gemixt werden – und siehe da: Das Erreichen scheinbar unmöglicher Zieleffekte wird kinderleicht.

Zauberzutat Nummer eins: das Ich

Der Mensch ist von Geburt an bestens ausgestattet: Er ist eine wahre Lernmaschine mit hochwertiger Software und auch Hardware. Das Bewusstsein kann pro Sekunde 110 Bits – das Unterbewusstsein, so sagt man, bis zu sagenhaften vier Milliarden Bits an Informationen verarbeiten. Die oft zitierte Annahme, dass wir nur zehn Prozent unserer geistigen Fähigkeiten wirklich benutzen und 90 Prozent ungenutzt bleiben, ist nach neuesten neurowissenschaftlichen Erkenntnissen ein Mythos.[1] Genau das Gegenteil ist der Fall. Sie sind in der Lage, Ihre geistigen Fähigkeiten zu steigern und je nach Komplexität der Situation entsprechend einzusetzen. Wenn es darauf ankommt, können Sie also mehr, als Sie denken. Das ist, finde ich, schon mal eine beruhigende Erkenntnis.

Ein Mentalist oder Zauberkünstler, der scheinbar Unmögliches vollbringt, muss daher grundsätzlich nicht geistiges Potential ausbauen. Die Kunst liegt lediglich darin, das vorhandene optimal einzusetzen.

Mir ist klar, der Titel dieses Buchs enthält eine gewagte These: Ich behaupte zu wissen, was in Ihnen steckt, und das, obwohl wir uns wahrscheinlich noch nie begegnet sind. Ich bin jedoch zuversichtlich, dass ich dieses Versprechen Ihnen gegenüber einlösen kann. Zwar sind wir alle Individuen und damit einzigartig, dennoch gibt es zahlreiche Gemeinsamkeiten. Ich weiß zum Beispiel, dass jeder – und damit auch Sie – das Zeug dazu hat, scheinbar unmögliche Dinge zu erreichen. Jeder schafft das auf seine Weise. Die Grundvoraussetzung ist es jedoch, dass Sie sich, Ihre Persönlichkeit und Ihr Potential zuverlässig einzuschätzen lernen, denn Selbsterkenntnis ist die Basis jeden Erfolgs. Fragen Sie sich daher genau: Was zeichnet mich aus? Worin liegen meine Stärken und Schwächen? Womit verbringe ich mein Leben, und was empfinde ich dabei, sprich, was macht mich glücklich und was unglücklich?

Was bringt uns dieses Wissen über uns selbst? Oftmals blockiert fehlendes Vertrauen in die eigenen Fähigkeiten oder das Nichterkennen der eigenen Stärke unser Handeln. »Jeder Mensch ist ein Künstler«, postulierte Joseph Beuys – und in der Tat: In jedem von Ihnen steckt ein Musiker, Tänzer, Magier, Künstler, Poet, Sportler, Komiker oder Schauspieler. Nun ja, nicht alle diese verborgenen Talente können und wollen wir zur Perfektion bringen, aber sie sind da, irgendwo tief in uns verborgen schlummert dieser Schatz. Es liegt nur an Ihnen zu entscheiden, welche dieser Fähigkeiten Sie zum Vorschein und zum Glänzen bringen möchten.

Geht es Ihnen darum, den größtmöglichen Spaß und Erfolg zu erzielen, sollten Sie diejenigen Seiten fördern, die Ihnen am meisten liegen. Meine berühmten Magierkollegen Siegfried und Roy, die in Las Vegas durch ihre Show mit weißen Tigern weltbekannt wurden, haben einmal gesagt: »In jedem von uns schlummert eine magische Melodie. Wenn es uns gelingt, diese zu hören und ihr zu folgen, werden unsere kühnsten Träume wahr.«

Das Wort »Melodie« steht hier für etwas, das Ihnen persönlich besonders am Herzen liegt. Nennen Sie es Begabung oder Talent, etwas, das unserer Persönlichkeit zutiefst entspricht. Wenn Sie Ihre Persönlichkeit erkennen und sich ihrer Fähigkeiten und Neigungen bewusst sind, brauchen Sie sich nur ein passendes Spielfeld zu suchen, und Sie werden darin erfolgreich sein. Lauschen Sie in sich hinein, können Sie Ihre Melodie schon hören?

Wer glaubst du, bist du?

Wollen wir unserer Persönlichkeit auf die Spur kommen, müssen wir eine Definition wagen. Eine Persönlichkeit wird durch die gewohnten Denkmuster des Fühlens und Handelns geprägt, nach denen ein Mensch seine psychische Energie und Aufmerksamkeit einsetzt. Um die Möglichkeiten der Persönlichkeit wirklich nutzen zu können, ist es erforderlich, eben diese überhaupt erst einmal zu erforschen. Sie müssen sich also darüber Klarheit verschaffen, wer Sie sind – oder besser gesagt –, wie Sie sind, damit Sie besser und erfolgreicher mit sich umgehen können. Das ist für mich notwendigerweise der erste Schritt. Es gibt tonnenweise Literatur von den unterschiedlichsten Autoren, die versuchen, uns zu erklären, wie man sein Gegenüber einschätzen, manipulieren oder gar seine Gedanken lesen kann. Aber geht das überhaupt, wenn man sich noch nicht einmal selbst kennt? Ich persönlich glaube, dass Sie zunächst einmal herausfinden müssen, wie Sie funktionieren, bevor Sie sich mit anderen beschäftigen können und in der Lage sind, aus deren Tun die richtigen Schlüsse zu ziehen.

Nun mögen Sie vielleicht sagen: »Wer kennt mich besser als ich selbst?« Na ja, das mit der Selbstwahrnehmung ist so eine Sache, denn häufiger als Ihnen lieb ist, deckt die eigene Wahrnehmung sich nicht mit der Wahrnehmung der anderen. Manchmal ist man sehr erstaunt über das, was das Gegenüber über einen denkt. Zwischen Eigen- und Fremdwahrnehmung können Welten liegen. Sie erinnern sich: Mir wurde das schmerzhaft bei meinem ersten Zauberauftritt vor einem Mitglied des Magischen Zirkels beigebracht. Ich war wohl der Einzige, der mich in diesem Moment wirklich klasse fand.

Meine Lektion aus diesen Erlebnissen: neben der Formel »Üben, üben, üben« zu erfahren, wie wertvoll Fremdeinschätzungen für die eigene Selbsteinschätzung sind. Selbsterkenntnis ist der erste Schritt zur Verbesserung. Kommen Sie sich also auf die Spur. Dazu müssen Sie sich fragen: Wie reagiere ich in bestimmten Situationen? Was habe ich für Fähigkeiten? In welchen Situationen kann ich diese besonders gut einbringen und wann nützen sie mir eher weniger? Was fällt mir leicht, was fällt mir schwer, wofür kann ich mich begeistern? Wie wird das spürbar? Und um eine Kontrollinstanz hinzuzuziehen, ist es wichtig zu prüfen und dagegenzustellen: Wie beschreiben mich meine Mitmenschen?

Der Osnabrücker Persönlichkeitsforscher Dr. Julius Kuhl

verfolgt auf der Suche nach den verschiedenen Menschenty-
pen einen eigenen Ansatz und bezeichnet die Strukturen unseres Gehirns, in denen das Temperament als Aspekt unserer
Persönlichkeit angesiedelt zu sein scheint, als Kraftwerk des
Kopfes. Das jeweilige Temperament beeinflusst danach Verhalten und Lebensweise. Nach Kuhl gibt es den Typ von
Mensch, der voller Tatendrang ist und bei dem der Bereich
»motorische Aktivierbarkeit« besonders ausgeprägt ist. Im
Kontrast dazu stehen für ihn die Menschen, die erst nach
reiflicher Überlegung zu wohldosierten Handlungen kommen. Bei diesem Typ dominiert der Bereich »sensorische Er-
regungsfähigkeit«.[2] Die Autorin Shelle Rose Charvet denkt in
dieselbe Richtung und kategorisiert die Menschen in proaktive oder reaktive Charaktere.[3] Der proaktive Typ handelt ad
hoc, also ohne lange zu überlegen. Er zögert kaum, schiebt
höchstens für einige Sekunden eine kurze Selbstanalyse ein,
in der mehr intuitiv als aufgrund eingehender Reflexion die
Frage beantwortet wird, ob er überhaupt eine Chance hat,
das angestrebte Ziel zu erreichen. Er macht einfach und sieht
dann, was es bringt. Proaktive Menschen sind häufig nicht
die allerbesten Teamplayer. Sie gelten als Einzelkämpfer und
verstehen es dennoch, ihre persönliche Aktion durchdacht
und sinnvoll aufgebaut aussehen zu lassen, um dann professionell nach erfolgreichem Abschluss eines Geschäfts ihrem
Team auch noch das Gefühl zu vermitteln, an einer produk-
tiven Zusammenarbeit mitgewirkt zu haben. Genial. Alle
ihre Aussagen sind klar, erfolgen direkt, und es entsteht der
Eindruck, der Betreffende hätte immer alles unter Kontrolle.

Der reaktive Mensch dagegen neigt dazu, Entscheidungen
ausgiebig zu analysieren und bezieht in seine Reaktion, die
Aktionen der anderen stets mit ein. Rückblickend sehen reaktive Menschen in der intensiven Vorabanalyse dann auch
stets die entscheidende Ursache für ihren Erfolg.

Vielleicht haben Sie sich in den obigen Ausführungen bereits wiedererkannt? Oder bieten sie Ihnen Denkanstöße auf dem Weg zur erfolgreichen Selbsterforschung? Ich denke, diese Modelle sind eine gute Hilfe, sich selbst einzuordnen.

Zu wissen, welcher Typ man ist, kann bewirken, sich besser einzuschätzen, sich effektiver zu motivieren, die weniger ausgeprägten Eigenschaften gezielt zu fördern und auch Entscheidungen optimal an seine persönlichen Erfordernisse anzupassen. Auch auf die Wahl der geeigneten Entspannungsübungen hat die richtige Selbsteinschätzung großen Einfluss. Alles muss eben zueinander passen, um optimal zu sein. Es mag komisch klingen, aber Menschen mit niedriger Erregbarkeitsschwelle und hoher Aktivierbarkeit können ein Autorennen fahren und dabei prima relaxen.

Selbsterkenntnis ist allerdings keine einfache Sache. Denn natürlich werden Sie feststellen, dass sich Ihre Persönlichkeit selten starr und eindeutig dem einen oder anderen Typus zuordnen lässt. Vielmehr werden Sie meist in einem Bereich irgendwo zwischen den Polen der beiden Typen anzusiedeln sein, jedoch in aller Regel eine deutliche Tendenz in die eine oder andere Richtung aufweisen.

Sie dürfen sich annehmen, wie Sie sind. Ein leichter Hang zur proaktiven Seite wäre aus meiner Sicht aber günstig, weil Sie damit Ihr Leben besser steuern könnten. Falls Sie nach Ihrer Selbstanalyse also zu dem Schluss kommen sollten, dass Sie deutlich zu reaktiv eingestellt sind, dann zwingen Sie sich öfter zum Handeln. Umgekehrt gilt für den zu proaktiven Typus, dass es nicht schaden kann, vor Handlungsbeginn noch mal kurz darüber zu reflektieren, ob das Geplante wirklich die angemessene Reaktion auf eine Herausforderung ist.

Du bist, was du glaubst

Das, was unser Ich ausmacht, befindet sich im Fluss. Unsere Persönlichkeit ist schon deshalb nicht starr, weil wir unsere Sichtweise auf die Welt selbst modifizieren können. Wir können vielleicht die Welt nicht verändern, aber wir können dies mit unserer Sicht auf die Dinge, die uns umgeben, tun. Und darin liegt eine große Chance. Für die einen ist das viel zitierte Glas bekanntlich halbvoll, für die anderen halbleer. Darin unterscheiden sich die Pessimisten von den Optimisten.

Wichtig ist auch: Oftmals sind unsere Einstellungen gar nicht unsere eigenen – weil wir sie nicht ständig überprüfen und kritisch hinterfragen –, sondern wir haben sie vor geraumer Zeit irgendwann von irgendwem unbewusst übernommen und nicht wieder in Frage gestellt. Wenn doch, zu selten. Falls Sie solche mitunter negativen Programmierungen Ihres Betriebssystems nicht hin und wieder überprüfen und ändern, können sie Ihnen in entscheidenden Momenten im Wege stehen. Sie entwickeln sich nicht weiter, werden starr. Und das ist das Schlimmste, was passieren kann. Sie müssen also wieder lernen, Herr Ihrer Gedanken zu werden, denn dann können Sie selbst bestimmen, wie Sie sich und die Welt um Sie herum wahrnehmen wollen.

Ihr Denken hat einen entscheidenden Einfluss auf Ihre Persönlichkeit. Befreien Sie sich daher von negativen Denkmustern, denken Sie, was Sie wollen und möglichst nur das, was gut für Sie ist.

Gefühle können urplötzlich und unvermittelt auftauchen und uns übermannen. Ein weit verbreiteter Irrglaube ist, dass sie einen gesunden Menschen kontrollieren können und er ihnen hilflos ausgeliefert ist, ohne dass er etwas dagegen tun kann. In Extremsituationen, wie der Nachricht von einem Todesfall oder dem plötzlichen Ende einer Beziehung, kann dies zwar zeitweise zutreffen, weil ein solches Ereignis das Leben plötzlich auf den Kopf stellt. Grundsätzlich aber gilt auch hier: Unsere Gedanken bestimmen in jeder Situation unsere Gefühle so, wie wir es zulassen.

Machen Sie den Test zur Kontrolle

• Denken Sie an einen Ihrer größten Erfolge, an einen Ihrer absoluten Glücksmomente. Jetzt! Sie werden sofort froh sein und sich erfolgreich fühlen, obwohl das Ereignis schon eine Weile zurückliegen mag.
• Und nun denken Sie an eine Niederlage. Sie werden sich in diesem Moment sofort schwach und niedergeschlagen fühlen.

Schon dieser kleine Selbstversuch zeigt: Es bewegt sich etwas in Ihnen, Sie können nur durch Ihre Gedanken Einfluss auf Ihre Stimmung nehmen.
Wenn Sie einen Versuchspartner haben, können Sie noch einen Schritt weitergehen: Strecken Sie Ihren Arm waagerecht zur Seite aus und spannen Sie die Muskeln an. Nun soll Ihr Versuchspartner versuchen, Ihren Arm nach unten zu drücken. Dies wird ihm leichter oder schwerer fallen, je nachdem, ob Sie positive oder negative Gedanken haben. Ihr Arm wird bei negativen deutlich schwächer sein als bei kraftspendenden positiven Gedanken.

Die Kunst ist es, die Gedanken so zu steuern, dass Sie die Oberhand behalten und sich nicht von negativen Emotionen beherrschen lassen. Wenn Sie also demnächst spüren,

37

wie eine unbedeutende Kleinigkeit dabei ist, Sie zur Weißglut zu treiben, halten Sie kurz inne und steuern Sie mit positiven Gedanken dagegen oder lenken Sie sich ab. Tun Sie's einfach ein paarmal, ohne groß darüber nachzudenken. Es ist einfacher, als Sie denken.

Obwohl mir das aufgrund meiner impulsiven Persönlichkeitsstruktur manchmal schwerfällt, kann ich Ihnen versichern, dass ich es mittlerweile gelernt habe, mich zu bremsen und auch in hitzigen Situationen einen kühlen Kopf zu bewahren. Nur wenn ich das schaffe, treffe ich meine Entscheidungen sinnvoll und konstruktiv. Auch hier gilt: Nur Übung macht den Meister und keine Angst: Wie beim Umprogrammieren eines Computers, gibt es dafür Techniken und Instrumente, die Ihnen helfen werden. Einige davon werde ich Ihnen weiter unten vorstellen

Falls Sie sich also vom realitätsorientierten Bedenkenträger in einen kreativen Möglichmacher verwandeln wollen, müssen Sie – je nach Ausgangslage – kleinere oder größere Veränderungen vornehmen. Dies zu beherrschen ist grundsätzlich nicht ganz einfach, aber Sie können es schaffen, immer wieder auf die angestrebte Weise zu denken und zu fühlen.

Stärke dein Selbstvertrauen

Die Weiterführung der Erkenntnis »Nichts ist unmöglich« bedeutet, dass auch für Sie nichts unmöglich ist. Also sollten Sie wirklich davon überzeugt sein, dass Sie alles erreichen können, was Sie wirklich erreichen wollen. Denn das, woran Sie glauben, bestimmt Ihre Wahrnehmung, Ihre Gefühle, Ihr Leben. Allein dadurch, dass Sie meinen, Ihre Grenzen zu kennen, beschließen Sie, das dahinterliegende Potential nicht auszuschöpfen zu wollen. Mut und Vertrauen in Sie selbst gehören dazu. Nur ein Mensch mit Selbstvertrauen hat die Kraft, sich und andere zu verwandeln. Man kann Selbstbewusstsein entwickeln und ausbauen. Von entscheidender Bedeutung dabei ist einmal mehr, sich gut einschätzen zu können und sich und die eigenen Fähigkeiten bestens zu kennen.

Entwickeln Sie also eine kritische, aber wohlwollende Haltung zu sich selbst. Nur so können Sie ein Bewusstsein dafür bekommen, was Sie schon können, was Sie noch üben müssen, welche Aufgaben Ihnen nicht liegen und auch wahrscheinlich nie liegen werden und deshalb vielleicht besser abgelehnt oder delegiert werden sollten. Diese Selbsterkenntnis – gepaart mit Lob und gespickt mit Erfolgserlebnissen – führt langfristig zu mehr Selbstvertrauen. Und irgendwann werden Sie, wie von Zauberhand und ganz von selbst, selbstbewusst und zuversichtlich durchs Leben gehen. Ihre Umwelt wird Ihnen Sympathie entgegenbringen, die nochmals wie ein Turbolader wirken wird. Klingt zu schön, um wahr zu sein? Nein, glaube ich nicht. Ich habe es schon oft so erfahren. Für alle notorischen Selbstzweifler hier noch eine kleine Geschichte zum Aufpolstern Ihres Egos: Auch wenn es Ihnen selbst vielleicht noch nicht klar sein sollte: Sie sind eindeutig ein Siegertyp!

Ich gebe hier gern einige Argumente an die Hand, um Sie, falls nötig, noch zu überzeugen: Haben Sie sich jemals klar gemacht, dass Sie bereits einmal ein Rennen um Leben und Tod gegen etwa 200 Millionen Gegner gewonnen haben? Sie waren definitiv vor allen anderen am Ziel, als es um die Befruchtung einer Eizelle ging. Ist das nichts? Ein Rennen mit einer Wahrscheinlichkeit von 1 zu 200 000 000 zu gewinnen, ist kein Pappenstiel. Die Chancen standen überaus schlecht, und Sie haben es trotzdem gepackt. Sie sind immer noch skeptisch? Nun, dann folgen wir doch einmal einem anderen Vergleich, den sich der amerikanische Wissenschaftsjournalist Bill Bryson in seinem Buch »Eine kurze Geschichte von fast allem« einfallen ließ.

Dazu drehe ich mit Ihnen die Zeit zurück. Nicht nur um Ihr Alter, nicht um hundert oder tausend Jahre, sondern noch weiter, noch viel weiter. Sogar so weit zurück in eine Zeit, in der Ihre Vorfahren noch nicht einmal Menschen waren. Der Ursprung des Lebens liegt etwa 3,8 Milliarden Jahre zurück. Einige ihrer Vorfahren hatten Flossen und mussten sich erst mühsam ans Land vorkämpfen. Millionen Jahre später, als auch die Dinosaurier ausgestorben waren, sahen diese Wesen aus wie Spitzmäuse. Diese Milliarden Jahre andauernde Entwicklungsgeschichte steckt in Ihnen. Haben Sie sich das jemals klar gemacht? Sie mögen das für selbstverständlich halten, aber zu Recht? Überlegen Sie nur, wie viele Generationen in diese Zeitspanne passen. Unvorstellbar viele.

3,8 Milliarden Jahre geschlossene Abstammungslinie vom Einzeller bis zu Ihnen selbst – das ist mehr als alle Gebirge, Flüsse und Ozeane der Erde in ihrer heutigen Form auf dem Buckel haben. Und in all dieser Zeit war jeder Einzelne Ihrer Vorfahren, sowohl mütterlicher- als auch väterlicherseits, so attraktiv, dass sie beizeiten genau den richtigen Partner gefunden haben. Und nicht nur das: Jeder Ihrer tausend und abertausend Vorfahren war zudem so gesund, sich zur rechten Zeit fortpflanzen zu können. Das mag Ihnen ebenfalls selbstverständlich erscheinen, aber sind Sie sich bewusst, wie alt Ihre Vorfahren vor einer Million Jahren wurden? Sicher keine 30 oder gar 40 Jahre. Alles also Grenzleistungen, die Ihre Ahnen da hingelegt haben. Doch alle, ohne Ausnahme, waren vom Schicksal dermaßen begünstigt, dass sie lange genug lebten, um sich fortzupflanzen und ihren Nachwuchs erfolgreich aufs Leben vorzubereiten. Keiner, nicht ein einziger Ihrer Ahnen, wurde vorzeitig, sprich vor der erfolgreichen

Fortpflanzung, erschlagen oder von einem wilden Tier gefressen, ist verhungert oder irgendwelchen Krankheiten erlegen. Wenn das keine Erfolgsstory ist.

Wissen Sie, wie hoch durchschnittlich die Kindersterblichkeit vor nur hundert Jahren war? Sie lag bei etwa 25 Prozent. Vor 500 Jahren erreichte ungefähr die Hälfte aller Kinder nicht das 14. Lebensjahr. Auf die Details kommt es an dieser Stelle aber gar nicht an. Die Quintessenz lautet einfach: Über Tausende von Generationen hinweg ist es entgegen aller Wahrscheinlichkeit, früh zu sterben, jedem einzelnen Ihrer Vorfahren gelungen, sich zu behaupten, um damit am Ende dieser 3,8 Milliarde Jahre währenden Fortentwicklung, Sie selbst, ja genau Sie, hervorzubringen. Neben der Tatsache, dass Sie einfach einzigartig sind, sind Sie auch noch Sieger auf ganzer Linie.

Erfolg erkennen und genießen lernen

Entscheidend fürs Selbstbewusstsein ist das Erfolgsbewusstsein. Das können Sie steigern, wenn Sie Ihre Arbeit auf Erfolge ausrichten und sich trauen, diese Erfolge auch zu genießen. Das kann Ihnen dabei helfen:

- Viele Menschen neigen dazu, sich zu früh oder zu schnell zu hohen Anforderungen zu stellen. Das lässt sie leicht scheitern und sorgt für Unzufriedenheit und Resignation. Deshalb: Beginnen Sie mit den einfachen Dingen, die Ihnen leichter fallen und steigern Sie langsam die Anforderungen. Mein erster Zauberkasten bestand zum großen Teil aus technisch anspruchslosen und sehr einfach zu lernenden Kunststücken. Dadurch stellten sich die ersten Erfolgserlebnisse umgehend und ohne großen Übungsaufwand ein.

- Gliedern Sie Ihre Arbeiten in sinnvolle Teilschritte. Machen Sie sich jedes erreichte Etappenziel bewusst und genießen Sie das Erreichte.
- Wenn Sie an einem Punkt nicht weiterkommen, suchen Sie sich Hilfe und Unterstützung bei kompetenten Menschen. Möglicherweise hilft Teamwork bei Erledigung einer bestimmten Arbeit.
- Stellen Sie sich Aufgaben, die Sie für schwierig halten, stets entspannt und ausgeruht. Vermeiden Sie es also, gehetzt, gestresst, unausgeruht und ohne die nötige Zeit an etwas Schwieriges heranzugehen. Was Sie zwischen Tür und Angel erledigen, wird selten von Erfolg gekrönt sein.
- Genießen Sie Ihre Erfolge mindestens so lange, wie Sie sich über Ihre Misserfolge ärgern.

Optimisten, Realisten, Pessimisten

Eine wesentliche Eigenschaft für unser soziales Leben und Überleben ist es, dass wir im Verlauf unseres Daseins gelernt haben, uns, unsere Fähigkeiten und unsere Umwelt möglichst genau einschätzen zu können. Je präziser uns dies gelingt, desto besser. Bleiben Sie also – ohne die Rolle der Phantasie schmälern zu wollen – immer Realist, denn dann sind Sie klar im Vorteil. Auch wenn es trotz der spitzen Hüte und den langen und altmodischen Mänteln unglaublich erscheint, kann ich Ihnen versichern, dass Zauberkünstler ausnahmslos realistische Menschen sind, denn keiner weiß besser über die Grenzen der Physik und des Geistes Bescheid, als derjenige, der diese unbemerkt zu überwinden sucht.

Die Grundsatzfrage bezieht sich also immer darauf, wie etwas überhaupt gehen kann. Wenn Sie sich also vornehmen, ein Meisterklassepianist zu werden, dann führen Sie sich bitte vor Augen, dass hierfür Tausende von Übungsstunden nötig sind und wägen Sie ab, ob dieses Ziel Ihnen diesen Preis wert ist. Ansonsten finden Sie durch kreative Betrachtungsweise – dazu später mehr – vielleicht noch einen anderen Zieleffekt, der Ihre Wünsche erfüllt und mit weniger Aufwand zu realisieren ist.

Unsere optimistische, realistische oder pessimistische Grundeinstellung beeinflusst uns permanent und ist zum großen Teil verantwortlich dafür, dass wir uns gut oder schlecht fühlen. Wir sind Lenker unserer Gedanken und können unsere Grundeinstellung daher auch ändern und somit entscheiden, wie wir uns fühlen wollen. Logischerweise ist es besser, wenn wir uns gut fühlen, daher sollten wir versuchen, viele Dinge möglichst positiv zu sehen. Und zudem: Positiv denken, das hält auch noch gesund. Zahlreiche Studien konnten einen Zusammenhang zwischen Optimismus und Gesundheit nachweisen. So fand man heraus,[4] dass Pessimisten viel häufiger an Krebs oder Herz-Kreislauf-Erkrankungen leiden und früher sterben als Optimisten. Warum das im Einzelnen so ist – Optimisten sind wahrscheinlich auch aktiver –, mag dahingestellt sein, aber die Tatsache bleibt: Immer das Gute anzunehmen, eher die Lösung als das Problem im Auge zu haben, vertreibt Kummer, Krankheit und kann sogar vorübergehend dem Tod ein Schnippchen schlagen.

Optimisten sind obendrein erfolgreicher, so belegt durch verschiedene Experimente des amerikanischen Psychologen Martin Seligman.[5] Ihm zufolge setzt sich der Grad an Optimismus, über den ein Mensch verfügt, aus drei Faktoren zusammen: einer ererbten Grundbegabung, den aktuellen Lebensumständen und der Entscheidung, Dinge positiv sehen zu wollen. Einzig für Pessimisten spricht, dass diese öfter Recht haben. Allerdings: Nach dem Gesetz der selbst erfüllenden Prophezeiung ist das auch kein Wunder. Sobald ich ernsthaft befürchte, dass etwas schlecht ausgeht, wird es auch passieren. Aber was bringt es dem Pessimisten, Recht zu haben? Nix als Ärger und Verdruss!

Wollen Sie erfolgreich sein und länger leben oder lieber öfter im Recht sein? Ich brauche kein Mentalist zu sein, um Ihre Antwort vorauszusagen. Übrigens: Interessant ist auch, wie Optimisten und Pessimisten positive beziehungsweise negative Ereignisse der Vergangenheit interpretieren und versuchen, daraus allgemeingültige Schlüsse zu ziehen. Positive Ereignisse interpretiert der Optimist als dauerhafte, allgemeingültige Erkenntnisse, und diese haben den Status einer günstigen Weltformel, während dieselben Ereignisse für den Pessimisten immer und ausnahmslos einen einmaligen glücklichen Ausnahmefall darstellen. Bei negativen vergangenen Ereignissen fällt die Analyse der beiden Typen genau umgekehrt aus.

Genauso hat die Forschung auch gezeigt,[6] dass Optimisten sich für positive Ereignisse selbst verantwortlich fühlen, wohingegen negative Ergebnisse von ihnen gern externen Faktoren zugeschrieben werden. Bei Pessimisten ist dies genau umgekehrt.

Der realistische Optimist also, der die Dinge kritisch betrachtet und hinterfragt, lenkt seine Aufmerksamkeit gezielt auf die Aspekte, die sich verändern lassen. Und er ist bereit, Verantwortung zu tragen. Auch wenn er Fehler macht, bricht für ihn die Welt nicht zusammen. Denn es ist klug, sich Fehler einzugestehen – mitunter auch, wenn man sie gar nicht begangen hat.

Hierzu eine kleine Anekdote zum Thema realistisches Vorgehen mit gutem Ausgang. Bei der Aufzeichnung der Fernsehshow meines portugiesischen Kollegen Luis de Matos sind am Set zahlreiche Mitarbeiter damit beschäftigt, ihn als Magier ins rechte Licht zu rücken und seine Darbietung optimal in Szene zu setzen. Luis ist ein Perfektionist. Sobald auch nur einer der Beteiligten, sei es der Kabelträger oder irgendein Statist, einen kleinen Fehler begangen hat, macht er absichtlich einen größeren Fehler, damit die gesamte Szene wiederholt werden muss. Statt den Kabelträger zu kritisieren, was im Zweifelsfall zu nichts führen würde oder nur zu unnötigen Diskussionen, macht er sich zum Schuldigen. Die günstige Wirkung: Es herrscht weiterhin gute Stimmung bei seinem Team, und die optimale Präsentation seiner Kunst wird erreicht. Ich möchte diese Strategie die Vorgehensweise des smarten Optimismus nennen.

Grundsätzlich spricht vieles für eine grundlos optimistische Lebenseinstellung, aber zu viel Optimismus kann auch blind machen und birgt die Gefahr, aus Überschwang falsch zu handeln. Daher sollten Sie sich durch eine gehörige Portion Grundoptimismus auszeichnen, die Sie aber je nach Situation und Konsequenz um eine Prise realistischer Einschätzung ergänzen sollten. Es ist also ein vernünftiger Optimismus. Alle weitreichenden Entscheidungen wie ein Jobwechsel oder der Sprung in die Selbständigkeit sollten wohl durchdacht und unter Berücksichtigung möglichst vieler Aspekte sorgfältig abgewogen werden. Bloßes Vertrauen auf den günstigen Zufall oder ein gutes Gefühl allein reichen nicht aus.

Eine der tollsten Eigenschaften von Optimisten ist es, allen negativen Situationen etwas Positives abzugewinnen und sich selbst auch dann noch zur Aktivität motivieren zu können, wenn der Pessimist schon lange resigniert hat. Es ist einleuchtend, dass jemand, der länger dranbleibt – selbstverständlich mit der richtigen Strategie – und sich fast nie entmutigen lässt, im Endeffekt höhere Erfolgschancen hat. Unser Gehirn verfügt über die unglaubliche Fähigkeit, selbst in der schwersten Krise einen Ausweg zu bieten. Wie weit diese Fähigkeit reicht, ist höchst verschieden und hängt entscheidend von unserem eigenen Weltbild ab.

Blasenschaum oder Halleluja?

Man mag zu Religion und Religiosität stehen wie man will, die Möglichkeit jedoch, durch Glauben Halt zu erlangen und Trost zu finden, um über einen schweren Schicksalsschlag wie den Verlust eines geliebten Menschen hinwegzukommen, ist überaus wertvoll. Getreu dem Prinzip Hoffnung kann ich daher jedem den Glauben an eine irgendwie geartete höhere Macht oder ein Leben nach dem Tod, an etwas, das losgelöst von weltlichen Dingen existiert, zumindest als Hilfsmittel in der mentalen Werkzeugkiste empfehlen. Denjenigen, die Religiosität in der modernen aufgeklärten Gesellschaft als überholt und unzeitgemäß empfinden, möchte ich kurz die so herrlich absurd klingende naturwissenschaftliche Sicht der Dinge vor Augen führen: Aus naturwissenschaftlicher Sicht ist die materielle Wirklichkeit ein Schwingungszustand der sogenannten Superstrings in einem elfdimensionalen Raum, der sich im Moment des Urknalls zu unserer vierdimensionalen Raumzeit eingerollt und dabei im Billionstel einer Sekunde all die Energien erzeugt hat, die unser sichtbares Universum seither expandieren lassen. Nach den Theorien einiger Physiker kann sich dieser Vorgang jederzeit wiederholen, und der gesamte Kosmos ist daher wahrscheinlich nur ein Blasenschaum aus unendlich vielen Paralleluniversen, wobei jedoch aufgrund elementarer Gesetzmäßigkeiten der Quantenphysik keine Kommunikation zwischen diesen möglich ist. Das heißt, wir werden nie wissen, in welchem Paralleluniversum wir uns gerade befinden.

> Ich ziehe diese Weltsicht keinesfalls in Zweifel, jedoch sollte in Anbetracht dieser fast schon irrwitzigen Erkenntnisse zumindest die Frage erlaubt sein, wer einem verrückter erscheint: der sonntägliche Kirchgänger, der an eine göttliche Macht glaubt, oder der Atomphysiker mit seinen hochwissenschaftlichen Theorien? Solange Sie für sich persönlich positive Kraft aus einem Glauben oder einer Weltanschauung ziehen können, sollten Sie das auch tun, und nicht erst kurz bevor es zu spät ist. Man sagt nicht umsonst: In einem abstürzenden Flugzeug wird auch der größte Atheist zum Gläubigen.

Vor fast 2000 Jahren konstatierte der römische Kaiser Mark Aurel treffend: »Unser Leben ist das, wozu es unser Denken macht.« Das gilt auch heute noch. Glückliche Gedanken machen uns glücklich. Traurige Gedanken machen uns traurig. Befürchten wir ein Scheitern, werden wir höchstwahrscheinlich auch scheitern. Folglich ist die Bedeutung unserer Gedanken riesengroß. Mit der Veränderung unseres Denkens können wir auch unser Leben ändern. Nutzen Sie die Kraft von Weltanschauungen, die Ihnen positive Gedanken und Hoffnung geben können.

Ein gutes Beispiel für einen smarten Optimisten ist der deutsch-kanadische Eishockeytrainer Ralph Krueger. Nachdem er 13 Jahre als Profi und davon fünf Jahre als deutscher Nationalspieler aktiv war, wurde er Trainer beim damals erfolglosen VEU Feldkirch in Österreich. In den folgenden sieben Jahren konnte er mit seinem Team fünfmal österreichischer Meister, dreimal Gewinner der Alpenliga sowie 1998 Meister der Euroliga werden. In seinem Buch »Teamlife. Über Niederlagen zum Erfolg«[7] stellt er folgende sehr anschauliche Ursache-Folgen-Kette auf:

- Positive Gedanken werden zu positiven Worten.
- Positive Worte werden zu positiven Aktionen.
- Positive Aktionen werden zu positiven Gewohnheiten.
- Positive Gewohnheiten bilden den positiven Charakter.
- Ein positiver Charakter fördert den positiven Werdegang.

Werden Sie ein realistischer, smarter Optimist. Erwarten Sie Erfolge und versuchen Sie, auch den noch so ungünstigen Konstellationen etwas Positives abzugewinnen.

Sie sind der geborene Problemlöser

Sie erinnern sich doch noch an die Aufgabe mit dem Geldkoffer an dem Kirchturm. Die Fähigkeit, jedes Problem für lösbar zu halten, es direkt anzugehen und einen Weg zu suchen, das unterscheidet, plakativ gesprochen, Problemo-Typ-A von Null-Problemo-Typ-B: Während A behauptet: »Es ist vielleicht möglich, aber es ist zu schwierig«, sagt B im Gegensatz dazu: »Es ist vielleicht schwierig, aber es ist möglich.« Während A denkt: »Man müsste mal etwas tun« und dabei weder weiß, wer »man« ist, noch was »etwas« ist, fühlt sich B uneingeschränkt zuständig. B hat einen Plan und packt an. A macht eventuell Versprechungen, B hingegen verbindliche Zusagen. A sieht tendenziell ein Problem in jeder Antwort, B hat eine mögliche Antwort für jedes Problem. A hat also ein Problem, B hat ein Ergebnis oder arbeitet an einer Problemlösung.

Mut zu Veränderungen

Viele Menschen machen den Fehler, neuen Chancen und Herausforderungen auszuweichen, weil Sie lieber im Gewohnten verharren und auf absolute Sicherheit setzen. Sorgen und Befürchtungen behindern Sie dabei, Risiken einzugehen. Ein toller Trick, dagegen anzukämpfen, ist es, sich die Wahrscheinlichkeit für bestimmte Szenarien auszurechnen, nämlich für die, die Sie am meisten fürchten. Viele Befürchtungen, die Sie für möglich und begründet ansehen, treten nämlich extrem selten ein. Es lohnt sich also gar nicht, sich vorab Gedanken darüber zu machen, was alles passieren könnte. Wenn es tatsächlich zum GAU kommt, haben Sie immer noch die Möglichkeit, darauf spontan und flexibel zu reagieren.

Sobald Sie sich in Gedanken ein Worst-Case-Szenario ausmalen und die Bilder, die zeigen, was alles schiefgehen kann, vor Augen führen, werden Sie automatisch davon abgehalten, überhaupt loszulegen. Bitte verstehen Sie mich nicht falsch: Auch ein Worst-Case-Szenario kann hilfreich sein, falls es für den nötigen Tritt in den Allerwertesten sorgt, um überhaupt in die Gänge zu kommen. Wenn Sie jedoch von unrealistischen Befürchtungen vom Handeln abgehalten werden, ist das kontraproduktiv. Daher empfehle ich, sobald es soweit ist, als Gegenmaßnahme ein sogenanntes Best-Case-Szenario im Kopf aufzubauen. Das heißt, sich möglichst gleichzeitig auch alles Tolle und Gute vorzustellen, was passieren könnte.

Das Geheimnis liegt wieder einmal im richtigen Einsatz der Gegensätze. Diese ergänzen und neutralisieren sich auf wundersame Weise. In meiner mentalen Werkzeugkiste sind beide Instrumente immer vorhanden: der gesunde Optimismus und der gesunde Pessimismus, und sie sind beide je nach Situation gleichermaßen wertvoll.

Die Krux mit der Entscheidung

Zu den wohl schwierigsten Dingen im Leben gehört es, Entscheidungen zu treffen. Damit meine ich nicht die vielen täglichen kleinen Entscheidungen, wie beispielsweise die Frage zu beantworten, ob wir lieber Erdbeer- oder Vanilleeis essen wollen – aber auch hierbei soll sich der eine oder andere schon ziemlich schwer tun –, nein, ich meine die wirklich großen, weitreichenden Entscheidungen wie einen Jobwechsel, den Sprung in die Selbständigkeit, die Trennung vom Ehepartner und so weiter.

Sogenannte Kopfmenschen, die immer alles richtig machen wollen, quälen sich, was Entscheidungen angeht, gern. Meist sind sie gleichzeitig auch chronische Optimierer. Kaum haben sie eine Entscheidung getroffen, wird sie auch schon hinterfragt. Manchmal mündet dieses Verhalten in einen Teufelskreis von Handlungswillen und Handlungsunfähigkeit. Auch mir fiel und fällt es bisweilen schwer, Entscheidungen zu treffen. Ich habe aber Techniken erlernt, mit denen es besser klappt. Notgedrungen, während meines Studiums. In der juristischen Ausbildung lernen Studierende die Arbeitsweise von Richtern kennen und auszuführen. Diese Menschen müssen täglich, je nach Instanz des Gerichts, mehr oder weniger endgültige Entscheidungen treffen. Wenn ein Examenskandidat vor einer Klausur sitzt und sich die ganze Zeit mit der Frage quält, wie entscheide ich mich richtig, kann es schnell passieren, dass fünf Stunden Bearbeitungszeit im Fluge verstreichen und sich noch kein Ergebnis auf dem Papier erkennen lässt. Das bedeutet nichts anderes als null Punkte, durchgefallen.

Jeder Jurastudent lernt deshalb frühzeitig, dass es die einzige richtige Entscheidung oftmals gar nicht gibt. Ja, Sie haben richtig gehört: In unserem hochzivilisierten Rechtsstaat mit Hunderttausenden von Paragraphen, in dem es sogar mal eine Gurken-Krümmungs-Norm gegeben hat, kommt der fachkundige Jurist zuweilen nicht zu einem hundertprozentig korrekt ableitbaren Ergebnis. Daher existiert auch der Spruch von den drei Juristen mit den vier Meinungen – und trotzdem: Der Richter muss seine Entscheidung fällen. Das Wichtige allerdings ist nicht das Ergebnis, also die Entscheidung selbst, sondern der Weg dorthin. Aus diesem Grund werden die Weichenstellungen bis zum Urteil immer sehr ausführlich in den Gründen erläutert. Eine meiner wichtigsten Erkenntnisse aus dem Jurastudium lautet also: Wie du dich auch entscheidest – das ist prinzipiell egal –, du musst es nur gut begründen können. Das bedeutet, eine Entscheidung muss nicht in erster Linie richtig, sondern vor allem schlüssig gefällt worden sein. Diese Erkenntnis erleichtert die Entscheidungsfindung schon enorm.

Deshalb steht am Anfang einer sinnvollen Entscheidung immer die sorgfältige Analyse. Pro und Kontra müssen gegeneinander abgewogen und die potentiellen Konsequenzen bedacht werden. Dazu braucht der Entscheider Zeit. Ein Urteil muss reifen und sollte daher nie überstürzt gefällt werden, aber dann muss man Stellung beziehen. Ebenso im richtigen Leben. Sie können zwar verschiedene Möglichkeiten eine Weile lang austesten, aber irgendwann kommt die Stunde der Entscheidung – und danach erlangt diese, genau wie bei einem juristischen Fall, quasi Rechtskraft.

Hiernach ist es nur schwer möglich, das einmal Beschlossene im sogenannten Wiederaufnahmeverfahren erneut aufzurollen oder gar rückgängig zu machen. Dessen müssen Sie sich bewusst sein. Und trotzdem: Der Mut, Entscheidungen zu treffen und dadurch Stellung zu beziehen, darf Sie nicht verlassen. Und das wird auch nicht passieren, wenn Sie sich vertrauen. Im Gegensatz zu den Juristen haben Sie noch den folgenden unschätzbar wertvollen Trumpf im Ärmel:

 Sie sind der Magier Ihres Lebens, weil Sie der Herr über Ihre Gedanken sind. Das gilt auch jetzt, gerade jetzt. Dies bedeutet, Sie können auf diese Weise im Nachhinein dafür sorgen, dass sich die einmal getroffene Entscheidung als richtig erweist. Also anstatt daran zu zweifeln, ob der Schritt in die Selbständigkeit nun tatsächlich der richtige gewesen ist, sollten Sie nur noch nach vorn sehen und mit Volldampf daran arbeiten, dass Ihr Projekt zu dem wird, was es Ihrer Meinung nach werden sollte.

Lass die Würfel entscheiden

Ich möchte Ihnen an dieser Stelle eine ziemlich unkonventionelle, doch hoch effektive Entscheidungshilfe vorstellen. Bei Gleichstand der Argumente kann das Werfen eines Würfels uns aus der Erstarrung lösen und zum Handeln in die eine oder andere Richtung bewegen. Legen Sie einfach zu jeder Zahl eine Handlungsalternative fest und lassen Sie den Würfel rollen. Da wir wissen, dass wir prinzipiell alles, was wir anpacken, zum Erfolg führen können, kann dies in der richtigen Situation eine durchaus hilfreiche Methode zur Entscheidungsfindung sein.[8] Gerade reaktive Typen, die durch ihren Analysewahn oft vom Handeln abgehalten werden, können hierdurch zum Handeln motiviert werden.

Sinne schärfen und Wahrnehmungsfähigkeit nutzen

Wollen Sie Ihre Ziele erreichen, wird es Ihnen echte Vorteile bringen, wenn Sie gelernt haben, Ihre Mitmenschen gut einzuschätzen. Dazu brauchen Sie Menschenkenntnis. Und die lässt sich nicht aus Büchern lernen. Weiter unten werde ich noch auf Aspekte der Körpersprache, Gestik sowie Mimik des Gegenübers und deren Bedeutung eingehen, das sind jedoch nur Indizien für bestimmte Haltungen. Es hängt letztlich von Ihrer Erfahrung und Ihren gezielten Beobachtungen ab, wie treffsicher Sie in diesem Bereich sind. Reflektieren Sie darüber, warum Sie was wie einschätzen und deuten. Damit bilden Sie im Laufe der Zeit ein Bauchgefühl aus, das Sie sicher durchs Leben manövriert.

Ich war immer ein sehr guter Schüler. Zwar machte ich fast nie meine Hausaufgaben, aber in den Unterrichtsstunden war ich stets aufmerksam und beteiligte mich aktiv am Geschehen. Wenn es zu Beginn der Stunde darum ging, die Hausaufgaben vorzulesen, war meine Hand immer eine der ersten in der Luft. Ein dicker, aber gut kalkulierbarer Bluff. Ich hoffe, meine ehemaligen Lehrer nehmen es mir nicht übel, falls sie das hier lesen. Ich glaubte einfach zu wissen, wie sie mich einschätzten, nämlich als fleißigen Schüler, der seine Hausaufgaben selbstverständlich erledigen würde. Gleichzeitig schätzte ich meine Lehrer so ein, dass sie lieber den Schülern, die sich am Unterricht weniger aktiv beteiligten, durch Vorlesen der Hausaufgaben die Chance geben wollten, die mündliche Note zu verbessern, als die ohnehin guten Schüler, wie ich einer war, schon wieder zu Wort kommen zu lassen. Um Himmels willen, ich möchte hier nicht dazu aufrufen, mich in dieser Sache nachzuahmen. Ich möchte nur zeigen, dass es vorteilhaft sein kann, sich und seine Mitmenschen gut einzuschätzen und darauf entsprechend reagieren zu können. Ich will auch nicht verschweigen, dass mein Vorgehen nicht in jedem Fall zum Ziel führte.

Bei einer neuen Lehrerin im Fach Geschichte ging die Sache nämlich schief. Entgegen meiner Erwartung nahm sie mich dran. Was sollte ich tun? Ich steckte in der Klemme. Also begann ich zu improvisieren und versuchte, die nicht vorhandenen Hausaufgaben flüssig vom leeren Blatt abzulesen. Das klappte auch ganz gut, und vermutlich wäre ich mit meiner Strategie auch durchgekommen, wenn nicht mein Nachbar vor lauter Lachen fast vom Stuhl gekippt wäre. Das brachte sie auf die richtige Spur. Immerhin, die Lehrerin war so freundlich und beließ es bei einem strengen Blick und dem Hinweis, mich das Ganze jetzt lieber nicht noch einmal vorlesen zu lassen. Damit hätte sie mich wohl vor der ganzen Klasse auffliegen lassen.

Meine grundsätzlich schlüssige Kalkulation war also nicht ganz aufgegangen. Man muss immer bedenken, dass Ausnahmen die Regeln bestätigen. Von diesem Moment an war für mich jedenfalls klar, dass ich zukünftig in Geschichte meine Hausaufgaben gewissenhaft erledigen würde. Bei dieser Lehrerin musste ich mir mein Image des fleißigen, verlässlichen Schülers wieder von neuem erarbeiten.

Egal, was Sie über sich und andere denken, alles ist eine Sache der Wahrnehmungen des Wahrnehmenden.

Neben der Tatsache, wie Sie sich selbst und Ihre Umwelt wahrnehmen, ist es also entscheidend zu wissen, wie die Wahrnehmung Ihrer Mitmenschen aussieht. Daher ist es wichtig, vor Augen zu haben, wie unsere Wahrnehmung überhaupt funktioniert.

Wahrnehmung ist kein passiver Vorgang. Wahrnehmung geschieht uns nicht. Wahrnehmung ist ein aktiver Prozess. Diese Tatsache betont besonders der amerikanische Psychologe James J. Gibson.[9] Er erklärt, dass wir die Welt um uns herum mit unseren Sinnen abtasten. Wir halten uns in dem Raum auf und selektieren immerzu. Unsere Prädispositionen, das heißt, unsere schon gedachten Gedanken oder gewonnenen Sinneseindrücke bewirken, dass wir unseren Kopf in die eine oder andere Richtung drehen und unsere Aufmerksamkeit auf ganz bestimmte Punkte richten. Dadurch werden je nach Position – Blickrichtung der Augen oder Hörvermögen der Ohren – neue und andere Eindrücke gesammelt und gespeichert.

Um ohne Einschränkung sehen zu können, muss der Mensch ständig suchend seine Augen bewegen. Damit er seinen blinden Fleck, den Bereich der Retina, an dem keine Sehzellen vorhanden sind, oder die Defizite seines begrenzten Sichtfelds ausgleichen kann.

Ihr blinder Fleck

In folgendem Selbstversuch können Sie den Effekt des blinden Flecks erleben:

- Schließen Sie das rechte Auge und fixieren Sie in einem Abstand von etwa 15 Zentimetern mit Ihrem linken Auge den Tiger.
- Ohne den Hasen zu fixieren, sollten Sie diesen peripher deutlich erkennen können. Jetzt führen Sie langsam das Buch vom Kopf weg und fixieren dabei aber weiterhin den Tiger, achten aber peripher auf den Hasen!
- Bewegen Sie nun langsam Ihr Gesicht näher an die Abbildung heran. In einem bestimmten Abstand – von etwa 30 Zentimetern – wird der Hase plötzlich verschwunden sein.

Sie bewegen und scannen also mit Ihren Augen fortwährend Ihre Umgebung, so dass Ihr Gehirn in die Lage versetzt wird, eine lückenlose, weil vollkommen wirkende Illusion der Wirklichkeit in hoher Auflösung um Sie herum zu konstruieren.

Doch der blinde Fleck ist nicht die einzige Schwäche unseres an sich so grandiosen Sehapparats. Die Fähigkeit zur Wahrnehmung von Farben ist im seitlichen Blickfeld, dem sogenannten peripheren Sichtfeld, auch stark eingeschränkt. Machen Sie den Test. Nehmen Sie einen farbigen Gegenstand von Ihrem Schreibtisch, beispielsweise einen dieser leuchtend roten Klebestifte. Halten Sie Ihren Blick stets geradeaus, während Sie den Gegenstand langsam an den Rand Ihres Blickfelds bewegen. Sie werden feststellen, dass Sie – obwohl Sie den Gegenstand noch erkennen können – nicht mehr in der Lage sind, seine Farbigkeit wahrzunehmen.

Während die visuelle Wahrnehmung erkennbar macht, wo etwas geschieht, zeigt uns die akustische vor allem, wann etwas geschieht. Die Schnelligkeit, mit der unser Gehör Informationen verarbeiten kann, liegt weit über der – nennen wir es mal Prozessorgeschwindigkeit – unseres Sehvermögens. Im Kino bewirkt die rasche Abfolge von 24 Standbildern pro Sekunde den Eindruck einer fließenden Bewegung. Dahingegen könnten 24 Klickgeräusche in der Sekunde niemals den Eindruck eines konstanten Tons erzeugen.

Der Grund für dieses Phänomen besteht darin, dass das Licht – in Lichtgeschwindigkeit – zwar Millionen Mal schneller auf die Netzhaut trifft, als die Schallwellen unser Ohr erreichen, die Informationsverarbeitung der visuellen Eindrücke jedoch über einen verhältnismäßig langsamen chemischen Prozess in den Rezeptoren erfolgt. Im Ohr dagegen werden die Töne durch ein schnelles mechanisches System in Nervenimpulse umgewandelt. Wir können so Pausen bis zu einer Tausendstelsekunde wahrnehmen, wohingegen unser visuelles System etwa das 30-fache dieser Zeit benötigt, um ein Bild an unsere bewusste Wahrnehmung weiterleiten zu können.

Von entscheidender Bedeutung für die Qualität unserer Wahrnehmungsfähigkeit ist aber am Ende das Zusammenspiel aller Sinne. Es kommt also auf die Harmonie an. Denn ein dominanter Sinn vermag die Eindrücke des unterlegenen Sinns geradezu auszublenden. Die Folgen kennen Sie aus dem Kino oder von der Situation bei einem Vortrag: Obwohl der Ton in der Regel aus Lautsprechern kommt, die seitlich oder sogar hinter Ihnen platziert wurden, haben Sie den Eindruck, der Ton käme von vorn. Diese Illusion entsteht für gewöhnlich so perfekt, dass die Töne sogar aus dem Mund der Sprechenden zu kommen scheinen. In der Wissenschaft wird dies auch als Bauchrednereffekt bezeichnet. Das nach seinem Entdecker, dem Entwicklungspsychologen Harry McGurk, benannte und als McGurk-Effekt bekannt gewordene Phänomen zeigt überzeugend, wie Sie mit den Augen hören können. Sollten Sie ein Smartphone besitzen, so scannen Sie bitte den nebenstehenden QR-Code ein. Sie werden die erstaunliche Wirkung, nämlich wie sich ein Ton komplett verändert, je nachdem ob die Augen geöffnet oder geschlossen sind, am eigenen Ohr erleben.

 Mit diesen spannenden Erkenntnissen über die Möglichkeiten und Grenzen der Wahrnehmung und über das Zusammenspiel der Sinne sind Sie immer im Vorteil. Bei einer Präsentation können Sie die Wirkung Ihrer Rede steigern, wenn Sie beim Zuhörer statt nur einen Sinn möglichst viele Sinne ansprechen. Ein Kinofilm wirkt schließlich auch mit dem entsprechenden Soundtrack viel nachhaltiger.

In einem wissenschaftlichen Experiment konnte gezeigt werden, dass das Empfinden für die Lautstärke eines Tons deutlich gesteigert werden kann, wenn ein Finger gleichzeitig vibriert. Bei leisen Tönen kann es sogar sein, dass die Empfindung der Lautstärke bis auf das Doppelte gesteigert wird.[10] Eine interessante Tatsache ist auch, dass Sie intensiver spüren, wenn Sie Ihre Haut jeweils bei einer Berührung beobachten. Umgekehrt bedeutet das: Sobald Sie wegschauen oder sich absichtlich auf etwas anderes konzentrieren, können Sie damit Schmerzen lindern. Mitunter realisieren Sie den Schmerz auch erst, wenn Sie sehen, wie aus der Wunde Blut spritzt. Aus diesem Grund hilft es auch, kleine Kinder beim Arzt mit einer Puppe oder einer Süßigkeit abzulenken, während eine Spritze verabreicht wird.

Mit Hilfe der Erkenntnisse über dieses Zusammenspiel der Sinne, können Sie zum Beispiel Ihre sogenannten Multitasking-Fähigkeiten steigern. Wollen Sie zwei Dinge gleichzeitig aufnehmen, ist es besonders gut, wenn verschiedene Sinne angesprochen werden. Zum Beispiel: Eine Information sollte visuell, die andere auditiv übermittelt werden. Beide Reize sollten zudem aus derselben Richtung kommen. Es ist umgekehrt leicht, etwas auszublenden, sobald die Quelle der Reize aus verschiedenen Ecken stammt. Zum Thema Multitasking später mehr.

Gute Ziele, schlechte Ziele

Auch wenn wir es oft nicht wahrhaben wollen: Nicht alle Ziele, die auf den ersten Blick attraktiv und sinnvoll erscheinen, sind auch wirklich erstrebenswert. Zumal viele unserer vermeintlich persönlichen Ziele gar nicht unsere eigenen sind. Oftmals handelt es sich um sogenannte fremdbestimmte

Ziele, welche von dritter Seite, also von Eltern, Partnern, Freunden, vorgegeben oder von Ihrem gesellschaftlichen Umfeld geprägt sind. Das muss per se nichts Schlechtes sein. Ich glaube, die wenigsten von uns sind in jungen Jahren freiwillig in die Schule gegangen und wollten Lesen, Schreiben und Rechnen lernen. Die Alternative »Spielplatz« wäre wesentlich verlockender gewesen. Es gibt also Ziele, die wir nur weiterverfolgen, weil wir sie irgendwann übernommen haben. Diese sollten wir prüfen und kritisch hinterfragen: Bringen Sie uns weiter, oder stehen sie unserer weiteren Persönlichkeitsentwicklung nur im Weg?

Erschreckenderweise sind solche fremdbestimmten Ziele bei vielen Menschen bis ins hohe Alter fest verankert, und sie existieren sogar unbewusst, also ohne dass die betreffenden Personen es merken. Ein Programm, das uns in der Kindheit ins Unterbewusstsein eingepflanzt wurde, läuft nämlich so lange unbemerkt weiter, bis wir es uns ins Bewusstsein rufen. Erst dann können wir es wahrnehmen und vielleicht sogar verändern. Jeder erwachsene Mensch sollte daher regelmäßig seine persönlichen Ansichten und Ziele daraufhin überprüfen, ob es tatsächlich die eigenen sind oder ob sich heimlich zu viele fremde Ziele ins Unterbewusstsein eingeschmuggelt haben. Das geschieht in unserer von Werbung bestimmten Gesellschaft und durch unsere angeborene Anfälligkeit zur Adaption fremder Ziele und wegen unseres Hangs zur Imitation übrigens ständig und schneller, als man es wahrhaben möchte.

Eines meiner Ziele, welches sich im Nachhinein als Mogelpackung erweisen sollte, war, richtig berühmt zu werden. Mit diesem Wunsch scheine ich ja nicht allein zu sein. Ich kann daher auch nicht mit absoluter Gewissheit sagen, ob dies nun ein eigen- oder fremdbestimmtes Ziel war. Durch die permanente Berichterstattung der Medien über das Leben berühmter Menschen und die zahllosen Castingshows wird das Berühmtwerden ja mittlerweile zum Massenziel hochstilisiert. Den Menschen suggeriert man permanent, dass Starruhm etwas Tolles und äußerst Erstrebenswertes ist. Mal sehen, was als nächstes gecastet werden soll. Ich finde, die Suche nach »Deutschlands dümmstem Dackel« klingt vielversprechend.

Während meiner Teilnahme an der Mentalisten-Castingshow »The Next Uri Geller« hatte ich das zweifelhafte Vergnügen, tatsächlich einige Monate als C- oder D-Promi durchs Leben gehen zu dürfen, und ich kann Ihnen versichern: Es war nicht so erstrebenswert, wie man vielleicht denken möchte. Sobald Sie das Haus verlassen, sind Sie nicht mehr sicher. Sie stehen permanent unter Beobachtung: Im Supermarkt wird Ihr Einkaufskorb gefilmt, im Restaurant versuchen die Tischnachbarn, Ihre Bestellung mitzuhören oder unauffällig private Gespräche zu belauschen. Gegen Autogrammwünsche ist nichts einzuwenden – die bekomme ich auch heute noch –, aber wenn es soweit kommt, dass das Publikum lieber auf den Genuss der Show verzichtet, um stattdessen ein Autogramm zu ergattern, das am folgenden Tag bei *eBay* für den Startpreis von einem Euro angeboten wird, dann fragt man sich doch, ob diese Form der Berühmtheit so erstrebenswert ist ...

Meine kurzzeitige Berühmtheit bescherte mir auch das ein oder andere kuriose Erlebnis, eines davon in einer Höhe von 30 000 Fuß über den Wolken in der First Class auf dem Flug von Frankfurt nach China. Da die Maschine überbucht war und ich wegen meines Auftritts bei der Zauberweltmeisterschaft unbedingt an diesem Tag nach Peking fliegen musste, war ich gezwungen, mein Bonusmeilenkonto zu plündern, um mir einen Erste-Klasse-Flug leisten zu können. Falls Sie schon einmal das Vergnügen hatten, First Class zu reisen, werden Sie wissen, dass jeder dieser bevorzugten Passagiere mit Limousine und Chauffeur ans Flugzeug gebracht wird. Der Fahrer des Wagens kannte mich zufällig aus dem Fernsehen und begann, mit mir zu plaudern. Neben mir saßen zwei amerikanische Zahnärzte. Obwohl diese kein Wort verstanden, verfolgten sie die Unterhaltung interessiert. Der Chauffeur machte dann den Fehler, ihnen alles zu übersetzen, was ich ihm gerade berichtet hatte, nämlich, dass ich Mentalmagier sei und mich auf dem Weg nach Peking zur Weltmeisterschaft befände. Und natürlich kam prompt die obligatorische Aufforderung: »Great, man, show us a trick.«

Ich hatte mir meinen mit vielen Bonusmeilen teuer erkauften Trip wahrlich entspannter vorgestellt, und so vertröstete ich die Gentlemen auf später, in der Hoffnung, dass sie die Begegnung bei der dünnen Luft und dem Champagner an Bord schnell vergessen haben würden. Es sollte allerdings anders kommen. Schon beim Einsteigen stellten mich die Herren allen anwesenden Stewardessen und Stewards persönlich vor: »Here is the world champion of mentalism«, was ich zu diesem Zeitpunkt definitiv noch nicht war. Nun kannten mich also auch die, die bislang noch nicht auf mich aufmerksam geworden waren. Trotzdem hegte ich noch immer die leise Hoffnung, dass die versprochene Vorführung ausfallen würde, da ich ganz vorn in der Kabine meinen Platz hatte und die beiden Herren ganz hinten auf dem Oberdeck der Boeing 747 saßen.

Nur irgendwann meldet sich auch beim größten Magier während eines zehnstündigen Flugs ein natürliches Bedürfnis an. Kaum hatte ich mich von meinem Sitzplatz erhoben, sah ich die zwei Herren wild gestikulierend vier winkende Arme in die Höhe schnellen, und es schallte erneut durch die Kabine: »Come here, show us a trick.«

Also, in Gottes Namen – als ich vom Waschraum zurückkam, kehrte ich zu ihnen zurück, in der Hoffnung, dass sie mich nach der Vorführung den Rest des Flugs in Ruhe genießen lassen würden. Da ich nichts dabei hatte – ich war schließlich nicht darauf eingestellt, noch zu arbeiten –, bat ich einen der Herrn, mir seine Armbanduhr zu leihen. Ich zeigte ihnen ein kleines, aber eindrucksvolles Kunststück, bei dem ich, ohne die Uhr zu berühren, die Zeit verstellte. Der Besitzer der Uhr hielt sein Schmuckstück die ganze Zeit fest. Erwartungsgemäß waren meine Zuschauer tief beeindruckt, sie entließen mich, und ich konnte auf meinen Platz zurückkehren.

Einige Minuten später – ich nippte gerade genüsslich an meinem Champagnerglas – stand die Stewardess neben mir. Sie war kreidebleich: »Bitte entschuldigen Sie, Herr Friedrich, könnten Sie bitte kurz mitkommen. Der Herr da hinten meint, Sie hätten seine Uhr kaputtgemacht.« Das saß. Ich begann, mich langsam zu erinnern. Es war eine goldene Uhr gewesen, geschätzter Preis mindestens 30 000 Euro. »Meine Berufshaftpflichtversicherung wird niemals dafür aufkommen«, schoss es mir durch den Kopf. Ich hörte mich im Geiste schon Argumente vorbringen, weshalb ich in zehn Kilometern Höhe irgendwo über dem Ural ein unbezahltes Engagement angenommen hätte. Juristisch gesehen mit Erfolgsaussichten gleich null. Zwangsläufig erhob ich mich langsam von meinem Sitz und begab mich erneut zu den Herren, die mich bestürzt anstarrten. Ich nahm die besagte Uhr in die Hand – verdammt, war die schwer, wohl doch eher 50 000 Euro wert – und starrte auf den Sekundenzeiger. Aber er bewegte sich, das kostbare Stück tickte und tickte und tickte. Verwundert musterte ich den Rest der Uhr. Es war keine Fehlfunktion zu erkennen. Als ich verständnislos den Blick vom Ziffernblatt auf die beiden Amerikaner richtete und in ihre Gesichter schaute, grinsten sie mich breit an: »Ha, ha, now we played a trick on you.«

Zauberzutat Nummer zwei: Unterbewusstsein

Manche aufgeklärte Menschen halten grundsätzlich nur das für wahr, was sie mit eigenen Augen gesehen haben. Eine Aufgabe der Zauberkunst besteht für mich darin, diesen womöglich zu engen Blick meiner Zuschauer ein bisschen zu erweitern. Ich möchte sie inspirieren, ihnen Dinge jenseits der eigenen Vorstellungskraft aufzeigen und ihr Weltbild ein bisschen erschüttern. Zauberkunst ist für mich eine Art Metapher für die Möglichkeit des scheinbar Unmöglichen. Sie soll mir helfen, das Feuer der ungeahnten Kräfte in meinen Zuschauern wieder neu zu entfachen. Phantasie, Neugierde und Freude am Staunen sind ebenso wertvoll wie die Logik der verständnisorientierten Erkenntnis. Dazu gehört auch das Wissen über das, was man Unterbewusstsein nennt.

Was ist Unterbewusstsein?

Es gibt viele verschiedene Theorien, aber keine einheitliche Definition des Unterbewusstseins. Da dieser Begriff jedoch noch häufig vorkommt, möchte ich eine kurze Definition versuchen:

- Beim Unterbewusstsein handelt es sich um nicht mehr bewusste (verdrängte) oder vorbewusste Bewusstseinsinhalte, die nur aus ihrer Wirkung erkannt werden und oft das bewusste Erleben und Verhalten beeinflussen und steuern. Damit sind alle seelischen Inhalte und Vorgänge unterhalb der sogenannten Bewusstseinsschwelle gemeint. Im Gegensatz zum Unbewussten sind diese Inhalte dem bewussten Denken prinzipiell zugänglich und können im Bedarfsfall aktiviert werden.

- Das Unterbewusstsein ist im wissenschaftlichen Sinne nicht zu verwechseln mit dem »Unbewusstsein«, aber die Begriffe werden umgangssprachlich oft synonym gebraucht. Dieser Teil der menschlichen Psyche kann das Denken, Fühlen und Handeln entscheidend beeinflussen, obwohl er dem Bewusstsein nicht direkt zugänglich ist. Dabei handelt es sich um Funktionen, auf die wir willentlich kaum einen Einfluss haben. So laufen die meisten lebensnotwendigen Körperfunktionen, wie die Blutzirkulation oder die Verdauung, völlig unbewusst und automatisch ab, ohne dass wir uns darüber Gedanken machen müssen.

• Es gibt keinen wissenschaftlichen Beweis für die Existenz eines Unterbewusstseins. Trotzdem wird davon ausgegangen, dass es existiert.

• Man kann sagen, dass alle unsere Erinnerungen, Vorstellungen, Eindrücke, Motive und Einstellungen in unserem Unterbewusstsein gespeichert sind. Nur wenn wir uns aktiv mit ihnen beschäftigen, werden uns diese Dinge bewusst. Als inaktive Elemente unserer Psyche spielen sie aber auch unterbewusst in unserem täglichen Leben eine große Rolle, da sie unser tägliches Tun und Denken fortwährend beeinflussen.

Sprich mit deinem Unterbewusstsein

Der Begriff »Unterbewusstsein« klingt in den Ohren der meisten Menschen erst mal sehr abstrakt. Kaum jemand vermag rasch auf den Punkt zu bringen, was genau sich dahinter verbirgt. Vielleicht kann man ganz grob konstatieren, dass das Unterbewusstsein der Teil unseres Geistes ist, welcher außerhalb unserer bewussten Wahrnehmung liegt. Sie können sich den menschlichen Verstand wie einen Eisberg in der Antarktis vorstellen: Die kleine Spitze, die aus dem Wasser ragt, steht fürs Bewusstsein, der große Teil unter Wasser –

in der Regel 85 Prozent des Volumens – bildet das Unterbewusste ab.

Obwohl es sich beim Unterbewusstsein nur um ein Modell handelt, wissen Sie bestimmt sofort, was damit gemeint sein könnte. Irgendwie ist uns nämlich nämlich allen die Existenz dieses verborgenen Teils unseres Geistes vertraut. Ich bin mir sicher, Sie alle verfügen über ein großartiges Unterbewusstsein, und es kann erstaunliche Dinge wie zum Beispiel Autofahren. Und ich bin mir sicher, die meisten von Ihnen haben folgende Situation schon mal erlebt:

Sie befinden sich im Wagen auf dem Weg zur Arbeit und fahren Ihre gewohnte Strecke. Ihre Gedanken wandern durch verschiedene Themenkreise, Sie beschäftigen sich mit Ihrer Familie, der letzten Steuererklärung oder Ihrer Arbeit an diesem Tag. Plötzlich sind Sie am Ziel angekommen und haben gar nicht bemerkt, wie Sie Ihr Auto gefahren und gesteuert haben. Kuppeln, Gang einlegen, Bremsen, Gas geben, Blinken – all diese Dinge hat Ihr Unterbewusstsein automatisch fehlerfrei für Sie erledigt. Ohne ein fahrtüchtiges Unterbewusstsein hätten Sie spätestens beim Gedanken an die Steuererklärung einen Unfall gebaut, nicht wahr? Ihr Unterbewusstsein hat also für Sie das Steuer übernommen, damit Ihr Bewusstsein sich mit anderen Dingen beschäftigen konnte.

Mit nachfolgendem Pendelexperiment möchte ich Ihnen verdeutlichen, dass es Dinge außerhalb unserer bewussten Wahrnehmung gibt. Diese Prozesse laufen unbewusst ab, aber es gibt Möglichkeiten, sie zu beeinflussen oder sogar gezielt zu steuern.

Pendeln Sie sich zu Ihrem Unterbewusstsein

- Basteln Sie sich ein Pendel. Dazu brauchen Sie ein Stück Schnur mit einer Länge von circa 20 Zentimetern und einen schweren Gegenstand, zum Beispiel einen massiven Ring oder einen Schlüssel, den Sie an dem einen Ende festknoten können.
- Zeichnen Sie auf ein DIN-A4-Papier einen Kreis und in den Kreis ein großes Kreuz.
- Halten Sie die Schnur mit Daumen und Zeigefinger am freien Ende fest, so dass das Gewicht frei nach unten hängt. Platzieren Sie den Arm so, dass sich die Spitze Ihres selbstgebastelten Pendels genau in der Mitte des Kreises – also im Schnittpunkt des Kreuzes – befindet.
- Achten Sie darauf, dass sich Hand, Arm und Ellenbogen ungehindert bewegen können.
- Nun konzentrieren Sie sich auf den Anhänger. Stellen Sie sich vor, dass Sie in der Lage wären, diesen nur durch bloße Willenskraft in Bewegung zu versetzen. Denken Sie an eine konkrete Bewegung, beispielsweise an ein Schwingen vor und zurück.

Nach einer kurzen Zeit der absoluten Konzentration wird das Pendel langsam beginnen, sich genau in der gedachten Art und Weise zu bewegen. Das Pendel wird Ihren Gedanken folgen. Sobald Sie sich die Bewegung noch weiter ausschwingend denken, wird sie auch größer worden. Falls Sie sie als schnelleres Pendeln denken, wird sie an Tempo zulegen. Wechseln Sie nach einiger Zeit die Bewegungsrichtung. Denken Sie an eine Kreisbewegung, und das Pendel wird nach kurzer Zeit beginnen, im Kreis zu schwingen. Nur durch die Kraft Ihrer Gedanken können Sie den Kreis kleiner und größer werden lassen. Sie müssen nun das entsprechende Kommando intensiv denken.

> Sie können das Papier auch in der Mitte teilen und die rechte Hälfte des Kreises mit dem Wort »Ja« und die linke Hälfte mit »Nein« beschriften und so das Pendel zur gezielten Beantwortung von Fragen benutzen.

Das Pendel bewegt sich wie von Geisterhand, ohne Ihr Zutun. Es wird nur durch Ihre Gedankenkraft gesteuert. Probieren Sie es aus und Sie werden verblüfft sein. Das Geheimnis hinter den Ausschlägen des Pendels sind winzige mikromuskuläre Bewegungen. Sie werden lediglich durch unsere Gedanken verursacht und unbewusst ausgelöst. Sie laufen deshalb unbemerkt ab und sind so klein, dass sie mit dem bloßen Auge nicht zu erkennen sind.

Sie können das Pendel dazu verwenden, eine Frage an Ihr Unterbewusstsein zu stellen. Dabei dürfen Sie jedoch nicht bewusst an eine spezielle Antwort denken. Denn falls eine Antwort in Ihrem Unterbewusstsein verborgen liegt, kann diese nur zum Vorschein kommen, wenn Sie es schaffen, sich während des Pendelns nur bewusst auf die Fragestellung zu konzentrieren und keine Präferenz für die eine oder andere Antwort in Gedanken zuzulassen. Dies ist allerdings sehr schwierig. Bedenken Sie, das Nicht-Denken stellt im Zen-Buddhismus die höchste Kunst dar und bedarf intensiver Übung. Sobald also Gedanken oder Emotionen aufkommen, wird das Ergebnis verfälscht.

Sollte es jedoch nur mit der Fragestellung im Kopf und ohne bewusste Gedanken hinsichtlich einer Antwort zu einem eindeutigen Ausschlag des Pendels kommen, wird hier die Präferenz Ihres Unterbewusstseins tatsächlich sichtbar. Im Vorfeld dieser Übung kann es sinnvoll sein, zunächst durch Ausprobieren die Hand herauszufinden, mit der das Pendel am besten reagiert. Experten sprechen hier von der sogenannten Pendelhand. Ob Sie Links- oder Rechtshänder sind, spielt dabei keine Rolle.

In der wissenschaftlichen Literatur werden die Mini-Muskelkontraktionen, die den Pendelausschlag auslösen, auch mit dem Begriff »Carpenter-Effekt« belegt oder als »ideomotorische Bewegungen« bezeichnet. Diese Bezeichnung besagt, dass schon der bloße Gedanke an eine bestimmte Bewegung unmerkliche kleine Muskelkontraktionen und ideomotorische Bewegungen in die gewünschte Richtung auslöst. Diese kleinen Muskelbewegungen bringen das Pendel ins Schwingen, ohne dass der Pendler bewusst den Anstoß geben muss.

Die spannende Frage ist, warum wir das Gefühl haben, diese Bewegungen nicht bewusst verursacht zu haben? Der Harvard-Professor Daniel Wegner ist der Ansicht, dass wir unseren Willen nur dann als solchen wahrnehmen, wenn wir den eigenen Gedanken als ursächlich für eine bestimmte Handlung oder ein Geschehen ansehen. Sprich: Wenn sich unsere Absicht zu handeln in einer entsprechenden Handlung zeigt, ziehen wir daraus quasi den Rückschluss auf bewusstes Handeln.[11]

Doch welchen Nutzen bringt uns die Erkenntnis von der Existenz eines Unterbewusstseins? Es gibt Autoren, die predigen: »Die Macht des Unterbewusstseins wird dir alle Wünsche erfüllen.«[12] Zwar ist die Idee des positiven Denkens, die dahinter steht, grundsätzlich gut und richtig, aber das bloße Vertrauen auf die Kraft des Unterbewusstseins allein führt leider meistens nicht zum Ziel. Ihr Unterbewusstsein kann jedoch bewirken, dass Sie Ihren Fokus stetig erweitern und verborgene Gelegenheiten erkennen, auch wenn Sie gar nicht danach suchen.

Vereinfacht gesagt, kann schon der bloße Umstand, dass Sie mit Ihrer beruflichen Situation unzufrieden sind, dazu führen, dass Sie Angebote und Stellenanzeigen besser wahrnehmen, als wenn Sie wunschlos glücklich in Ihrem Traumberuf aufgingen. Falls Sie die Gelegenheit auch nutzen und sich bewerben, hat Ihr Unterbewusstsein Ihnen einen großartigen Dienst erwiesen. In dieser Hinsicht stellt unser Unterbewusstsein eine großartige und wertvolle Unterstützung dar, auf die Sie oft zurückgreifen sollten.

Die Gedanken sind frei

Was wir über uns denken, wissen wir noch so einigermaßen. Aber was ist mit den anderen? Nichts ist so verlockend, wie sich darüber Gedanken zu machen, was unser Gegenüber denkt. Um zu wissen, was in den Köpfen anderer vorgeht und die Reaktionen auf unser Tun abschätzen zu können, kommen Wissenschaftler und viele mehr oder weniger selbsternannte Experten zu immer neuen Überlegungen. Es gibt in diesem Zusammenhang eine gute und eine schlechte Nachricht. Welche möchten Sie zuerst hören? Okay, ich beginne mit der schlechten: Niemand kann Gedanken lesen. Jedenfalls nicht in der Form, dass man jemandem in den Kopf blicken könnte und konkrete Wörter, Zahlen oder Symbole herauszulesen vermöchte. Jeder, der über eine solch Fähigkeit verfügen würde, könnte sich bei dem berühmten amerikanischen Skeptiker in Sachen Gedankenlesen James Randi vorstellen und sich durch Demonstration seiner Fähigkeiten eine Millionen Dollar Preisgeld sichern – was bislang noch keinem geglückt ist.[13] Doch nun die gute Nachricht: Es gibt Instrumente, mit deren Hilfe man in der Lage ist, die Gedanken anderer zu erkennen. Dazu zählen:

- **Körpersprache.** Denn Ihr Körper verrät Gedanken.
- **Erkenntnisse aus Beobachtung und psychologischem Wissen.** Damit lassen sich Gedanken und Reaktionen von Menschen bis zu einem gewissen Grad vorausberechnen.
- **Möglichkeiten der Suggestion.** Ich, der Magier, beeinflusse Sie, das zu denken, was ich will, dass Sie es denken. Dies kann zum einen durch Sprache geschehen, wie Sie später noch sehen werden. Oder aber ich kann Ihnen etwas Nonverbales suggerieren, wie Ihnen die Beispiele im Zusammenhang mit Priming (siehe Seite 143) zeigen werden.

Aber wie ich Ihnen schon versichert habe: Eigentlich brauchen Sie gar nichts zu lernen, denn Sie sind schon von Natur aus ein Stück weit ein Gedankenleser. Kennen Sie das, meine Damen? Sie schauen Ihren Mann an und wissen genau, was er denkt. Und Sie, meine Herren: Sie schauen Ihre Frau an und haben keine Ahnung, was gerade los ist, richtig? Sorry, meine Herren. Das war nur ein Scherz.

Im Hinblick auf negative Gedanken, die andere in Bezug auf uns hegen, sollte unsere Einstellung lauten: »Was andere über uns denken, geht uns gar nichts an.« Und seien Sie versichert: Falls es sich um negative Gedanken handelt, die für Sie bestimmt und wirklich wichtig sind, wird Ihr Gegenüber sie ohnehin früher oder später äußern.

Da haben wir's also. Zumindest ein Stück weit können Sie Gedanken lesen oder besser gesagt »Gedanken fühlen«. Wie sich die Fledermaus mit ihrem Echoortungssystem mit Hilfe von Ultraschallwellen orientieren kann, so eröffnet uns unser Unterbewusstsein die großartige Möglichkeit, Gedanken ein

Stück weit fühlen zu können. Da es sehr viel mehr aufnimmt, als Sie bewusst registrieren, kann es Ihnen in bestimmten Situationen Aufschluss darüber geben, was ihr Gegenüber für Absichten hegt.

Sie können Ihr Unterbewusstsein prinzipiell auf zwei Arten einsetzen. Zum einen können Sie sich das Gedankenfühlen zunutze machen, indem sie Menschenkenntnis entwickeln und das dort gespeicherte Wissen zur Entscheidungshilfe nutzen, und zwar über Ihr Bauchgefühl. Dazu müssen Sie die Signale Ihres Unbewussten erkennen und deuten, um dann zu entscheiden, ob Sie danach handeln möchten. Auf der anderen Seite können Sie Ihr Unterbewusstsein aber auch nach Ihren Vorstellungen programmieren, und es wird Ihnen zur Problemlösung oder Leistungssteigerung dienen. Aber wie machen Sie das konkret, wie erkennen Sie die Signale Ihres Unterbewusstseins? Und wie programmieren Sie es auf Problemlösung?

Gedanken fühlen

Ihr Unterbewusstsein schläft nie und ist 24 Stunden täglich für Sie im Einsatz, denn es muss beispielsweise permanent Ihr vegetatives Nervensystem kontrollieren. Es kann daher deutlich mehr wahrnehmen als das Bewusstsein, das Filter und Grenzen hat.

Heute weiß man, dass unser Bewusstsein lediglich sieben bis acht Dinge gleichzeitig wahrnehmen kann, der Rest wird ausgeblendet. Sobald wir uns auf etwas Besonders konzentrieren wollen, sinkt die Anzahl drastisch auf ein bis zwei verschiedene Dinge. Machen Sie folgendes Wahrnehmungsexperiment:

Testen Sie Ihre bewusste Aufmerksamkeit

Nehmen Sie die Geräusche um Sie herum wahr? Nehmen Sie gleichzeitig auch die Raumtemperatur und die Tatsache, dass Ihre Füße auf dem Boden stehen, wahr? Wie ist es mit der Rücken-lehne Ihres Stuhls, der Uhr an Ihrem Handgelenk und dem Ring am Finger? All dies ist permanent vorhanden, wird jedoch meist nicht bewusst wahrgenommen. Die Nervenenden an den entsprechen-den Kontaktstellen Ihres Körpers signalisieren Ihnen zwar die ganze Zeit, dass sich die Uhr am Handgelenk und der Ring am Finger be-findet, es ist jedoch nicht ausreichend Platz, all diese Informatio-nen gleichzeitig im Bewusstsein zu halten. Sobald allerdings Ihre Aufmerksamkeit aus irgendeinem Grund dorthin gelenkt wird, set-zen Sie neue Präferenzen und nehmen diese Tatsache bewusst wahr.

Was unser Bewusstsein nicht zu leisten vermag, kompensiert das Unterbewusstsein. Damit sind Sie in der Lage, andere zu scannen.

Ein Beispiel: In einem Dialog konzentrieren Sie sich zu-meist bewusst nur auf den Inhalt des Gesagten. Jedoch nur sieben Prozent einer Aussage werden allein durch deren In-halt bestimmt. 55 Prozent der Botschaft werden durch Kör-persprache und 38 Prozent durch die Stimmlage vermittelt. Würden wir versuchen, all diese Vorgänge mit allen wichti-gen Nebenaspekten bewusst zu erfassen, dann wären wir viel zu langsam, um in einer normalen Gesprächssituation inter-agieren zu können. Unser Unterbewusstsein nimmt jedoch alle relevanten Aspekte wahr. Kommt es zu Inkongruenzen, das heißt zu Unstimmigkeiten zwischen Inhalt und Mimik sowie Gestik oder Betonung, wird dies registriert und abge-glichen.[14]

Die Aussage eines Gesprächspartners wird somit als nicht authentisch empfunden, und Sie haben ein ungutes Gefühl dabei. Mitunter können Sie dafür gar keine handfesten Gründe angeben. Vielleicht hat die Stimmlage nicht zum Inhalt des Gesagten gepasst, oder die Körpersprache wirkte steif und das Gehabe aufgesetzt, obwohl die Mimik des Gesichts entspannt war. Hier kommt wieder das Bauchgefühl ins Spiel. So gesehen können Sie Gedanken zwar in vielen Fällen nicht direkt lesen, zumindest aber können Sie spüren, was nicht glaubwürdig wirkt, und daraus ihre Schlüsse ziehen. Dies ist meines Erachtens schon sehr viel.

Das Bauchgefühl des Schiedsrichters

Der Schiedsrichter Urs Meier berichtet von einem Vorfall während des Viertelfinales der Europaweltmeisterschaft 2004, bei dem man die Fähigkeit der Intuition besonders gut erkennen kann: In der 89. Spielminute stand es in dem Spiel England gegen Portugal 1:1. Die Zeit drängte. Beide Mannschaften waren angespannt, denn es ging für sie ums Ganze. Meier gab für England einen Freistoß, woraufhin es im Strafraum der Portugiesen unübersichtlich wurde. David Beckham schoss einen Ball von links, Sol Campbell schraubte sich in die Höhe. Ein perfekter Kopfball und … Tor! Großer Jubel brach aus. Trotzdem wartete alles auf die Entscheidung des Unparteiischen. Urs Meier erzählt: »Ich muss jetzt eine Entscheidung treffen. Eine Entscheidung von großer Tragweite für die Betroffenen. Zu denen letztendlich auch ich gehöre, denn wenn ich einen Fehler mache, ist meine Autorität für diese Meisterschaft und wahrscheinlich auch für die kommenden Turniere untergraben, und ich werde kein Bein mehr auf die Erde bekommen. Das Problem: Ich habe nicht genau gesehen, was passiert ist. Ich war zu weit entfernt und in ungünstiger Position. Einer der festen Grundsätze im Fußball lautet:

Du pfeifst nur, was du siehst. Eine Regel, die auch außerhalb des Fußballfeldes überall angewendet wird, die uns vom ersten Schuljahr an eingebläut wird. Es gilt in allen Lebensbereichen nur, was sich nachweisen lässt. Und ich habe nicht gesehen, wie dieses Tor zustande gekommen ist, ob eine Behinderung des Torwarts stattgefunden hat oder nicht.«[15]

Und Urs Meier gibt dieses Tor nicht. Aber warum? Lag es nur an der goldenen Schiedsrichterregel? Nein, es war wohl eher sein Bauchgefühl. Irgendetwas stimmte nicht. Unterbewusst hatte er den englischen Spieler John Terry, der sich im Strafraum befand, wahrgenommen. Während seine Mannschaft nach dem Tor in Jubel ausbrach und auch die Fans sich nicht mehr auf ihren Sitzen halten konnten, starrte der gebannt auf den Schiedsrichter. Sein auffälliges Verhalten, seine Körpersprache und Mimik ließen Urs Meier stutzen. Die Intuition reagierte. Zum Glück. Nach dem Spiel sah er sich die Szene noch einmal in der Videoaufzeichnung an und erkannte, dass Terry den portugiesischen Torwart behindert und er somit das Tor zu Recht nicht gegeben hatte. Dies hätte er nur unmöglich aus seiner Position gesehen haben können. Gut, dass er mit seiner Intuition vollkommen richtig lag.

Bitte verstehen Sie mich nicht falsch: Ich würde selbstverständlich auf dem Fußballplatz den Videobeweis der Intuition des Schiedsrichters vorziehen. Die Geschichte soll Ihnen nur vor Augen führen, dass es durchaus handfeste Gründe für Ihr Bauchgefühl und Ihre Intuition geben und es daher sinnvoll sein kann, darauf zu vertrauen.

Ganz gezielt programmieren

Es soll Menschen geben, deren Wünsche immer in Erfüllung gehen. Für sie läuft alles wie geschmiert. Die Erklärung dafür mag zum einen darin liegen, dass diese Leute einen besonders guten Draht zum lieben Gott haben, oder aber darin, dass sie ihr Unterbewusstsein gezielt auf Erfolg programmieren und immer mit an Bord wissen.

Das können Sie auch: Sie müssen nur etwas wirklich wollen, sozusagen mit jeder Faser Ihres Körpers, und an den Erfolg glauben. Dann werden Sie mit entsprechender Begeisterung und großem Engagement ans Werk gehen. Das heißt, Sie müssen diese Begeisterung auch nutzen und danach handeln. Handeln ist das Zauberwort. Damit meine ich nicht, etwa Räucherstäbchen oder eine Kerze anzuzünden und abzuwarten, sondern alles zu geben und sich in Richtung Ziel in Bewegung zu setzen. Damit erhöhen Sie Ihre Erfolgsaussichten enorm.

Das Unterbewusstsein springt Ihnen in diesem Moment sofort zur Seite, fördert die Zielerreichung, unterstützt das Günstige und ignoriert alles andere. Es hilft Ihnen bei der Konzentration der Kräfte. Ist eine Idee tief in Ihnen verankert, kommt der Drive zur Umsetzung von innen. Ungeahnte Kräfte werden frei, und sobald Gegenwind aufkommt, können Sie diesen einbeziehen wie ein Segelflugzeug die Aufwinde, nur um noch höher hinaufzukommen.

Wer sagt eigentlich, dass die sogenannten selbsterfüllenden Prophezeiungen, wie sie in Murphys Gesetz beschrieben werden, nur als negative Verstärkung funktionieren? Die Erfahrung zeigt eindeutig: Sobald Sie im festen Glauben an Ihrem Erfolg arbeiten, werden Sie auch irgendwann erfolgreich sein.

Raus mit dem Gedankenmüll

Doch ich muss Sie auch wieder etwas zurückpfeifen: Engagement allein reicht oft noch nicht aus. Viele fahren mit Vollgas durchs Leben und meinen, das sei schon der richtige Einsatz für den Erfolg. Falsch gedacht. Man kann nämlich auch mit voller Kraft und angezogener Handbremse gut vorwärtskommen. Eine Zeit lang jedenfalls. Dann fängt es an zu qualmen. Wertvolle Energie wurde vergeudet. Negative Denkmuster verhindern, dass Sie auf Höchstgeschwindigkeit beschleunigen können. Diese loszuwerden ist jedoch oft ganz einfach: Negative Gedanken sind nämlich meist nur Überreaktionen. Wenn wir uns einreden, wir wären der Schlechteste im Kurs, hilft meist ein schneller konkreter Notenvergleich. Oder wenn wir glauben, niemand interessiere sich für uns, kann ein Blick auf unsere Facebook-Seite und die vielen Nachrichten und Kommentare schnell das Gegenteil beweisen. Konkret und sachlich bleiben, lautet die Devise. Denn je allgemeiner und vernichtender die Selbstverurteilungen sind, desto leichter und schneller lassen sie sich widerlegen. Aber haben Sie Ihre Negativbrille auf, werden Sie immer genug Gründe finden, warum die positive Bilanz eigentlich doch negativ ausgefallen ist, trotz der günstigen Zahlen.

Wichtig ist, dass Sie schon frühzeitig handeln und gezielt gegen negative Denkmuster vorgehen, indem sie gedanklich gegensteuern. Je länger Sie solche negativen Denkmuster dulden, desto schwieriger ist es, diese abzuschütteln, und desto tiefere Spuren hinterlassen sie. Ehe man sich versieht, sind sie schon zum festen Bestandteil der Persönlichkeit geworden. Ein sehr schönes Zitat von Henry Ford bringt es auf den Punkt: »Egal, ob Sie glauben, etwas tun zu können, oder ob Sie glauben, etwas nicht tun zu können – Sie haben recht!«

Also, sobald Sie ein negatives Denkmuster identifiziert haben, stellen Sie es auf den Prüfstand. Gegebenenfalls reden Sie sich einfach das Gegenteil ein, und Sie werden sehen, wie leicht sich verfestigte Negativmuster dadurch abschütteln lassen.

Zauberzutat Nummer drei: Kreativität

Der Schlüssel, um Unmögliches möglich zu machen, ist die Fähigkeit, kreativ denken zu können. Unter Kreativität versteht man die Neukombination von Informationen, wodurch etwas Neues oder Andersartiges geschaffen wird. Zauberkünstler müssen notgedrungen kreativ denken, wenn sie auf der Bühne Naturgesetze außer Kraft setzen wollen. Kreativität eröffnet ungeahnte Möglichkeiten! Doch wie geht das? Kann man kreatives Denken lernen? Die Antwort lautet: Ja! Und wenn Sie einmal damit angefangen haben, wird es Sie nicht mehr loslassen. Kreativität ermöglicht es Ihnen auch, schwierige Problemstellungen spielerisch und dennoch effektiv angehen zu können. Die Lösung, wie man ein Zauberkunststück tatsächlich realisiert, kann aufgrund einer Idee blitzschnell erfolgreich sein oder sich über mehrere Monate und sogar Jahre hinziehen. Rückschläge sind in diesem kreativen Prozess völlig normal, passieren immer und helfen am Ende weiter. Es ist eine wichtige Erkenntnis für kreatives Denken, dass man auch – oder gerade – aus Fehlschlägen und Misserfolgen lernt. Sie kennen vielleicht die Antwort, die Thomas Alva Edison auf die Frage gab, wie er denn mit den Tausenden von Fehlschlägen auf dem Wege zur Entwicklung der funktionierenden Glühbirne klargekommen sei? Er antwortete: »Wieso Fehlschläge? Ich habe tausend Arten entdeckt, wie die Glühbirne nicht funktioniert.«

Die Vorstellung, es gebe nur einen richtigen Weg, den es zu finden gilt, ist falsch. Stattdessen schenkt uns kreatives Denken die Erkenntnis, dass es unglaublich viele Herangehensweisen gibt, einen gewünschten Zieleffekt zu erreichen. Daher ist es wichtig, bei der Suche nach dem besten Weg stets offen und flexibel zu bleiben.

Fehlschläge im kreativen Prozess sind positiv, denn sie lassen uns neue und häufig bessere Lösungen finden als jene, die wir zunächst im Kopf hatten. Um die hierin liegenden Chancen nutzen zu können, müssen Sie natürlich genau und unvoreingenommen hinschauen und das Problem prüfen: Was genau ist die Schwierigkeit? Und wie groß ist sie? Auf Grundlage dessen können Sie dann entscheiden, ob Sie das Problem umgehen oder aus dem Weg räumen möchten und wie Sie dies am besten tun können. Hilft es in Ihrem speziellen Fall, ein Problem in überschaubare Einzelaspekte zu zerlegen und diese separat anzugehen? Oder löst einer dieser Teilaspekte möglicherweise die anderen automatisch? Durch Umdenken und Neubetrachten können andere Aspekte in den Vordergrund treten und völlig neue Verwendungsmöglichkeiten entstehen.

Die Erfindung des Heatballs

Ein gutes Exempel für eine kreative Denkweise ist die Erfindung des Essener Ingenieurs Siegfried Rotthäuser: Er entwickelte die sogenannten Heatballs. Das sind kleine, tragbare Heizgeräte, die eine sehr hohe Energieeffizienz aufweisen: Sie erbringen bis zu 95 Prozent Wärmeleistung, wobei jedoch als Nebenprodukt eine geringe Abgabe von Licht aufgeführt wird.

Wie bitte? Das kommt Ihnen irgendwie bekannt vor? Wenn ich Ihnen noch verrate, dass diese kleinen Heizungen eine unglaubliche

Ähnlichkeit mit den Lichtquellen an Ihrer Zimmerdecke aufweisen, werden Sie vermutlich sofort darauf kommen, was sich hinter dieser Erfindung tatsächlich verbirgt.

Als die EU das Verbot der Glühbirne zum Ende des Jahrs 2012 verkündete mit der Begründung, sie sei aufgrund ihrer verhältnismäßig hohen Wärmeabgabe nicht effizient genug, startete Siegfried Rotthäuser seine Kunst- und Satireaktion. Mit dem Verkauf der Glühbirne als »Kleinheizgeräte« wollte er nicht nur gegen die aus seiner Sicht willkürlichen Bestimmungen aus Brüssel protestieren, sondern auch für den Erhalt des Kulturguts Glühbirne eintreten. Letztendlich scheiterte das Projekt allerdings an den behördlichen Bestimmungen, die bei der Abschaffung der Glühbirne und dem Wechsel zur energieeffizienten und kostensparenden Energiesparlampe keine Ausnahme für Heatballs machen wollten.

Geheimwaffe der Superklasse

Bei vielen Menschen ist die Fähigkeit zur Kreativität verkümmert. Sie lassen sie nicht zu, glauben, sie spiele in ihrem Leben, ihrem Berufsalltag keine Rolle, oder Sie sehen sie vielleicht sogar als Bedrohung an. Schließlich müssen Sie eingefahrene Denkmuster verlassen. Kreativität wird meist zuallererst mit Bereichen wie Bildende Kunst, Musik oder Literatur in Zusammenhang gebracht. Aber Kreativität ist überall nötig, für das Einschlagen eines Nagels in die Wand ebenso wie zur Lösung einer komplexen organisatorischen Aufgabe. Jeder Mensch hat also große Vorteile, wenn er einfallsreich durchs Leben geht. Auch auf meinem Feld, der Juristerei, ist sie sehr hilfreich. Ein an sich unmöglich zu lösender Fall kann durch Einfallsreichtum zufriedenstellend bis genial gelöst werden, wenn man nur die richtige Idee hat.

Hier ein Beispiel: Ein guter Freund von mir hatte einem seiner Bekannten eine große Summe Geld geliehen. Als die Rückzahlung anstand, bat der Bekannte mehrfach um Zahlungsaufschub, und nach dem dritten Mal zeichnete es sich irgendwie ab, dass das Geld wohl ausgegeben und eine Rückzahlung auf absehbare Zeit unmöglich sein würde. Ein Betrugsvorwurf ließ sich aus juristischer Sicht nicht beweisen. Wer solche Situationen kennt, der weiß, dass es in unserem Rechtsstaat von jemandem, der nichts hat, auch nichts zu holen gibt. Sprich, mein Freund wäre möglicherweise mit dem Recht auf seiner Seite, das heißt, mit einem rechtskräftigen Urteil, leer ausgegangen. Da mir klar war, dass der Schuldner so ziemlich alles für einen weiteren Zahlungsaufschub tun würde, bat ich ihn um eine Bürgschaft seines Vaters.

So geschah es dann auch. Schon bei der Übergabe der Bürgschaftsurkunde waren mir erhebliche Zweifel an der Echtheit der Unterschrift gekommen. Nach Ablauf der nächsten Fristverlängerung kam es dann erwartungsgemäß zu keiner Zahlung, und wir baten um ein Treffen mit dem Schuldner und seinem Vater. Dieser erklärte vollmundig, dass er für unsere Situation zwar vollstes Verständnis habe, da sein Sohn jedoch volljährig sei, müsse dieser für seine Verpflichtungen selbst geradestehen. Er könne ihm finanziell nicht unter die Arme greifen, und so müsse er selbst sehen, wie er durch Mehrarbeit seine Schulden zurückbezahlen werde. Irgendwie hatte ich mit so etwas schon gerechnet. Der Sohn hatte die Unterschrift offenkundig gefälscht. Ich präsentierte nun die Bürgschaftserklärung und sagte, dass wir uns nun gezwungen sähen, Strafanzeige wegen Urkundenfälschung zu stellen. Damit hatte der Vater jedoch nicht gerechnet, und um seinem Sohn eine Strafverfolgung zu ersparen, erklärte er sich zur Abgabe einer neuen, eigenen Bürgschaftserklärung bereit. Wir hatten Glück, und mein Freund bekam sein Geld zurück.

Was in der starren Welt der Paragraphen funktioniert, wird wohl erst recht in allen übrigen Lebensbereichen Erfolg versprechen. Und: Sie werden es nicht glauben! Kreative Menschen haben ein erfüllteres Leben.[16] Sie haben mehr Spaß an der Arbeit, leben länger und sind obendrein glücklicher. Die Lösung einer kreativen Aufgabe gleicht einer Abenteuerreise oder einer exotischen Safari. Gibt es eigentlich eine größere Freude, als etwas Neues zu erfinden oder zu entdecken?

Kreativer werden – Schritt für Schritt

- **Entdecken Sie die Freude am Staunen.** Bewundern Sie die Farben an einem schönen Herbsttag oder die komplexe Schönheit einer Stiefmütterchenblüte. Öffnen Sie Ihre Augen für die kleinen Wunder des Alltags. Zum Beispiel sind Sie mit dem Handy in ihrer Hosentasche in der Lage, mit jemandem am anderen Ende der Welt zu telefonieren. Eigentlich unglaublich!
- **Versuchen Sie, Dinge unvoreingenommen und anders wahrzunehmen als gewohnt.** Nehmen Sie zum Beispiel die Argumente Ihrer Kontrahenten und versuchen Sie, damit einen bestimmten Sachverhalt zu begründen. Indem Sie ernsthaft diese Sichtweise einnehmen, erfahren Sie viel über die eventuelle Stichhaltigkeit der Argumentation und haben die Möglichkeit, Ihre eigene Betrachtungsweise zu erweitern und gegebenenfalls zu justieren. Nach dem Motto: Der Kopf ist rund, damit das Denken die Richtung wechseln kann.
- **Versetzen Sie Ihre Mitmenschen mindestens einmal am Tag in Erstaunen.** Dazu brauchen Sie keine Zaubertricks. Schon das Über-

reichen eines Blumenstraußes ohne konkreten Anlass oder ein Umstyling Ihres Äußeren können Ihre Umwelt verblüffen.

• **Machen Sie etwas Verrücktes.** Tun Sie immer wieder Sachen, die niemand von Ihnen erwartet. Hierzu müssen Sie nicht nackt auf dem Tisch tanzen, es genügt oft schon, eine andere Ansicht mutig zu formulieren oder ein eingefahrenes Vorgehen sinnvoll zu verändern.

• **Setzen Sie sich jeden Tag ein ausgefallenes Ziel, das Sie inspiriert.** Und belohnen Sie sich dafür, wenn Sie es erreicht haben. Zum Beispiel, indem Sie sich Zeit für Ihre Lieblingsleidenschaft nehmen.

• **Versuchen Sie etwas Neues.** Vielleicht sogar etwas, an dem Sie bisher keine Freude hatten. Ein Museumsbesuch oder ein klassisches Konzert gefällig? Dadurch könnten Sie vielleicht herausfinden, was andere daran fasziniert. So erweitern Sie Ihren Horizont und erhöhen die Chance, dass der Funke der Begeisterung auch auf Sie überspringt.

• **Versuchen Sie, die Erlebnisqualität selbst bei den einfachsten Dingen des Alltags zu steigern.** Manchmal muss man schlicht die Komplexität einer Aktivität erhöhen, um die Freude daran zu behalten. Was heißt das? Halten Sie beispielsweise beim Zähneputzen die Zahnbürste doch mal mit der anderen Hand. Wie fühlt sich das an? Oder stellen Sie sich vor, wie Karius und Baktus – die zwei kämpferischen Typen – versuchen, den Angriff der Zahnbürste mit allen Mitteln abzuwehren. Dinge plastisch werden zu lassen, macht nicht nur Kindern Freude, es verhilft auch Erwachsenen zu neuen Erfahrungen und Erkenntnissen.

• **Bauen Sie in Ihr Leben Kreativitätsspiele ein.** Stellen Sie sich beispielsweise der Herausforderung, aus den Lebensmittelresten, die sich in Ihrem Kühlschrank befinden, ein kulinarisches Menü zu zaubern.

- **Stellen Sie sich eine Grünpflanze neben Ihren Schreibtisch oder verschaffen Sie sich einen Ausblick ins Grüne.** In Studien hat man herausgefunden, dass durch Pflanzen im Büro die Anzahl kreativer Ideen und origineller Problemlösungen um bis zu 15 Prozent gesteigert werden.[17]
- **Umgeben Sie sich mit Dingen, die Sie inspirieren!** Stimulieren Sie Ihren Geist zum Beispiel durch das Betrachten von moderner Kunst.[18]
- **Nutzen Sie Ihre Körperhaltung zur besseren Denkfähigkeit.** Lehnen Sie sich dazu leicht nach vorn und ziehen Sie an dem Tisch, an dem Sie sitzen. Dadurch werden Sie in die Sachen involviert, positive Gefühle werden ausgelöst und das kreative Denken angekurbelt.[19] Oder legen Sie sich für einen Moment hin. Auf diese Weise können Sie die Ausschüttung von Noradrenalin reduzieren und sofort kreativer sein.[20]

Versuchen Sie, egal, was Sie tun, die Verfahrensweisen zu optimieren oder Dinge neu zu gestalten. Es ist immer möglich, etwas zu verbessern. Jede Idee kann wie ein Sandkorn in der Auster durch Kreativität zur Perle werden. Eine Methode, möglichst viele kreative Ideen zu produzieren, ist das sogenannte Brainstorming.

Brainstorming oder der einsame Weg zum Erfolg

Brainstorming bedeutet frei übersetzt »Sturm im Gehirn«. Diese Metapher beschreibt den Vorgang ziemlich gut: Brainstorming-Techniken sorgen für mehr Ideen, weil sie bewirken, dass man eingefahrene Bereiche verlässt und neue Verknüpfungen schafft. Erst einmal geht es dabei ausschließlich um die Quantität, um das spontane Ausspucken möglichst vieler Gedanken. Es gilt: Je mehr, desto besser! Eine Bewertung folgt immer erst später, um den Fluss der Ideen nicht zu stören und sich nicht selbst zu früh einzuengen. Angst vor absurden oder blöden Ideen ist hier verboten. Je verrückter desto besser, kann unter Umständen gelten. Dabei haben neueste Forschungen[21] gezeigt, dass ein Brainstorming allein effektiver sein kann als das in einer Gruppe. Ursache hierfür sind wohl mangelnder Druck (vielleicht hat ja ein anderer eine gute Idee?) und leichte Ablenkbarkeit (durch soziale Interaktionen), ein Phänomen, welches Wissenschaftler als »soziales Bummeln« bezeichnen.

»Du bist kreativ – du weißt es nur noch nicht!«

So könnte das Kredo folgender Übung nach Keith Johnstone, dem Erfinder des modernen Improvisationstheaters, lauten.[22] Dabei fordert der Lehrer den Schüler zuerst auf, mimisch darzustellen, wie er ein Buch aus dem Regal zieht. Dann stellt er gezielt Fragen nach Farbe, Titel und Inhalt des imaginären Buchs. Blockaden wie »Ich kann das Buch nicht lesen, es ist auf Russisch geschrieben« werden durch Hinweise wie »Da steht aber noch etwas am Rand auf Deutsch« überwunden. Mit dieser Übung gelingt es selbst Schülern, die sich für völlig unpoetisch halten, ganze Gedichte zu entlocken.

Druck und hohe Anforderungen können die Kreativitätsleistung steigern. Not macht ja sprichwörtlich erfinderisch. Die amerikanischen Arbeitspsychologen Edwin Locke und Gary Latham fanden zudem heraus, dass durch das Setzen hoher und konkreter Ziele die Produktivität gesteigert und die Arbeitsleistung erhöht werden kann. Das bedeutet: Wer versucht, mindestens 50 Ideen zu produzieren, wird voraussichtlich eine bessere Lösung finden als derjenige, der sich mit dem Ziel nur fünf Ideen zu entwicklen zufrieden gibt.

Ein einfacher aber nicht ganz ungefährlicher Trick: Sie können in vielen Bereichen, auch in puncto Kreativität einfach besser werden, indem Sie die Messlatte hoch, unter Umständen zu hoch, setzen. Wenn Sie sich steigern wollen, hilft es daher immer, sich mit Menschen zu messen, die in diesen Dingen besser sind als Sie selbst. Wichtig ist jedoch immer, die Grenze zur Überforderung im Blick zu behalten und diese nicht zu überschreiten.

Sie wollen Ihre Kreativitätsleistung testen? Dann lassen Sie uns doch ein wenig Brainstorming machen:
- Überlegen Sie sich in drei Minuten möglichst viele Verwendungen für eine Büroklammer.
- Und nun bitte mindestens 20 Verwendungsmöglichkeiten für einen Ziegelstein und ein Handtuch. Los!

Ich wette, zu letzteren sind Ihnen mehr eingefallen als zum Thema Büroklammer, oder? Der Grund dafür mag zum einen in der höheren Anforderung gelegen haben. Im Gegensatz zur Büroklammer waren ja mindestens 20 Ideen gefordert. Zum anderen stellt das Handtuch selbst bereits einen konkreten Anknüpfungspunkt für mögliche Kombinationen und neue Assoziationen dar. Das erleichtert den Einstieg in den kreativen Prozess. Sie können demnach solche Anknüpfungspunkte gezielt als Hilfestellung einsetzen.

Wiederholungen sind beim Brainstorming grundsätzlich zu vermeiden. Die Aufgabe liegt darin, möglichst viele unterschiedliche Verwendungsmöglichkeiten zu entwickeln.

Denken Sie daran: Ziehen Sie immer auch das Gegenteil in Betracht. So kann man beispielsweise auch das Papier als Halterung für die Büroklammer verwenden. Oder statt die Büroklammer als Halterung für ein anderes Objekt anzusehen, die Drähte miteinander verbinden und die Klammern als Schnur oder als Halskette benutzen.

Machen Sie verschiedene Brainstorming-Runden. Zuerst allein, damit Sie nicht von anderen beeinflusst werden, dann tragen Sie alles im Team zusammen, um die Ergebnisse zu diskutieren und zu prüfen.

Versuchen Sie stets, originell zu sein, also möglichst ungewöhnliche oder unübliche Ideen zu produzieren, die trotzdem sinnvoll sind. Oft sind es gerade die abwegigen Ideen, die später eine neue Einsicht ermöglichen oder neue Perspektiven eröffnen. Ein Erfolgsgeheimnis kreativer Denker ist, dass sie gegenläufige Eigenschaften in sich vereinen und diese zum richtigen Moment zum Einsatz bringen. Denn im kreativen Prozess ist der Wechsel zwischen Offenheit und Geschlossenheit essentiell. Dualität ist gefragt. Seien Sie offen und empfänglich für alles Mögliche, aber auch fokussiert und zielstrebig. Durch das spielerische Umherschweifenlassen von Gedanken werden neue Muster oder Zusammenhänge entdeckt, aber diese sind nutzlos, wenn Sie nicht in der Lage sind, sie kritisch auf ihre Tauglichkeit hin abzuklopfen, gegebenenfalls aber auch sofort zu verwerfen, um Ihre Energie und Aufmerksamkeit auf erfolgversprechendere Ansätze zu konzentrieren und diese weiterzuentwickeln.

Loslassen und wegschauen

Sie kennen das Phänomen bestimmt: Der Name eines Bekannten liegt Ihnen auf der Zunge, will Ihnen aber partout nicht einfallen. Aber dann, wenn Sie später nicht mehr daran denken, ist er plötzlich wieder da. Obwohl Sie längst aufgegeben haben, danach auch noch in den letzten Hirnwindungen zu forschen, sucht Ihr Unterbewusstsein weiter. Was bei dieser Sache gilt, trifft auch bei komplexeren kreativen Prozessen zu. Darauf können Sie immerzu vertrauen und sich locker machen. Egal, ob Sie über ein schwieriges Problem nachdenken und einfach keine Lösung finden oder sich nicht mehr an eine wichtige Information erinnern können: Lenken Sie sich für einen Moment ab. Machen Sie eine kurze Zeit lang etwas ganz anderes und Sie werden sehen, dass Ihnen die Antwort wie von allein einfallen wird. Empfehlenswert sind dabei vor allem monotone, nicht allzu anspruchsvolle Tätigkeiten, dann kommt die Lösung am ehesten. Von Albert Einstein sagt man, er habe seine genialen Ideen beim Kinderwagen hin- und herschieben in der Küche gehabt. Der griechische Naturwissenschaftler Archimedes soll in der Badewanne gesessen haben, als er den Beweis dafür fand, dass man durch Wasser die Dichte eines Körpers bestimmen kann. Daher stammt der berühmte Ausruf: »Heureka, ich hab's gefunden!«

Grundlage ist die vorangegangene intensive Auseinandersetzung mit der Problemstellung und dann einfach Reifenlassen – und schwuppdiwupp klappt es mit der Lösung. Der englische Physiker Isaac Newton hatte nach eigenen Angaben seine weltbekannten Erkenntnisse zur Gravitationskraft vor allem dadurch, dass er die Fragestellung dahinter Tag und Nacht im Kopf mit sich herumtrug.

Es bedarf also nicht zwangsläufig einer weiteren Aktivität. Meist genügt allein schon die Tatsache, dass Sie ein Problem über einen langen Zeitraum permanent mit sich herumtragen. Dadurch richten Sie automatisch Ihren Fokus auf alle relevanten Faktoren, die Ihnen bei der Beantwortung der Frage weiterhelfen könnten. Das Tolle an dieser Vorgehensweise ist, dass sie gleichzeitig den Druck von Ihnen nimmt, da Sie keinerlei Aufgaben haben – bis auf das Im-Kopf-Behalten.

Manchmal hilft es, nach intensiver Auseinandersetzung mit einem Problem, einfach loszulassen und sich abzuwenden oder sich mit etwas ganz anderem zu beschäftigen. Das kann dazu führen, dass Ihr Unterbewusstsein Ihnen die Antwort auf die eigentliche Frage unvermittelt auf einem Silbertablett serviert.

Feste Gewohnheiten

Erstaunlicherweise behaupten manche erfolgreiche und produktive Menschen von sich, dass sie ziemlich faul sind. Da wird durchaus etwas dran sein. Denn in puncto Kreativität sind nicht bloß mehr Energie oder Disziplin die Schlüssel zum Erfolg, sondern feste Gewohnheiten und Abläufe, die die Freiheit und damit die Kapazität schaffen, um ungewöhnlich denken zu können. Aus diesem Grund sind Rituale, als selbstverständliche Bestandteile Ihres Lebens, so enorm wichtig, weil sie Ihnen immer Freiräume verschaffen.

Albert Einstein zum Beispiel trug privat meist denselben alten Pullover und dieselbe verschlissene Hose. Er wollte sich einfach keine Gedanken darüber machen, was er jeden Tag anziehen solle. Allein diese Kleinigkeit, wenn wir sie nur mit einer Dauer von zwei Minuten pro Tag veranschlagen, stellt einen Zeitfresser von über zwölf Stunden im Jahr dar. Betrachten Sie nur seine Frisur. Es wäre also auch denkbar, dass er manchmal auf das Kämmen seiner Haare verzichtet hat.

Der Alltag ist voll mit solchen Zeit fressenden Banalitäten, wobei nicht bloß die reine Ausführungszeit, sondern die mögliche Unterbrechung eines Gedankengangs stark ins Gewicht fällt. Wenn Sie also mitten in einer kreativen Problemlösung sind, sollten Sie Ablenkungen meiden, um Ihre kreative Energie zu schützen und zu bewahren. Routinen helfen Ihnen dabei. Wie originell und gewinnbringend eine kreative Denkweise in der Praxis sein kann, verdeutlicht auch das noch folgende Beispiel des berühmten Post-it-Zettelchens.

Die Sache mit der Selektion

Wenn man eine ausreichende Menge kreativer Ideen beisammen hat, geht es ans Ausmisten. Wie wählen wir aus vielen tauglichen Ideen die beste aus? Versuchen Sie, provisorische Lösungen an der Realität zu testen, und untersuchen Sie mögliche Wirkungen. Der Lerneffekt solcher praktischen Tests ist enorm. Sie würden sich wundern, wenn Sie wüssten, mit wie vielen Prototypen ich jahrelang testweise aufgetreten bin. Und: Halten Sie immer Ausschau nach Verbesserungsmöglichkeiten und, auch wenn Sie etwas verworfen haben, beziehen Sie immer ein, dass Sie sich geirrt haben könnten. Es wäre nicht das erste Mal, dass ein ehemaliges Abfallprodukt eines kreativen Prozesses am Ende einen neuen, vielleicht sogar besseren Zieleffekt kreiert. Kennen Sie die Erfolgsstory des berühmten Post-it-Zettelchens? Der hierbei eingesetzte Kleber war das Ergebnis einer fehlerhaften Entwicklung bei einem dauerhaften Klebstoff und stellte für den ursprünglichen Verwendungszweck somit ein Abfallprodukt dar. Was für das eine Ziel negativ war, war für die nächste Verwendung günstig. Eine unerwünschte Eigenschaft beim Kleber machte an anderer Stelle ein kleines gelbes Zettelchen zum Welterfolg.

Kreatives Gedankenspiel: Wie werde ich Millionär?

Sie wollen sicher noch mehr darüber wissen, wie das Entwickeln kreativer Ideen vonstatten geht. Nehmen wir dazu ein häufig und gern geäußertes Ziel: Millionär werden. Stopp. Bevor Sie weiterlesen, überlegen Sie schon mal: Was fallen Ihnen für gute Möglichkeiten ein, so weit zu kommen? Machen Sie ein Brainstorming.

Hier meine Vorschläge: Sie könnten in die Türkei fahren und Ihre Euros gegen Lira tauschen. Und schon hätten Sie das Ziel wortwörtlich erreicht. Wie wäre es mit einem Banküberfall? Die Queen entführen? Oder Sie könnten das Geld selbst drucken. Okay, lassen wir das völlig absurde und illegale Zeugs weg. Diese Punkte fliegen sowieso spätestens bei der Selektion raus. Wie wär's mit ehrlicher Arbeit? In Deutschland zugegebenermaßen hart, aber möglich. Machen Sie eine geniale Erfindung! Vielleicht haben Sie auch eine tolle Geschäftsidee. Neulich las ich zum Beispiel von einer Filmfinanzierung via Internet. Sie können sich dort die Vorschau – eine Art filmisches Exposé – ansehen und, falls Sie den Film mitfinanzieren möchten, durch einen Anteil mithelfen, seine Realisierung auf die Beine zu stellen. Vom Filmproduzenten zum Millionär ist es ja oft nicht mehr allzu weit. Oder wie wäre es mit einer verrückten Tauschaktion? Innerhalb eines Jahres gelang es einem kanadischen Blogger auf diese Weise, eine rote Büroklammer gegen ein Haus einzutauschen.[23]

Dann gäbe es noch die Möglichkeit zu erben, vorausgesetzt, sie finden jemanden, der Sie dafür auswählt, sein Vermögen zu übernehmen. Oder Sie bewerben sich bei »Wer wird Millionär?« oder einer anderen TV-Show mit hohen Gewinnsummen oder gehen ins Casino. Apropos spielen: Ein englischer Kollege von mir namens David Berglas soll ein todsicheres Roulettesystem entwickelt haben. Vielleicht ist das einen Versuch wert. Sobald ich einen Mathematiker gefunden habe, der es nachrechnen und bestätigen kann, lasse ich es Sie wissen. Doch bis dahin gilt Albert Einsteins Weisheit: »Die einzige Möglichkeit, beim Roulette zu gewinnen, ist, Jetons vom Tisch zu klauen.« Also, das Casino fällt dann wohl auch bei der Selektion heraus.

Sie könnten ebenfalls Geld mit entsprechendem Risiko an der Börse investieren. Hier brauchen Sie aber sicher gute Nerven und einen langen Atem. Vom Zocken kann ich ohnehin nur abraten, denn hier gilt: Der sichere Weg, ein kleines Vermögen zu machen, ist, wenn man ein großes mitbringt. Wie Sie merken, habe auch ich den Königsweg noch nicht gefunden, sonst hätte ich längst ein Buch darüber geschrieben und wäre damit Millionär geworden. Wo wir gerade dabei sind: Schreiben Sie doch einen Bestseller à la Harry Potter. Übrigens: Auch Sparen soll schon manchen reich gemacht haben.

Natürlich haben Sie es vorher schon gewusst: Millionär werden ist und bleibt ein schwieriges Geschäft. Sinnvoller ist also, wie wir eingangs bereits feststellen konnten, auf den Zieleffekt »leben wie ein Millionär« abzustellen. So könnten Sie sich einen reichen Partner suchen. In diesem Fall müssen Sie unter Umständen bereit sein, Kompromisse beispielsweise in Hinblick auf Aussehen, Charakter, Zeit für Zweisamkeit oder hinsichtlich Ihres Wohnorts in Kauf zu nehmen. Sie könnten auch auswandern, zum Beispiel nach Thailand. Ein Luxusleben, wie ein Millionär es führt, mit einem schönen Haus am Meer und Personal, ist dort eher erschwinglich als in unseren Breitengraden.

Sie merken, sobald Sie Ihren Fokus auf den Zieleffekt erweitern, werden Sie feststellen, dass es noch mehr ungewöhnliche und gegebenenfalls auch einfachere Möglichkeiten gibt, Ihr Ziel zu erreichen.

Zauberzutat Nummer vier: Motivation

Die Triebfeder für Erfolg ist eindeutig die Motivation. Neben der Tatsache, dass Sie engagiert immer mehr leisten werden, bewirkt Motivation, dass Sie meist mit Freude bei der Sache sind und es auch bleiben. Der Erfolg stellt sich dann von ganz allein ein. Der erste Schritt ist immer schwer. Aber genau deshalb hat wohl schon Platon gesagt: »Der Anfang ist der wichtigste Teil der Arbeit.«

Bei mir selbst kann ich zwei Stufen von Motivation erkennen: Zuerst kommt die Anfangsmotivation, sozusagen die Initialzündung, die plötzlich den Schub für die Umsetzung einer Idee bringt. Doch das ist nur das eine. Danach heißt es dranbleiben. Also zuerst einmal: Wie fängt man am besten an? Ein ausgeprägtes Pflichtgefühl erzeugt die sogenannte 72-Stunden-Regel. Hiernach müssen Sie eine neue Aufgabe innerhalb dieser Phase angehen, ansonsten müssen Sie sie wieder verwerfen. Dies ist eine Form der Druckmotivation.

Ein hervorragendes Alternativmodell dazu ist die von mir häufig praktizierte Nur-mal-fünf-Minuten-Herangehensweise. Ich gebe zu, es handelt sich hierbei wohl eher um einen Motivationstrick, da oftmals schon eine kurze intensive Beschäftigung mit einem Thema dazu führen kann, dass Sie die Aufgabe so gefangennimmt, dass Sie in einen sogenannten Flowzustand der Erkenntnis geraten und aus fünf Minuten plötzlich fünf Stunden intensiver, befriedigender Arbeit werden. Mühelos geht Ihnen sodann die Erfüllung der Aufgabe von der Hand.

Zuckerbrot und Peitsche

Belohnungen motivieren, Ängste treiben an. Beides taugt folglich zur Motivation. Je nachdem unterscheidet man zwischen Sogmotivation, bei der man mitgerissen wird, und Druckmotivation, bei der eher geschoben wird. Sich selbst Druck zu machen, kann auch darin bestehen, sich ein Katastrophenszenario auszumalen, um sich zum Anpacken einer Aufgabe zu zwingen. Es leuchtet ein, dass die Sogmotivation langfristig mehr Spaß bringt und daher grundsätzlich vorzuziehen ist, dennoch bietet auch die Druckmotivation einige nicht zu unterschätzende Vorteile. Dank dem ausgeschütteten Adrenalin kann es sein, dass Sie sogar schneller und effektiver arbeiten, als es normalerweise der Fall wäre, aber es mag auch passieren, dass Sie davon vollkommen blockiert oder gelähmt werden. Daher ist die Druckmotivation keine ungefährliche Vorgehensweise und je nach Persönlichkeitsstruktur mit gewisser Vorsicht zu genießen. Wie beim aerodynamischen Verhalten eines Flugzeugs liegt das Geheimnis meines Erachtens in einer Kombination aus beiden Kräften. Nur durch das richtige Zusammenspiel von Druck auf der Unterseite und Sog auf der Oberseite des Flügels kann der nötige Auftrieb entstehen, der die Maschine in die Höhe aufsteigen lässt. Bezogen auf meine Selbstmotivation bedeutet dies, dass ich mir einerseits ein mögliches Scheitern in den übelsten Facetten und mit allen negativen Konsequenzen vorstelle, aber im Gegenzug nie vergesse, dass ich durch mein Tun immer die Chance und Möglichkeit behalte, die ungünstigen Auswirkungen zu verhindern.

Als smarter Optimist bin ich natürlich felsenfest davon überzeugt, dass ich, wenn ich nur die richtigen Schritte ergreife und handele, am Ende Erfolg haben werde. Dadurch kommt nie wirkliche, lähmende Panik auf. Angenehmer Nebeneffekt: Ich behalte immer im Hinterkopf, dass es in keinem Fall schlimmer werden kann, als ich es mir anfänglich ausgemalt hatte.

In der Lernpsychologie wird zwischen erfolgs- und misserfolgsmotivierten Typen unterschieden.[24] Erfolgsmotiviert sind solche, die sich vorbehaltlos um etwas bemühen, da sie als Ergebnis ihres Strebens immer den Erfolg vor Augen haben. Das ist der Grund und der Antrieb ihres Willens zum Engagement: Sie erwarten förmlich den Sieg. Der wiederum ist Ansporn genug, weiterzumachen und noch erfolgreicher zu werden. Misserfolgsmotivierte Menschen werden durch ihre Befürchtungen gelähmt und gleichzeitig zum Handeln gebracht. Sie sind ängstlich bemüht, wenigstens ihr Level zu halten. Aktiv werden sie erst, wenn sie durch einen Misserfolg noch mehr Angst bekommen. Sie tun nur etwas, weil sie fürchten, sonst würde es noch schlimmer werden. Ziel ist ausschließlich, Misserfolge zu verhindern. Die Befürchtung, zu scheitern, ist also immer Auslöser, zu handeln.

Beide Motivationstypen haben ihre Vor- und Nachteile. Den stärkeren Antrieb, überhaupt tätig zu werden, stellt mit Sicherheit die Aussicht dar, einen Misserfolg verhindern zu können. Angst vor drohender Gefahr kann kurzfristig ungemein motivierend wirken. Wenn es allerdings darum geht, etwas langfristig mit Durchhaltevermögen zu verfolgen, ist der Erfolgsmotivierte klar im Vorteil. Denn ähnlich wie bei Optimisten und Pessimisten unterscheiden sich erfolgsmotivierte Menschen von misserfolgsmotivierten auch dahingehend, wie sie mit Erfahrungen umgehen. Während der Erfolgsmotivierte ein gutes Ergebnis als Resultat seiner Arbeit und seines Könnens wertet, ordnet ein Misserfolgsmotivierter gute Ergebnisse eines Vorgehens als Zufall ein oder schiebt es auf die Tatsache, dass es einfache Aufgaben und begünstigende äußere Bedingungen gewesen sind, die dazu geführt haben.

Während der Erfolgsmotivierte ein schlechtes Ergebnis immer als Antrieb zu intensiveren Bemühungen für den nächsten Versuch bewertet, als Folge davon den sicheren Erfolg erwartet und daher niemals aufgibt, ist dies beim Misserfolgsmotivierten genau umgekehrt: Für ihn sind schlechte Ergebnisse natürlich eine Bestätigung seiner pessimistischen Grundannahme. Welche Einstellung, glauben Sie, bringt den Betreffenden wohl eher auf den Weg in eine erfolgreiche Zukunft? Und: Was glauben Sie, worin liegt wohl der stärkere Antrieb für Ihre zukünftigen Aktivitäten?

Ich glaube nicht, dass man Menschen grundsätzlich in die eine oder andere Schublade stecken kann. Aber in dem einen herrschen die optimistischen und beim anderen die pessimistischen Tendenzen vor. Natürlich kann sich niemand grundsätzlich ändern, aber Sie können lernen, mit Ihren Eigenheiten möglichst günstig umzugehen. Dabei kommt Ihnen Folgendes entgegen: Da wir überleben wollen, ist das Vermeiden von schlechten Gefühlen grundsätzlich erst mal der stärkere Antrieb. Auch ich bin da keine Ausnahme. Meine größten Motivationsschübe bekam ich durch harte Kritik, die mich ziemlich schmerzte. Eine Vier minus in meiner ersten Mathearbeit auf dem Gymnasium verwandelte den Klassenkasper der Grundschule am Ende in einen Einserschüler. Sie erinnern sich, meine erste Zaubervorführung vor einem Vertreter des deutschen Magischen Zirkels wurde mit den Worten kommentiert: »Junge, geh doch lieber Briefmarken sammeln!« Ziemlich harter Tobak. Was ich damit sagen will:

Sie dürfen wegen Kritik nicht resignieren, gehen Sie konstruktiv damit um. Das macht den Unterschied und Sie am Ende stärker.

Mein persönliches Motivationsrezept besteht in einem gedanklichen Wechselspiel zwischen Erfolgs- und Misserfolgsmotivation. Ich benutze die Angst vor dem Scheitern als Ansporn, um ab einem bestimmten Punkt, einer bestimmten Schmerzgrenze, das zu tun, was nötig ist. Bin ich einmal in Fahrt gekommen, schalte ich um auf Erfolgsmotivation, denn zu diesem Zeitpunkt wird mein Engagement schon zum Selbstläufer: Ich freue mich zu sehr auf den erwartbaren Erfolg, als dass mich noch etwas davon abhalten würde.

Nur mit Zuversicht werden Sie sich auch von kleinen Misserfolgen nicht entmutigen lassen und Ihr Ziel weiterhin verfolgen können. Sie sollten sich immer wieder klarmachen: Der einzige Unterschied zwischen einem Gewinner und einem Verlierer kann schon darin liegen, dass der Gewinner ein einziges Mal mehr aufgestanden ist.

Eine kleine Motivationsübung für zwischendurch

- Verbessern Sie Ihre innere Haltung, indem Sie Haltung annehmen: Schultern zurück, Kopf hoch, Brust raus!
- Atmen Sie dreimal tief ein und aus.
- Denken Sie an eine Situation, in der Sie sich richtig toll gefühlt haben.
- Schauen Sie in den Spiegel. Lachen Sie sich an und sagen Sie sich laut, dass Sie es schaffen werden. Übrigens, das mit dem laut Vorsagen ist ein toller Trick. Für Ihr Gehirn fühlt es sich nämlich genauso an, als ob diese Worte jemand anderes zu Ihnen gesagt hätte, so dass die Ermunterungen gleich doppelt wirken.

Merken Sie etwas? Schon diese kleine Übung kann ungemein beflügelnd wirken. Doch Vorsicht: Diese Art von Motivation hat keine große Halbwertszeit. Und noch eine kleine bittere Pille: Obwohl Motivationstechniken etwas Tolles sind, kommt es – wie bei den meisten Medikamenten auch – auf den Einsatzzweck und die richtige Dosierung an. Sobald Sie einen Nichtschwimmer dazu motivieren, ins Wasser zu springen, wird er ertrinken.

Das Begeisterungshormon Dopamin und die dazugehörigen Endorphine befördern Sie bei hoher Motivation in einen Rauschzustand. Allerdings bewirkt zu viel Dopaminausschüttung, dass aus wacher Aufmerksamkeit Erregtheit wird, die auch zu Fahrigkeit führen kann. Die Leistungsfähigkeit hat den Zenit überschritten und nimmt rapide ab. Motivation ist folglich wie eine Droge, die wir uns selbst verabreichen können und die mit Vorsicht zu genießen ist.

Eine weitere Gefahr stellt das aus der Motivationspsychologie bekannte Phänomen des Tunnelblicks dar. Unser Bewusstsein kann im Fall starker Fokussierung und Konzentration nur noch zwei bis drei Dinge gleichzeitig wahrnehmen, deshalb stellt jeder die Informationsverarbeitung unter Einfluss einer bestimmten Zielvorstellung auf die sogenannte Zielabschirmung ein.[25] So wird alles, was nicht zielfördernd wirkt, ausgeblendet und ignoriert. Das erklärt auch das Phänomen, warum wir gewisse Dinge, die zu uns gesagt werden, einfach nicht hören.

Sie sollten diesen Effekt nutzen. Solange Sie sich über die Konsequenzen bewusst sind, spricht nichts dagegen. Beachten Sie aber auch, dass in Phasen höchster Konzentration und Motivation Ihre sozialen Kompetenzen auf ein Minimum zurückgefahren werden. Also, wenn Sie nicht in Klausur oder ins Trainingslager gehen wollen, werden Ihre Lieben zu Hause aller Voraussicht nach unter Ihrer starken Motivation zu leiden haben. Vergessen Sie nicht, ihnen mitzuteilen, dass dieser Zustand nur kurz anhalten und somit vorübergehend sein wird. Damit Sie hinterher nicht als einsamer Mensch aus der Sache kommen.

Tricks gegen Trägheit

So gut und wichtig Belohnung ist, zu viele Zuckerstückchen machen träge. Wissenschaftliche Forschungen zeigen, dass die Strategie, einer Belohnung kurzfristig zu entsagen, also ein retardierendes Moment einzuschließen, als einer der wichtigsten Erfolgsfaktoren überhaupt anzusehen ist.

Der amerikanische Professor der Psychologie, Walter Mischel, hat an der Stanford University in Kalifornien folgenden Versuch durchgeführt: Kinder im Alter von vier Jahren wurden 15 Minuten lang allein in einem Raum separiert, in dessen Mitte sich ein großer Tisch mit Marshmallows befand. Den Kindern wurde erklärt, dass, wenn sie die Süßigkeit innerhalb der 15 Minuten – das Ende der Zeit wurde durch einen Klingelton markiert – nicht äßen, sie einen zweiten Marshmallow als Belohnung erhalten würden. Nur ein Drittel der Kinder konnte mit diesem Versprechen vom umgehenden Verzehr der Marshmallows abgehalten werden.[26]

In Verlaufsstudien[27] über viele Jahre wurde ermittelt, dass diejenigen Kinder, die den Marshmallow nicht gleich gegessen und so schon in jungen Jahren vorausschauend gedacht und Selbstdisziplin bewiesen hatten, deutlich erfolgreicher im Leben waren als der Rest. Vorausschauendes Denken und Selbstdisziplin sind also der Schlüssel zu Erfolg.

Anerkennung und Belohnung sind eine schöne Sache. Genauso wie Lob und Erfolg. Sie verstärken den Glauben in die eigenen Fähigkeiten und kurbeln so die Motivation nachhaltig an. Die richtige Dosis davon braucht der Mensch von Kindesbeinen an. Also, stecken Sie sich Ihre Etappenziele so, dass Sie regelmäßig kleine, aber messbare Erfolge erringen. Ich habe Ihnen ja bereits verraten, dass die Tricks in meinem ersten Zauberkasten ziemlich einfach waren, so dass ich früh Erfolgserlebnisse einheimsen konnte. Wenn ich mir gleich zu Beginn beim Üben die Finger gebrochen hätte, wäre aus mir wohl doch ein Briefmarkensammler geworden.

 Setzen Sie auf ein Wechselspiel aus Druck- und Sogmotivation. Eigenlob stinkt nicht. Im Gegenteil: Es kann sogar anfeuern und stark machen. Denken Sie aber bitte daran, es auch sich laut vorzusagen, damit die doppelte Wirkung eintritt, Sie erinnern sich?

Meine mentalen Motivationstricks

Sie kennen sicher das Bild vom Esel und dem Reiter, der dem Tier an einer Angel eine Karotte vor die Nase hält, um es vorwärtszutreiben. Eine clevere Methode, mit der wir unseren inneren Schweinehund überwinden können. Im Fitnessstudio läuft das tagtäglich tausendfach ab. Folgende simple Masche des Trainers funktioniert, und dies, obwohl sie von allen längst durchschaut wurde. Bei den Liegestützen geht er so vor: »Noch acht (nachdem diese geschafft sind), noch mal acht (und auch nachdem diese geschafft sind, bittet er), komm schon, nur noch vier.« Danach kommen die letzten vier, dann die allerletzten vier. Und so weiter.

Auch die Druckmotivation lässt sich noch mal verschärfen. Durch Übertreibung der negativen Konsequenzen. Zum anderen können wir uns enge Deadlines setzen oder feststehende Abgabetermine für uns persönlich vorverlegen. Glauben Sie mir, dieses kleine bisschen an Selbstbetrug funktioniert wunderbar, Sie müssen es nur wollen.

Falls Sie jedoch zu härteren Bandagen greifen möchten, buchen Sie eine Woche vor Ablauf eines Fertigstellungstermins einen Urlaub. Verordnen Sie sich somit eine geniale Kombination aus Druck- und Sogmotivation. Bis dahin müssen Sie also spätestens fertig sein, und dann gibt es den Urlaub als Belohnung. Sollten Sie es wider Erwarten nicht bis zur Deadline schaffen, muss der Urlaub leider ausfallen. Und das sollte möglichst teuer werden, damit es schmerzt. Ich habe diese Methode schon öfter angewendet und konnte bislang immer in den Urlaub fahren. Die Belohnung am Ende zu genießen, ist der höchste Lohn, den man sich verschaffen kann. Weniger Zeit zur Verfügung zu haben, bringt noch einen weiteren Vorteil: Kennen Sie das Parkinson'sche Gesetz? Es besagt: Eine Arbeit dauert genau so lange, wie Zeit für ihre Erledigung zur Verfügung steht. Und sie dauert nicht so lange, wie sie gemäß der inhaltlichen Anforderung eigentlich dauern müsste. Wer also Aufgaben effektiv und schnell erledigen will, der sollte sich nur die absolut notwendige Zeit zu deren Erledigung gönnen. Der Arbeitsfluss wird nicht unterbrochen, die Konzentration gehalten und die Qualität der Ergebnisse steigt.

Wichtig ist in diesem Zusammenhang, die Belohnung oder die Bestrafung unmittelbar und gleichmäßig durchzuführen. Des Weiteren möchte ich noch zu bedenken geben, dass Belohnungen den Bestrafungen schon allein deswegen vorzuziehen sind, weil sie erwiesenermaßen effektiver sind.[28] Jeder Mensch muss allerdings seine eigene ganz persönliche Mischung finden, die gerade bei ihm gut funktioniert.

Motivationsbooster »Sinn«

Eine moderne Management-Weisheit besagt: »Wer Leistung will, muss Sinn bieten«.[29] Sinn ist ein ganz hervorragender Motivationsbooster, vor allem für unangenehme Tätigkeiten. Dieser geht über die typische Belohnung hinaus. So gesehen kann beispielsweise die Aussicht auf meinen Traumjob dazu motivieren, eine dafür erforderliche Fremdsprache zu erlernen und den damit verbundenen Anstrengungen einen höheren Sinn zu verleihen.

Um die Qualität des »höheren Sinns« plastisch zu machen, brauchen Sie eine gute Motivationsstory. Jeder Fußballer, der bei der Weltmeisterschaft antritt, hat das Ziel vor Augen, für sein Land zu gewinnen. Am Ende wird er ein gefeierter Nationalheld sein, und diese Vorstellung weckt die letzten Kraftreserven in ihm. Dafür lohnt es sich, bis an die Schmerzgrenze zu gehen. Mit diesem Bild im Kopf schüttet sein Körper reichlich vom Wunderhormon Dopamin aus. Ausdauer und unerschütterlicher Siegeswille sind die Folge. Auf die Risiken und Nebenwirkungen hatte ich bereits hingewiesen.

Auch das Erreichen von Perfektion mag ein sinnstiftendes Ziel sein, ist aber in der Regel zu abstrakt und hat daher seine Tücken. Sie kennen wahrscheinlich auch die häufige Selbstaussage: »Eigentlich bin ich ja ein Perfektionist!« Klar, wer will nicht perfekt sein. Aber oft geben wir uns schon mit dem zufrieden, was gut funktioniert, und streben nicht nach dem bestmöglichen Resultat. Und das ist auch gut so. Denn es kann sinnvoll und sogar notwendig sein, nicht in allen Bereichen Aufgaben bis zur Perfektion zu vollenden, weil der Wunsch nach Perfektion uns auch nicht behindern darf.

Denken Sie daran: Das Pareto-Prinzip besagt, dass sich oftmals 80 Prozent einer Aufgabe mit 20 Prozent des Arbeitsaufwands erledigen lassen.[30] Die letzten 20 Prozent sind am schwierigsten und im Vergleich zu den schon geschafften 80 nur mit unverhältnismäßigem Aufwand zu erreichen. Aus Zeitgründen kann es daher zuweilen ratsam sein, ganz bewusst mit 20 Prozent Arbeitsaufwand einen 80-prozentigen Erfolg einzustreichen. Ich kann also fünf Fremdsprachen befriedigend erlernen, wobei ich dieselbe Zeit dafür benötigen würde, um in nur einer dieser Sprachen sehr gute Sprachkenntnisse erwerben zu können.

Warum sollte man dann überhaupt versuchen, etwas stetig zu verbessern, wenn es doch auch auf Status-quo-Niveau schon befriedigend funktioniert? Nur weil es noch besser geht? Oder weil Sie sich um das Glücksgefühl, dem Trägheitsprinzip ein Schnippchen geschlagen zu haben, bringen? Es bedarf also eines zusätzlichen Motivationsschubs in Form eines übergeordneten Sinns. Für mich wurden hervorragende Motivationsschübe und Ansporn zur Erreichung der letzten 20 Prozent in der Qualitätsentwicklung eines Zauberkunststücks durch die Teilnahme an Zauberwettbewerben möglich. Siege bei solchen Wettbewerben zählen doppelt, wenn es dabei gelungen ist, ein Kunststück zur Vollendung zu bringen. Und selbst die Contests, bei denen ich nichts gewonnen habe – und das waren einige –, hatten ihr Gutes, weil sie mich stets in irgendeiner anderen Beziehung weiterbrachten. So wurde ich beispielsweise schon häufig wegen Zeitüberschreitung disqualifiziert und habe dadurch mittlerweile gelernt, meine zeitlichen Vorgaben einzuhalten. Ich kann heute sagen, dass ich niemals auch nur eine Teilnahme bereut hätte.

Sinn schaffen, sich belohnen und sich stetig messen

- Definieren Sie den Grund Ihres Ziels.
- Versprechen Sie sich eine Belohnung.
- Machen Sie ein Spiel aus der Angelegenheit, so dass Sie Spaß haben und locker bleiben.
- Suchen Sie die Herausforderung bei Wettkämpfen. Vergleichen Sie sich mit anderen. Oder bitten Sie darum, Sie im Vergleich zu anderen einzuordnen.

Begeisterung, der Schlüssel zum Erfolg

Begeisterung lässt Anstrengungen verblassen. Mit ihr als Begleiter wissen Sie, warum Sie Ihren Weg gehen, sind Feuer und Flamme, wenn es um die Umsetzung Ihrer Ziele geht. Spaß und Freude an der Sache, gepaart mit immer neuen Inspirationen, so werden selbst die schwierigsten Aufgaben mit Leichtigkeit – wie von Zauberhand – blitzschnell erledigt. Echte Begeisterung setzt sich aus zwei Dingen zusammen: Eifer und Optimismus. Allein sachlich abzuwägen, welche Vorteile was bringt, reicht nicht aus. Ohne die richtige Prise Herzblut funktioniert die beste Strategie nicht. Das heißt, je mehr etwas für Sie Herzensangelegenheit ist oder je mehr Sie es dazu machen, desto höher wird Ihre Freude an der Sache sein und desto größer wird die Chance, dass Sie damit echte Begeisterung auslösen. Zufriedenheit und Glück brauchen Sie dann nicht mehr länger zu suchen.

> **Begeisterungsbooster**
>
> Nun gebe ich zu, bei aller Phantasie, nicht alle Dinge lassen sich zur Herzensangelegenheit erklären. Es gibt jedoch einen Trick, um auch in weniger verlockenden Fällen Begeisterung zu erzeugen: Spielen Sie sich am Anfang Ihr Interesse einfach vor, indem Sie so handeln, als ob es Sie interessieren würde, denn Handeln und Erfolg können so dazu führen, dass man sich begeistert. Grundsätzlich kann man sich für alles begeistern, sogar für die Juristerei, ich spreche aus Erfahrung. Am Anfang musste ich mich immer dazu zwingen und mich überwinden, mir trockene Paragraphen einzupauken. Aber sobald Sie bis zu einer gewissen Tiefe vorgedrungen sind, kommt selbst in dieser Welt Faszination zum Vorschein: Zusammenhänge werden sichtbar, es offenbart sich eine logische, strukturierte Denkweise (das gilt allerdings nicht fürs Steuerrecht).

Wie Sie hier erkennen können, kommt die Faszination oftmals erst dann zum Vorschein, wenn Sie mehr geben und sich nicht nur rasch etwas nehmen wollen – also, sie wird spürbar, nachdem Sie schon ein gewisses Maß an Mühe und Arbeit investiert haben, und sobald Sie eine höhere Qualität der Erkenntnis erreicht haben, kommt Freude auf. Auf diese Weise können Sie sich für mehr Dinge als Sie glauben faszinieren.

Begeisterung ist das Wundermittel gegen Müdigkeit, Sorgen und Unlust. Begeisterung weckt ungeahnte Kräfte in Ihnen und sie steckt an. Falls nötig, spielen Sie sich die Begeisterung einfach vor.

Motivation durch das richtige Umfeld

Kaum etwas prägt und bestimmt unser Leben so sehr wie das persönliche Umfeld. Sind wir von Miesepetern und Selbstzweiflern umgeben, färbt dies zwangsläufig auf uns ab. Drehen Sie den Spieß einfach um: Lassen Sie sich von positiven Gedanken, Begeisterung und Motivation anstecken. Ein wirkungsvolles Prinzip ist es daher, möglichst viele Menschen zu treffen, die Sie bewundern, die also so sind, wie Sie selbst gern sein würden. Denn es liegt in unserer Natur, bewusst und unbewusst, Denk- oder Verhaltensmuster, die uns umgeben, zu imitieren. Besonders, wenn diese anderen schon zum Erfolg verholfen haben.

Umgeben Sie sich mit den Menschen, deren Talente auch Sie motivieren. Suchen Sie deren konstruktive Kritik. Menschen, die weiterdenken können, eine schnelle Auffassungsgabe haben, interessante Ideen äußern und spannende Projekte verfolgen, tun Ihnen gut. Kluge Leute, die offen sind und sich gern begeistern lassen, werden auch Ihnen helfen, weiterzukommen. Und nicht zuletzt, dieser Prozess wirkt gegenseitig: Auch Sie selbst können ihnen etwas zurückgeben. Das ist das Schönste.

Je nach Persönlichkeit ist die Art und Weise der benötigten Motivation höchst unterschiedlich. Die einen müssen sich motivieren, überhaupt tätig zu werden, während sich die anderen dazu bringen müssen, mehr Sorgfalt an den Tag zu legen. Wenn Sie Ihre Schwächen kennen, sollten Sie Ihre Motivationsstrategie konkret danach ausrichten. Formulieren Sie die benötigte Motivation in einem kurzen anspornenden Satz (zum Beispiel »Ich möchte sorgfältiger und somit besser arbeiten.«) und notieren Sie diesen auf gelben Post-it-Zetteln. Nun verteilen Sie diese Zettel an Ihrem Arbeitsplatz oder in Ihrer Wohnung, so dass Sie ihnen ständig begegnen. Immer dann, wenn Sie die Zettel sehen, lesen Sie sich den Satz laut vor. Sie werden über die motivierende Wirkung, die Sie dadurch erzielen werden, erstaunt sein.

Zauberzutat Nummer fünf: Konzentration

Der Begriff »Fokus« beschreibt, wohin wir unsere Aufmerksamkeit gerade richten. Somit ist er essentiell für unsere Wahrnehmung. Wenn wir uns nicht gerade auf einzelne Dinge konzentrieren, wird er durch unser Unterbewusstsein gesteuert. So kann beispielsweise ein Film vom Tag zuvor dafür verantwortlich sein, was Sie von Ihrer Umwelt und vor allem wie Sie Ihre Umwelt am nächsten Tag wahrnehmen.

Mit folgendem Trick können Sie Ihren Fokus dazu nutzen, etwas Schlechtes in etwas Gutes zu verwandeln: Wenn mir beispielsweise etwas Unangenehmes passiert, bin ich immer der festen Überzeugung, dass es für irgendetwas anderes gut gewesen ist. Womöglich kann ich in diesem Moment noch nicht feststellen, wofür, aber das wird sich noch zeigen, das weiß ich sicher. Wer mit dieser Einstellung durch das Leben geht, hat seinen Fokus derartig eingestellt, dass er gute Gelegenheiten sucht und sie daher auch immer erkennen und nutzen wird. Möglichkeiten, die sich sonst womöglich nicht ergeben hätten. Eine Kausalität, die womöglich nur mit der geänderten Einstellung und dem damit veränderten Fokus zusammenhängt. Es gilt das Sprichwort: »Wer suchet, der findet.« Also, wenn Ihnen demnächst ein Ärgernis begegnet, suchen Sie nach dem Grund, wofür dies gut sein mag, Sie werden ihn sicher finden.

Mythos »Multitasking«

Die Möglichkeiten, den Fokus wie bei einer Kamera zu setzen, sind definitionsgemäß begrenzt. Daher ist es von ganz entscheidender Bedeutung, worauf wir ihn richten. Je mehr Sie jedoch fokussieren wollen, desto kleiner wird der Bildausschnitt. Folglich ist das Allerwichtigste in diesem Zusammenhang das Setzen der richtigen Prioritäten. Zahlreiche neuere Studien aus den Fachbereichen Psychologie und Hirnforschung konnten beweisen: Das berühmte Multitasking, das effektive Erfüllen mehrerer Aufgaben gleichzeitig, ist wohl ein Mythos.

Vielleicht kennen Sie das Phänomen: Sie haben sich mit dem Auto verfahren und schalten automatisch das Radio aus, nur um sich besser konzentrieren zu können. Wie wir oben bereits gesehen haben, können Sie durch unterschiedliche Eingangskanäle für Informationen Ihre Fähigkeiten verbessern, mehrere Dinge aufzunehmen, und durch Training die Geschwindigkeit dieses scheinbar simultan ablaufenden Tuns steigern. Studien beweisen jedoch, wenn es darum geht, mehr als eine Aufgabe gleichzeitig zu erledigen, so werden Sie entweder langsamer oder produzieren mehr Fehler.[31] Diese Erkenntnis legt das Fazit nahe, dass unser Gehirn auch nach intensivem Training nicht zwei Sachen gleichzeitig ausführen kann, sondern immer nur eine nach der anderen zu erledigen vorzieht. Dies geschieht jedoch manchmal so schnell, dass wir die Illusion haben, zwei Aufgaben gleichzeitig zu bewältigen.

Diese Erkenntnis erklärt auch, warum sich Frauen für die besseren Multitasker halten. Sie könnten effektiver denken, indem sie schneller zwischen der linken und rechten Gehirnhälfte hin- und herschalten, meinten die Wissenschaftler.[32] Übrigens: Napoleon Bonaparte gilt wohl als der berühmteste

Multitasker der Geschichte. Er soll im Frühjahr 1813 während der Befreiungskriege in Deutschland vier Schreibern gleichzeitig Briefe verschiedenen Inhalts diktiert haben. Vielleicht kennen Sie ja nun eine Ursache dafür, dass er den Krieg verloren hat.

Es empfiehlt sich, die Dinge nicht gleichzeitig, sondern strikt voneinander getrennt, das heißt hintereinander entsprechend ihrer jeweiligen Priorität zu erledigen. Folglich sollte es eine der wichtigsten Fertigkeiten überhaupt sein, stetig und konsequent Prioritäten zu setzen und den Fokus nur auf die Dinge zu lenken, die im Moment gerade wichtig sind.

Konzentration ist eine wunderbare Fähigkeit, die es uns erlaubt, effizient und bestenfalls fehlerfrei zu arbeiten. Konzentrieren bedeutet, den Fokus zu halten. Also die gesamte Aufmerksamkeit konsequent auf einen Punkt zu lenken. Dass wir dazu in der Lage sind, auch wenn uns die äußeren Umstände behindern, zeigt folgende Geschichte: Dr. Scott Coyne war am 25. Januar 1990 als erster Arzt am Unglücksort des tragischen Flugzeugabsturzes einer Boeing 707 der staatlichen kolumbianischen Luftfahrtgesellschaft. Trotz des Infernos und der gellenden Schreie um ihn herum, fing er an, hochkonzentriert seine Aufgabe zu erfüllen. So, als habe er keinerlei Druck. Er berichtete im Nachhinein, wie seltsam ruhig ihm die Situation vorgekommen sei.[33] Dadurch, dass er sich klarmachte, auf was es nun ankommen würde, gelang es ihm, das Chaos um ihn herum auszublenden, um sich zu hundert Prozent seiner lebensrettenden Arbeit widmen zu können. Er behielt die Nerven, ging systematisch vor und ließ sich von nichts und niemandem irritieren. Ohne Panik gelang ihm das Bestmögliche.

Es ist eine Kunst und es erfordert ein hohes Maß an Disziplin, den Fokus zu setzen und eine lange Zeit zu halten. Jedem gelingt das auf seine persönliche Weise. Manche benötigen, um Höchstleistungen zu vollbringen, absolute Ruhe. Jede Ablenkung bringt sie aus dem Takt. Marcel Proust zog sich einst in einen fensterlosen korkgetäfelten Raum zurück, um seinen Roman »Auf der Suche nach der verlorenen Zeit« zu schreiben. Manche Spitzensportler bereiten sich auf den Tag ihres nächsten Wettkampfs so vor, als wäre es der letzte Tag ihres Lebens. Sie planen nur bis dahin. Ein Leben danach existiert für Sie erst mal nicht mehr. So wird jedwede Ablenkung erfolgreich abgewendet.

Zählen für die Konzentration

Da der Fokus wie ein Muskel ist, der trainiert werden kann, empfehle ich Ihnen, um Ihre Konzentrationsfähigkeit zu steigern, folgende Übung[34]:

Zählen Sie in Gedanken von 1 bis 20. Konzentrieren Sie sich dabei nur auf das Zählen und machen Sie zwischen den einzelnen Zahlen eine Pause von einigen Sekunden. Immer dann, wenn Sie gedanklich abschweifen oder Ihnen andere Bilder in den Sinn kommen, beginnen Sie mit dem Zählen wieder von vorn. Am Anfang mag Ihnen diese Übung schwerfallen, aber mit genügend Training sollten Sie bald in der Lage sein, mühelos auf diese Weise bis 50 und weiter zählen zu können. Autogenes Training und Selbsthypnose können ebenfalls dabei helfen, die Konzentrationsfähigkeit zu steigern. Dazu später mehr.

Die Kunst besteht darin, einerseits konzentriert zu sein
und das gewählte Ziel im Fokus zu behalten,
dabei jedoch nicht zu verkrampfen
und zu versuchen, locker zu bleiben.

Das Chair-Lifting-Experiment

Mit Hilfe eines gezielten Einsatzes von Motivation, Fokussierung und Konzentration lassen sich erstaunliche Dinge erreichen. Sozusagen Berge versetzen. Aber belassen wir es erst mal beim Personen versetzen. Präsentieren Sie sich auf der nächsten Party als Motivationsexperte und machen Sie ein verblüffendes Experiment, das Sie auch über den nebenstehenden QR-Code als Videoclip ansehen können. Aber seien Sie bitte vorsichtig. Für Unfälle übernehme ich keine Haftung!

- Lassen Sie eine erwachsene Person – es muss nicht gleich jemand von der Statur eines Rainer Calmund sein – auf einem Stuhl in der Mitte des Raums Platz nehmen.
- Nun bitten Sie vier Damen – bitte keine Kinder –, sich um den Stuhl herumzustellen, jede auf einer Seite an den Positionen der Stuhlbeine. Fordern Sie sie auf, ihre Hände zu falten und ihre Zeigefinger auszustrecken (siehe Abbildung) und unter die Achseln und Kniekehlen der sitzenden Person zu schieben.

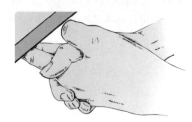

- Die Damen sollten nun versuchen, vom Stuhl hochzuheben und aller Voraussicht nach – Sie werden es schon ahnen – wird es ihnen nicht gelingen.
- Nun rufen Sie die Damen zu einer Motivationsrede wie beim Rugby zusammen. Die Hände aller Beteiligten werden über dem Kopf der hochzuhebenden Person übereinandergelegt.
- Bitten Sie die Damen, sich zu konzentrieren. Sie sollen sich vorstellen, wie alle Kraft in ihre Hände strömt, wie sie zusammen stärker und stärker werden. Gleichzeitig müssen sie sich bewusst werden, wie die Person auf dem Stuhl immer leichter und leichter wird.
- Dann sollen sie sich vorstellen, wie sie in wenigen Augenblicken mit Leichtigkeit den Stuhl samt Person in die Luft heben werden. Nach ein paar bestärkenden Worten wie: »Ich weiß, ihr könnt das. Ihr werdet es schaffen, es wird ganz leicht sein«, gehen die vier Damen wieder zurück in die ursprüngliche Position.
- Nun zählen Sie. Auf Kommando soll jede tief einatmen und beim anschließenden Hochheben der Person wieder ausatmen. Auf drei. Eins, zwei, drei – und hoch. Sie werden erstaunt sein, denn dieses Mal wird es den Damen mit Leichtigkeit gelingen.

Zauberzutat Nummer sechs: Willenskraft

Geben Sie niemals auf: Die Zauberwörter dazu heißen Durchhalten und Weitermachen. Nur wenn Sie bis zum Erfolg dranbleiben und handeln, können Ihre Gedanken tatsächlich etwas bewirken. Es ist in Ordnung, gewisse Projekte eine Zeitlang ruhen zu lassen –, aber nur, um sie später mit einer Lösung im Sinn wieder aufzugreifen. Ausdauer ist oft der Schlüssel zum Erfolg.

Wo ein Wille ist, ist auch ein Weg

Der Wille eines Menschen hat ungeheure Kraft. Normalerweise nutzt der Körper nur 70 Prozent seiner Reserven. Durch Willenskraft, beispielsweise in einer Notsituation, können wir sie erheblich steigern und auf die restlichen Kraftreserven zugreifen. So gibt es Berichte, wie eine Mutter ein Auto anheben konnte, um ihr darunter eingeklemmtes Kind zu befreien. Noch weiter geht die umstrittene, aber weit verbreitete Ansicht, dass Menschen sogar in der Lage sind, durch Willenskraft den Zeitpunkt ihres Todes hinauszuschieben.[35]

Ein guter Willensverstärker ist auch die Aussicht, dass am Ende eines Prozesses der Erfolg steht. Sie müssen Ihr positives Denken also stets in diese Richtung lenken und immer im Hinterkopf behalten. Geht nicht, gibt's nicht! Diese Einstellung erleichtert das Durchhalten. Und es gibt auch keine Niederlagen, sondern nur Lektionen. Nur wer sich entscheidet, dass er gescheitert ist, der ist es auch.

Hindernisse sind dabei hervorragende Lehrmeister. Fehler und Fehlschläge sind geradezu eine Voraussetzung für Fortschritt, Entwicklung und Verbesserung. Also, analysieren, Kräfte sammeln und aufs Neue probieren. Denn bei Erfolg winkt zur Belohnung eine Extraportion Begeisterung als Kraftquelle für weitere Wundertaten.

Ohne Fleiß kein Preis

Handeln ist ein Prozess. Eine Reise voller Erkenntnisse. Sie müssen Schritt für Schritt voranschreiten. Die Zeit ist hierbei nicht das Entscheidende, es kommt lediglich darauf an, dass Sie immer weiter in die richtige Richtung gehen und dabei auch kleine Kurskorrekturen vornehmen, falls nötig. Die Erfolgsgeheimnisse sind nämlich Ausdauer, Geduld und Willenskraft. Wie Ausdauer beim Sport kann Willenskraft durch stetiges Üben trainiert werden.

Im Rubikon-Modell der Handlungsphasen nach dem deutschen Psychologen Heinz Heckhausen und seinem Schüler Peter M. Gollwitzer wird die Willenskraft als entscheidende treibende Kraft zum Ziel benannt. Wie beim Marathon, bei dem die letzten zehn Kilometer bis kurz vor die Zielgerade die schwersten sind, bedarf es auch bei anderen Vorhaben in der Endphase eines langen Atems. Aber nicht nur körperliche Erschöpfung hat eine lähmende Wirkung, auch Bequemlichkeit und sich zu schnell mit dem Erreichten zufriedenzugeben sind die natürlichen Feinde der Ausdauer. Meistens werden wir erst richtig gut, wenn wir Durchhaltevermögen beweisen und auch dann weitermachen, wenn wir uns eigentlich schon auf der sicheren Seite fühlen. Große Redner haben ihre Reden, nachdem sie sie auswendig gelernt hatten, noch stundenlang vor dem Spiegel geprobt und Gestik und Mimik dazu einstudiert. Ausdauer war hier das Erfolgsgeheimnis. Malcolm Gladwell schreibt in seinem Bestseller »Überflieger. Warum manche Menschen erfolgreich sind – und andere nicht«,[36] dass Erfolg nie ausschließlich eine Frage des Talents sei, sondern von 10 000 Stunden Anstrengung abhinge.

Übrigens: Auch ein Variieren des Trainings und ein Wechseln der Strategie kann die Ausdauer steigern. Und stellen sich erste Erfolge ein, muss auch der Schweiß nicht mehr so fließen. Denn nimmt der Erfolg einmal Schwung auf, läuft alles wie von selbst.

Der Willensverstärker

Durch das Einnehmen bestimmter Körperhaltungen können Gefühle ausgelöst werden. Diesen Wirkungzusammenhang können Sie gezielt als Willensverstärker einsetzen. So haben wissenschaftliche Versuche gezeigt, dass Personen, die ihre Arme während der Tests verschränkt hatten, sich beinahe doppelt so lange um die Lösung einer Aufgabe bemühten, als Personen, deren Hände auf den Oberschenkeln lagen. Logischerweise lag die Erfolgsquote derjenigen Personen, die sich länger mit der Aufgabe beschäftigten, deutlich höher.[37] Sie können sich also ein Stück weit selbst austricksen, indem Sie eine entsprechende Körperhaltung einnehmen, um sich zum Durchhalten anzuspornen.

Geben Sie niemals auf. Nutzen Sie Ihre Willenskraft, um hartnäckig zu bleiben und Ausdauer zu beweisen, und betrachten Sie Niederlagen als Lektionen. Übung, Fleiß und Ausdauer sind Ihre Erfolgsbringer. Manchmal kann auch ein Strategiewechsel für die Ausdauer hilfreich sein.

Zauberzutat Nummer sieben: keine Angst vor der Angst

Sie sollten in der Lage sein, mit allen Hindernissen und Problemen umgehen zu können. Zu den größten Hemmschwellen, unser Potential ganz auszuschöpfen, zählen Ängste. Diese blockieren uns, bewusst und unterbewusst. Jeder kennt die Furcht davor, nicht anerkannt zu werden, oder die Konkurrenzangst, die Angst vor Misserfolgen, die Angst, zu versagen oder sich zu blamieren oder die Angst, überhaupt etwas anzugehen. Es gibt die unterschiedlichsten Bereiche, in denen Ängste auftreten, die uns blockieren. Allerdings hängt die Wirkung von Angst sowohl davon ab, ob man grundsätzlich ein besonders ängstlicher Typ ist, als auch davon, für wie schwierig man eine Aufgabe einschätzt.

Angst ist nicht per se etwas Schlechtes. Sie können ein gewisses Maß als Druck auch gezielt zum Anspornen einsetzen. Das Yerkes-Dodson-Gesetz[38] beschreibt sogar eine Verlässlichkeit der Regel: »Wenig Angst bzw. Druck beflügelt den Lernprozess nur geringfügig oder gar nicht. Mittelgroße Angst oder mittelgroßer Druck führt zu einer optimalen Leistung. Starke Angst oder starker Druck hemmt sie hingegen.« Sie müssen sich also die gute Angst zum Freund machen. Hierzu müssen Sie die konkreten Ursachen für Ihre Angst kennen und Wege finden, sie zu mindern.

Mein Name ist Angsthase. Ich weiß von nix!

An dieser Stelle möchte ich Ihnen zeigen, wie Sie mit Angst – und ich spreche hier von einem normalen Grad der Angst, der noch gesund ist – konstruktiv umgehen können. Geeignete mentale Techniken, um mit Ängsten besser fertig zu werden und diese sogar verschwinden zu lassen, werde ich Ihnen weiter unten noch separat vorstellen.

Besonders schwierig ist der Umgang mit Ängsten, die uns nicht bewusst sind und dennoch quälen. Diese hemmen uns, ohne dass wir sie bemerken, so dass wir zwar frustriert sind und nicht vorankommen, jedoch gar nicht wissen, warum. Solche unbewussten Glaubenssätze oder Suggestionen sind wie ein Virus, das sich unbemerkt einschleicht, nur dass es nicht von selbst verschwindet. Man muss den Feind eben erkennen und aktiv gegen ihn vorgehen. Sie können solche

Ängste anhand bestimmter Angstreaktionen identifizieren. Es lassen sich emotionale, psychische und körperliche Angstreaktionen unterscheiden:

• Die körperlichen, motorischen Reaktionen zeigen sich etwa häufig in allgemeiner motorischer Unruhe, nervösen Ticks wie dem Herumspielen mit den Fingern, ruckartigen bzw. eckigen Bewegungen.

• Emotionale Reaktionen sind oftmals das Verweigern oder die Ablehnung bestimmter Themen und Aufgaben – manchmal unter fadenscheinigen Ausreden, teilweise bockiges oder auch der Situation nicht angemessenes Verhalten –, etwa ohne Grund zu weinen, aber auch unangemessen laut zu lachen. Zu den emotionalen Reaktionen gehören auch Flucht- oder Übersprungsverhalten.

• Psychische Reaktionen sind beispielsweise Erröten oder Erbleichen, Zittern, Übelkeit, Kopf- und Magenschmerzen, Verkrampfungen – durch Hochziehen der Schultern oder In-sich-Zusammenfallen –, schnelleres Atmen, erhöhte Pulsfrequenz, verstärktes Schwitzen oder feuchte Hände.

Je konkreter Sie um Ihre Ängste wissen, desto besser. Fragen Sie sich: »Was genau ist es in meinem speziellen Fall, was mich unter Druck setzt, ängstigt und hemmt?«

Ob eine Situation tatsächlich – also objektiv – gefährlich ist oder nicht, spielt für das Angstempfinden des Betroffenen zunächst einmal keine Rolle – die Angst ist da oder eben nicht. Dennoch kann das Wissen um die objektive Gefährlichkeit Ihnen helfen, sich darauf einzustellen.

Der Angst auf der Spur

Übertragen Sie das Gesagte doch einmal auf sich selbst und auf Situationen, in denen Sie von irgendwelchen Ängsten oder Bedenken an der Entfaltung Ihrer Fähigkeiten gehindert werden.

Ein erster Schritt liegt darin, Ihre Angstauslöser möglichst wertneutral zu hinterfragen. Sind Ihre Gründe zur Besorgnis wirklich objektiv nachvollziehbar? Oder liegen sie sogar in alten Gewohnheiten begraben? Nach dem Motto: »Das habe ich noch nie gekonnt!« oder »Das ging schon immer schief!« Solche Bedenken können tief in Ihrem Unterbewusstsein verankert sein. Sie sind wahre Meister im Blockieren. Ein gewohnheitsmäßiges Vermeiden bestimmter Situationen bringt Sie aber sicher nicht voran. Am Ende werden Sie nur glücklich, wenn Sie die Dinge angehen.

Oft hilft es aber auch schon, die Angst von ihrem vermeintlichen Auslöser zu trennen. In der Psychotherapie gibt es das sogenannte ABC-Modell, das genau hier ansetzt. Weder das auslösende Ereignis »A«, wie zum Beispiel eine Kündigung, auch nicht das emotionsauslösende Ereignis »C«, wie die Angst vor der Arbeitslosigkeit, sondern vielmehr unsere Vorstellungen von den Dingen »B« stehen dabei im Mittelpunkt und beunruhigen uns. Es sind also wieder einmal nicht die tatsächlichen Umstände, die uns bestimmen, sondern vielmehr unsere Gedanken.[39] Da wir ja bekanntlich Herr unserer Gedanken sind, können wir diese glücklicherweise ändern. Wir müssen versuchen, Angst einflößende Gedanken zu modifizieren, und so beispielsweise in der Kündigung statt der Furcht vor Arbeitslosigkeit vorrangig die neue Freiheit und spannende Jobperspektiven sehen.

Sie erinnern sich doch an das im letzten Teil erwähnte Zitat von Henry Ford: »Egal, ob Sie glauben, etwas tun zu können, oder ob Sie glauben, etwas nicht tun zu können – Sie haben recht!« Auch der von Robert K. Merton geprägte Begriff der selbsterfüllenden Prophezeiung beschreibt das Phänomen, dass diejenigen, welche an eine Prophezeiung glauben, sich meist unbewusst so verhalten, dass diese auch eintritt. Wenn wir also schon am Morgen mit der Befürchtung aufstehen, einen harten Tag vor uns zu haben, dann werden wir mit Sicherheit abends geschlaucht und hundemüde auf unser Sofa fallen, denn wir haben unser unbewusstes Augenmerk ja den ganzen Tag auf die entsprechenden Gefühle, wie Termindruck, Stress und Frust gerichtet, so dass wir alle anderen womöglich positiven Aspekte gar nicht wahrnehmen konnten. Wir sollten von Vornherein versuchen, auch negativen Suggestionen etwas Positives abzugewinnen.

Also, uns nicht vor einem harten Tag fürchten, sondern uns auf einen aufregenden Tag mit tollen Herausforderungen freuen. Und jetzt kommt das Beste: Sie erinnern sich an das Siegfried-&-Roy-Zitat mit der inneren magischen Melodie? Wenn es Ihnen gelingt, Ihre eigene Melodie zu hören, dann brauchen Sie sich bei alledem, was ich Ihnen in diesem Kapitel erzählt habe, überhaupt nicht anzustrengen, denn: Alles geschieht von selbst, wie von Zauberhand. Sie kennen doch sicher den Spruch: »Jeder Mensch hat etwas, das ihn antreibt.« Wenn Sie diese Kraft in sich gefunden haben, sind Motivation, Konzentration und Ausdauer gesichert. Ebenso Forscherdrang, Kreativität, Zuversicht, Mut, Entscheidungsfreudigkeit und Begeisterung. Willkommen in der Welt Ihrer grenzenlosen Möglichkeiten. Na gut, grenzenlos sind Ihre Möglichkeiten vielleicht nicht ganz, aber nachdem Ihre Grundfähigkeiten jetzt schon mal optimal gestärkt sind, habe ich noch ein paar Superkräfte für Sie in petto: die psychologischen Methoden der Mentalisten, die Kniffe der Gedächtniskünstler und – damit möchte ich den nächsten Teil beginnen – die Tricks der Zauberer.

3. Kapitel
Jetzt wird gezaubert

Warum funktionieren Zaubertricks überhaupt? Das will ich Ihnen verraten und Sie in einige Geheimnisse einweihen. Mir geht es hier aber nicht um das bloße Geheimnis hinter einem Trick, sondern um viel mehr. Nämlich darum, zu erklären, warum auch manchmal simple Täuschungen so gut funktionieren und wie Sie die dahinter stehenden Prinzipien für sich im Alltag einsetzen können. Zauberkünstler wissen, wie ihre Zuschauer denken und funktionieren. Nur daher kann es Ihnen gelingen, sie zu täuschen. Ich bin mir sicher, dass Ihnen, so wie mir, die Erkenntnisse dieses Kapitels auch im Leben von großem Nutzen sein werden.

Das erste Prinzip der Zauberei:
die Grenzen unseres Verstandes erkennen und nutzen

Wir haben die Unterscheidung des Denkprozesses in eine bewusste und eine unterbewusste Dimension und die Begrenztheit unserer Aufmerksamkeit bereits kennengelernt (siehe Seite 71 ff.). Doch was genau entscheidet darüber, was wir bewusst und was wir unbewusst wahrnehmen, wenn wir nicht gerade bewusst unsere Aufmerksamkeit auf bestimmte Dinge richten?

Selektive Wahrnehmung

Der britische Psychologe Donald E. Broadbent geht von verschiedenen Filterinstrumenten aus, welche an unterschiedlichen Stellen unseren Wahrnehmungsprozess steuern und die eingehende Information selektieren.[1] Deutlich werden die Auswirkungen dieses Zusammenspiels von Bewusstsein und Unterbewusstsein beim sogenannten Cocktailparty-Phänomen.[2] Dieses erklärt die Tatsache, dass wir uns trotz Stimmengewirrs bewusst auf die Stimme unseres Gesprächspartners konzentrieren können. Wird jedoch in dem ganzen Gemurmel in selber Lautstärke plötzlich unser Name genannt, zieht dies automatisch unsere Aufmerksamkeit auf sich und wir spitzen unsere Ohren. Wir haben also trotz des Stimmengewirrs auch die anderen Stimmen unbewusst einzeln wahrgenommen und unsere bewusste Wahrnehmung erst in dem Moment darauf gelenkt und fokussiert, als unser Name Erwähnung fand.

Obwohl uns diese Art der automatischen Selektion auf den ersten Blick einschränkt, ist die Fähigkeit, Dinge auszublenden, keineswegs negativ, sondern sogar überlebenswichtig. Ist sie gestört, so ist der Mensch krank. Bei manchen Formen des Autismus beispielsweise ist die Fähigkeit des Filterns und Ausblendens außer Funktion, so dass auf die Menschen sekündlich eine unfassbar große Fülle von Informationen herniederprasselt und sie so von einfachsten Tätigkeiten abgehalten werden. Wo andere lediglich eine Portion Reis auf ihrem Teller sehen, nimmt der Autist Hunderte einzelner Reiskörner wahr. Eine Wiese besteht für ihn aus Hunderttausenden einzelner Grashalme. Wahrlich keine angenehme Vorstellung.

Erwartungen und Denkmuster

Über alles, was wir nicht wahrnehmen, treffen wir laufend und automatisch Annahmen. Diese basieren auf unseren allgemeinen Kenntnissen und früheren Erfahrungen. Nur durch diese Fähigkeit sind wir in der Lage, überhaupt effektiv denken zu können. »Sie lseen gnaze Wrote, onhe das deern Bchustbaen dfaür rchitig angoerndet sein msüsten. Huaptscahe, der estre und ltzete Bcuhstsabe des Wrotes stmimen.« Sie sehen, wir verstehen trotz des Buchstaben-Wirrwarrs alles. Dank der vorhandenen Denkmuster und Erfahrungen unseres Gehirns.

Es ist daher wichtig und richtig, permanent Schlussfolgerungen aus dem Geschehen um uns herum zu ziehen, Präferenzen zu setzen und sich so eine Realität zu formen, in der man sich zurechtfindet. Das heißt: Alles, was Sie sehen, hören, fühlen, riechen, schmecken und denken, basiert auf dem, was Sie zu sehen, hören, fühlen, riechen, schmecken und zu denken erwarten. Diese Erwartungen wiederum liegen in all Ihren Erinnerungen und Erfahrungen begründet.

Manchmal führen solche Erwartungen zu ganz skurrilen körperlichen Auswirkungen. Haben Sie schon einmal eine Rolltreppe betreten, obwohl Sie genau gesehen hatten, dass sie außer Betrieb war? Obwohl Sie wussten, dass sich die Treppe nicht bewegt, haben Sie vermutlich einen Ruck verspürt und hatten kurzzeitig das Gefühl, Ihr Gleichgewicht zu verlieren, als Sie Ihren Fuß auf die erste Stufe setzten.

Es ist verrückt, aber der Vorgang ist so tief in unserem Denken verankert, dass sich die Rolltreppe in unserer Erwartung bewegt, obwohl wir sehen, dass sie steht. Die Diskrepanz zwischen Erwartung und De-facto-Zustand hat demnach körperliche Auswirkung und zeigt sich durch den Ruck. Ganz automatisch. Sollten Sie das Phänomen nicht kennen, machen Sie den Test. Nehmen Sie die nächste defekte Rolltreppe oder ein Förderband am Flughafen – aber bitte nicht den Notknopf bedienen, nur weil Sie unbedingt die Probe aufs Exempel machen wollen. Sie werden erstaunt sein, was passiert.

Dass wir fälschlicherweise immerzu glauben, alles wahrzunehmen, obwohl wir erwiesenermaßen so eingeschränkt sind, dass wir bloß einen Teil der Wirklichkeit erkennen, ist wohl eine der großartigsten Illusionen unseres Gehirns und die beste Ausgangsposition für uns Zauberkünstler.

Unsere Erwartungen und Denkmuster bestimmen unsere Wahrnehmung. Der Zauber findet ausschließlich in den Köpfen der Zuschauer statt.

Ich verrate Ihnen jetzt einen kleinen Trick. Sie dürfen das nun folgende kleine Zauberkunststück gern vorführen, aber bitte, psst! Sie wissen ja, niemandem weitersagen, wie es geht. Gut, dann werde ich Ihnen jetzt verraten, wie man Tausende – wenn Sie wollen sogar Hunderttausende – einzelner Gegenstände direkt vor den Augen der Zuschauer spurlos verschwinden lassen kann. Klingt nicht schlecht, oder? Nun ja, es geht um den Inhalt eines Zuckerpäckchens. Sprich Hunderttausende von einzelnen Zuckerkristallen. Der Trick basiert auf einem Effekt, den sich die amerikanischen Zauberkünstler Brad Stine und Gregory Wilson ausgedacht haben.[3]

Ihre Zuschauer sehen, wie Sie den Inhalt einer Zuckertüte in Ihre Faust schütten und sich die Zuckerkristalle daraufhin in Luft auflösen und spurlos verschwinden. Über nebenstehenden QR-Code können Sie sich den Trick ansehen.

Der Zuckertütentrick

Das Geheimnis des Kunststücks liegt darin, dass Sie bereits vor dem Kunststück – im Fachjargon nennt man dies Präparation – eines der Zuckertütchen heimlich geleert haben.

- Der erste Schritt besteht also darin, unbemerkt an ein Zuckerpäckchen zu gelangen. Falls Sie gerade in einem Restaurant sitzen und bereits ein Gefäß mit Zuckertütchen auf dem Tisch steht, ist die Situation perfekt. Verhalten Sie sich wie immer. Deuten Sie nichts vom Bevorstehenden an. Bestellen Sie sich einfach eine Tasse Tee oder Kaffee. Die Tatsache, dass Sie nun zum Ständer mit Zuckerpäckchen greifen, wird keine besondere Aufmerksamkeit erregen – Sie brauchen ja schließlich Zucker für Ihr Getränk. Statt einem nehmen Sie gleich zwei Päckchen. Beim Schütteln des Inhalts, bevor Sie es zu öffnen gedenken, lassen Sie eines davon unbemerkt in Ihren Schoß fallen.
- Dann sollten Sie das heimlich aus dem Blickfeld entfernte Zuckerpäckchen unbemerkt entleeren. Sie sollten das nicht unbedingt unter dem Tisch machen, da jemand später dort nachsehen und verräterische Spuren entdecken könnte. Beispielsweise könnten Sie es in aller Ruhe mit auf die Toilette nehmen – nur passen Sie bitte auf, dass Sie dort niemand mit dem Zucker auf der Waschtischablage erwischt, es könnte ein falscher Eindruck entstehen.
- Öffnen Sie nun das Zuckerpäckchen vorsichtig, indem Sie auf der Rückseite oben circa einen Zentimeter unterhalb der Perforierung einen kleinen horizontal verlaufenden Schlitz anbringen. Falls erforderlich, können Sie ein Messer oder eine Gabel zu Hilfe nehmen. Durch diese Öffnung lassen Sie den Zucker unauffällig verschwinden.
- Das leere Zuckerpäckchen, das aber aussieht, als sei es unversehrt, müssen Sie nun wieder unbemerkt in den Ständer zurück-

legen. Das können Sie erreichen, indem Sie erneut eine Tasse Tee oder Kaffee bestellen und so tun, als ob Sie beim Herausnehmen des Zuckerpäckchens versehentlich zwei Pakete erwischt hätten, von denen Sie eines – natürlich das leere – wieder beiläufig zurücklegen. Andere Möglichkeit: Halten Sie das vorbereitete Päckchen locker in Ihrer Hand versteckt und tun Sie einfach so, als ob Sie eines aus dem Ständer ziehen würden. Solange Sie im Vorfeld keinerlei Aufmerksamkeit auf Ihr Tun gelenkt haben, wird niemand Ihre kleine Schwindelei bemerken.

• Nun können Sie mit der Vorführung beginnen: Nehmen Sie das leere Zuckerpäckchen in die Hand und zeigen Sie es. Für die Zuschauer sieht es so aus, als handele es sich um ein normales, sprich volles Zuckerpäckchen.

• Dann reißen Sie das leere Päckchen demonstrativ langsam auf. Wenn Sie den Riss an der Vorderseite genauso anbringen wie den verborgenen Entleerungsschlitz auf der Rückseite – und somit nur durch eine Papierlage reißen –, wird es später keinen Hinweis mehr auf die geheime Präparation geben.

• Beim Aufreißen richten Sie Ihre Augen auf das Päckchen in Ihrer Hand, denn die Aufmerksamkeit der Zuschauer folgt immer Ihrem Blick. Das ist ganz entscheidend. Diese Handlung soll ja schließlich betont werden, um klar zu zeigen, dass das Päckchen vor dem Aufreißen – natürlich, wie wir wissen, nur an der gegenüberliegenden Stelle – noch verschlossen ist.

• Anschließend formen Sie mit der freien Hand eine Faust und tun so, als ob Sie den Zucker aus der Tüte in Ihre Hand schütteten. Da Sie diesen Vorgang nicht betonen möchten, sondern im Gegenteil, eher davon ablenken wollen – es findet in Wirklichkeit ja gar nichts statt –, schauen Sie nicht auf die Faust, sondern blicken Sie Ihre Zuschauer direkt an.

- Tun Sie so, als schütteten Sie noch etwas Zucker nach, um auch die letzten offensichtlich verbliebenen Zuckerkristalle in Ihre Faust zu bekommen. Ab jetzt kann Ihr Blick und damit die Aufmerksamkeit der Zuschauer wieder auf das Päckchen gelenkt werden, denn nun entspricht der reale Zustand – leeres Tütchen – ja auch dem vom Zuschauer erwarteten, so dass es nichts mehr zu verbergen gibt.
- Machen Sie eine magische Bewegung. Das kann auch ein Fingerschnipsen sein oder eine dramatisch wirkende Pause. Die dient dazu, den Höhepunkt, das heißt, den Moment des Effekts dramaturgisch vorzubereiten.
- Dann zeigen Sie stolz durch das Öffnen der Faust, dass alle Zuckerkörnchen restlos verschwunden sind. Perfekt. Und nun genießen Sie die überraschten Gesichter Ihres Publikums!

Der wesentliche Grund, weshalb dieses Kunststück funktioniert, liegt – wie bei dem Beispiel mit der Rolltreppe – in der Erwartungshaltung der Zuschauer. Wenn der Zauberkünstler im Restaurant ein Zuckertütchen aus dem Ständer nimmt, zieht unser Gehirn automatisch die Schlussfolgerung, dass es sich um eine normale, sprich volle Zuckertüte handelt. Es besteht kein Anlass, diese Annahme in Zweifel zu ziehen, daher ist sie für den Zuschauer Realität.

Gerade junge Zauberlehrlinge begehen bei diesem Trick häufig einen klassischen Anfängerfehler, indem sie betonen: »Schauen Sie, hier habe ich eine normale, nichtpräparierte Zuckertüte!« Ein Kardinalfehler. Durch diese Aussage wird die Aufmerksamkeit auf etwas gelenkt, das überhaupt nicht in Frage gestellt worden ist. Und der ein oder andere Zuschauer wird plötzlich darüber nachdenken, ob es sich wirklich um eine normale, unversehrte Zuckertüte handelt. Deshalb folgender Rat, der auch für unser wahres Leben gilt: »Don't run, if nobody is chasing you.« Warum sollen wir uns für etwas rechtfertigen, obwohl niemand etwas angezweifelt hat? Vielleicht kommt Ihnen das auch bekannt vor. Viele Menschen lenken die Aufmerksamkeit auf eine ihrer Schwächen, obwohl diese sonst nie aufgefallen wäre. Wenn sie sich beispielsweise vor einer Rede entschuldigen, dass Sie sich nicht ausgiebig vorbereiten konnten, dann wird sicher jeder Zuhörer kleine daraus resultierende Schwächen bemerken.

Wer die Denkmuster kennt, ist klar im Vorteil

Zu wissen, welchen Denkmustern unsere Mitmenschen folgen, kann uns erhebliche Vorteile verschaffen. Zum einen können wir, wie bei einem Schachspiel, zukünftige Züge und Handlungen unserer Gegenüber voraussehen. Zum anderen kann es für uns vorteilhaft sein, wenn wir ganz bewusst mit deren Erwartungshaltung und Denkmustern brechen. Ich gebe Ihnen ein praktisches Beispiel. Getreu der alten Kung-Fu-Weisheit »Wirf dich vor deinem Angreifer zu Boden, liege gekrümmt in der Haltung eines Embryos, schluchze und küsse die Spitze seiner Schuhe« ist meinem bekannten englischen Kollegen Derren Brown folgende unglaubliche Geschichte passiert.[4]

Wie es in manchen Teilen Großbritanniens zu später Stunde durchaus vorkommen kann, sah sich Derren auf offener Straße mit einem aggressiven Betrunkenen konfrontiert, der sich ihm mit den Worten näherte: »Was zur Hölle starrst du mich an?« Anstatt darauf einzugehen, entspannte Derren sein Gesicht und sagte mit einem Lächeln: »Die Mauer um mein Haus ist nicht 1,20 Meter hoch.« Der Angreifer hielt inne und fragte verdutzt: »Was?« Derren führte in ruhigem Ton weiter aus: »Die Mauer meines Hauses ist nicht 1,20 Meter hoch, aber ich habe eine Zeit in Spanien gelebt, und die Mauern dort sind wesentlich höher.« Diese völlig aus dem Kontext gerissene Reaktion entsprach so gar nicht der Erwartungshaltung des Angreifers und stieß diesen derart vor den Kopf, dass er paralysiert innehielt. In Zuständen der Verwirrung sind Menschen hochgradig suggestibel. Da mein Kollege auch noch ein exzellenter Hypnotiseur ist, nutzte er den Zustand des Angreifers aus und suggerierte ihm, dass seine Beine nunmehr einige Minuten lang auf dem Asphalt festkleben würden, und konnte sich so in aller Ruhe entfernen.

Gefangen in den eigenen Denkmustern

Manche Überzeugungen und Erwartungen sind gefährlich. Sie sind so fest in uns verankert, dass sie unsere komplette Weltsicht bestimmen und einschränken, dies gilt vor allem für jede Art von fanatischer, auch religiöser Überzeugung.[5] Statt offen für Neues zu sein, suchen wir meist Bestätigung darin, zu erfahren, was wir ohnehin schon wissen. Denn wenn Sie von etwas überzeugt sind, nimmt Ihre Urteils- und Kritikfähigkeit extrem ab. Bevor Sie bereit sind, Ihre Denkmuster zu verändern, versuchen Sie alles, um diese Wendung abzuwehren. Was nicht passt, wird eben passend gemacht.

Wir sind in unseren Denkmustern gefangen
und merken es nicht einmal.

Das zeigt eindrucksvoll folgendes Experiment zum Thema »Choice Blindness«.[6] Probanden wurden Fotos von zwei unterschiedlichen Frauen gezeigt. Beide besaßen nach wissenschaftlichen Kriterien ein vergleichbares Maß an Attraktivität. Die Versuchspersonen wurden gebeten, sich für das Foto zu entscheiden, das sie für attraktiver hielten. Die Fotos wurden sodann mit der Bildseite nach unten gedreht und anschließend mit Hilfe eines Zaubertricks unbemerkt vertauscht. Als die Probanden das Foto wieder betrachteten, bemerkten weniger als ein Drittel der Testpersonen, dass sie nicht das ursprünglich präferierte, sondern das eigentlich abgelehnte Bild in den Händen hielten. Wie es das Experiment verlangte, legten die Probanden, welche den Tausch nicht bemerkt hatten, nun die Gründe ihrer Wahl dar. Die Aussagen waren sehr überraschend: Ein Mann gab an, dass er auf blond stehe und daher das Bild mit der blonden Frau ausgewählt habe, in Wahrheit hatte er sich jedoch für die dunkelhaarige Schönheit entschieden. Eine Frau rechtfertigte ihre Wahl damit, dass sie die Ohrringe schön gefunden habe, dabei trug die ursprüngliche gewählte Person keinerlei Schmuck. Alle Versuchspersonen rechtfertigten immer die Wahl, die sie glaubten, selber getätigt zu haben, und begannen munter zu konfabulieren, was bedeutet, dass sie ihre Gedächtnislücken mit objektiv falschen Angaben anfüllten, ohne sich dessen bewusst zu sein.

Unglaublich – der blinde Fleck unseres Gehirns

Da wir uns zum Großteil auf Annahmen verlassen müssen, sind wir anfällig für Täuschungen und Manipulationen. So geschehen Dinge direkt vor unseren Augen, die für uns dennoch unsichtbar sind. In der Wissenschaft bezeichnet man dieses Phänomen als Inattentional Blindness. Selbst Veränderungen, die direkt vor Ihrer Nase geschehen, nehmen Sie nicht wahr.

Bevor Sie weiterlesen, habe ich noch eine große Bitte: Falls Sie die Möglichkeit haben, scannen Sie mit Ihrem Smartphone nebenstehenden QR-Code ein. Wenn nicht, finden Sie auf Seite 298 die entsprechenden Links zu dem Videoclip. Er wird Sie nachhaltig beeindrucken, das verspreche ich Ihnen. Also, bitte legen Sie Ihr Buch zur Seite. Sie dürfen gespannt sein auf das, was jetzt passiert.

Willkommen zurück! Für diejenigen, die trotzdem lieber weiterlesen, hier die Erläuterung eines anderen Experiments, um Sie auf denselben Wissensstand zu bringen: Dan Simons – der Erfinder des berühmten Gorilla-Versuchs, bei dem der Filmzuschauer den Gorilla nicht bemerkt, obwohl dieser quer durch das Bild läuft und ihm zuwinkt, was Sie vielleicht soeben im Video gesehen haben – entwickelte ein weiteres verblüffendes Experiment, welches die Change Blindness beeindruckend unter Beweis stellte: Schauplatz des Versuchs war ein Universitätsgelände. Ein Student näherte sich einem Professor mit einer Karte des Universitätscampus und fragte ihn nach dem Weg zu einem Hörsaal. Während der Professor damit beschäftigt war, mit Hilfe des Planes dem Studenten den Weg zu beschreiben, fand ein unbemerkter Austausch statt. Hierzu passierten zwei Handwerker mit einem großen rechteckigen Gebilde – wie eine Tür oder ein Gemälde – die Szenerie. Hinter dem Objekt verbarg sich ein anderer Student, der sich hinsichtlich des äußeren Erscheinungsbildes erheblich vom ursprünglichen Fragesteller unterschied. Beide Personen tauschten nun blitzschnell und vom Professor unbemerkt die Plätze, indem der ursprüngliche Fragesteller hinter der Deckung verschwand und der andere an seine Stelle trat. Es scheint unglaublich, aber als der Professor von seiner Karte aufschaute, registrierte er den Wechsel nicht.[7]

Dieses Experiment wurde in zahlreichen Variationen durchgeführt und weiter auf die Spitze getrieben, selbst extreme Wechsel, wie eine andere Sprache oder sogar ein anderes Geschlecht, blieben unbemerkt.

Hier stimmt etwas nicht ...

In aufwendig produzierten Hollywoodfilmen finden sich zahlreiche, nicht gleich erkennbare sogenannte Anschlussfehler oder Anachronismen. Hier meine persönlichen Highlights:

• Im James-Bond-Film »Diamantenfieber« kippt Sean Connery bei einer wilden Verfolgungsjagd seinen Mustang gekonnt auf die rechten Räder, um durch eine enge Gasse fahren zu können. In der nächsten Einstellung sieht man den Wagen wieder aus der Gasse herauskommen, unglaublicherweise fährt er jedoch jetzt auf den linken Rädern und das, obwohl die Gasse viel zu eng für einen »Reifenwechsel« war.

• Auch Daniel Craig verfügt als Doppelnullagent offenbar über Zauberkräfte, denn als er in »Casino Royal« in seinen Aston Martin steigt, um einen großen Briefumschlag zu öffnen, bleibt die Autotür geöffnet. Als er anschließend seine Pistole aus dem Handschuhfach holt und durchlädt, ist die Tür geschlossen. Er kann jedoch kurz darauf aussteigen, ohne die Tür öffnen zu müssen – einfach magisch 007!

• Selbst im Klassiker »Casablanca« sind einige solcher Anschlussfehler versteckt. Rick stößt ein Weinglas um und als er es aufhebt, hat es sich in ein Whiskeyglas verwandelt. Auch die große Flasche auf dem Tisch im »Blue Parrot«, als Rick Signor Ferrari zum ersten Mal trifft, verschwindet mit Verschluss und erscheint plötzlich wieder, allerdings ohne denselben.

• In der legendären Szene aus »Basic Instinct«, in der Sharon Stone beim Verhör ihre Beine übereinanderschlägt, hält sie mal eine Zigarette in ihrer rechten Hand und mal nicht. Okay, ich gebe zu,

> hierbei handelt es sich zumindest für die männlichen Zuschauer wohl eher um die weiter unten erwähnte Ablenkung als um Change Blindness. Wer achtet in diesem Moment schon auf eine Zigarette?

Ich bin mir sicher, dass Sie einige der oben stehenden Filme gesehen haben und wahrscheinlich keines der erwähnten Details bemerkt haben. Wir Zauberkünstler wissen diesen Umstand zu unserem Vorteil zu nutzen. Magier können deshalb ihren Zuschauern immer einen Schritt voraus sein, ohne dass sie etwas merken. Eine wichtige Voraussetzung dafür, dass wir Dinge nicht bemerken, obwohl sie direkt unter unseren Augen geschehen, ist: logischer und stetiger Fluss der Handlung, damit vom Zuseher fortwährend folgerichtige Annahmen getroffen werden können. Gleichzeitig wird die Verengung des Zuschauerfokus provoziert. Entweder durch Forderung nach Konzentration auf etwas Bestimmtes oder durch Reizüberflutung, wie beispielsweise im Film bei einer Verfolgungsjagd. Im richtigen Fluss und mit der richtigen Fokussierung können sogar bedeutsame Kleinigkeiten ganz einfach unsichtbar gemacht werden. Vielleicht haben Sie auch schon mal einen Vertrag unterschrieben, ohne diesen richtig gelesen oder auf das Kleingedruckte geachtet zu haben. Grund dafür ist oft, dass der Fokus als logische Folge des Verhandlungsprozesses auf wenige scheinbar zentrale Punkte und die Unterschrift gelenkt wird.

Machen Sie sich immer bewusst, dass Ihre Wahrnehmung beschränkt ist. Und die der anderen auch. Im richtigen Fluss und mit der richtigen Fokussetzung können sogar »große Kleinigkeiten« ganz einfach unsichtbar gemacht werden.

Das zweite Prinzip der Zauberei:
nur Übung macht den Zaubermeister

Zauberkünstler verbringen Stunden, Jahre, wenn nicht Jahrzehnte damit, zu Hause im stillen Kämmerlein, vor dem Spiegel und vor Videokameras ihre Kunststücke einzuüben. Dabei geht es jedoch nicht nur um die bloße Tricktechnik, das Handwerk, sprich die Fingerhaltung und Bewegungsabläufe, sondern vielmehr um die gesamte Präsentation.

Natürlichkeit ist harte Arbeit

Ein Zauberer, der auf der Bühne steht und das permanente Gefühl hat, etwas verbergen zu müssen (was ja tatsächlich auch so ist), und sich dabei wie ein tricksender Betrüger fühlt, hat wenige Chancen, sein Publikum wahrhaftig zu begeistern. Von Meisterklasse-Musikern ist der Ausspruch bekannt, dass die wahre Kunst erst dann beginnt, wenn das Instrument den Musiker spielt und nicht umgekehrt. Beim Magier gilt sinngemäß das Gleiche. Erst wenn der Täuschungskünstler einen derartigen Grad an Perfektion erreicht hat, dass er selber in der Lage ist, den Trick zu vergessen und die Magie zu spüren, kann er dieses Gefühl auch glaubhaft auf seine Zuschauer übertragen. Das Geheimnis wahrhaftiger Perfektion ist, durch ständiges und diszipliniertes Üben zu Natürlichkeit, Leichtigkeit und Lockerheit zu finden. Zum Aufwärmen eine kleine Übung für Sie.

Kleine Münzakrobatik

• Machen Sie sich den Spaß und üben Sie eine kleine Basistechnik ein, die es Ihnen erlaubt, eine Münze unbemerkt in Ihrer Hand zu verbergen: Nehmen Sie zu Anfang eine nicht zu kleine Münze, zum Beispiel einen dieser goldenen Schokotaler, in Ihre Hand und positionieren Sie sie in der Mitte des Handtellers.

• Anschließend spannen Sie Ihren Daumenballen und Ansatz des kleinen Fingers so an, dass das Geldstück zwischen den beiden Ballen dieser Finger in der Mitte Ihres Handtellers eingeklemmt und gehalten wird. Diese Haltung nennt man im Fachjargon eine klassische Palmage.

• Jetzt können Sie die Hand bewegen, ohne dass die Münze herausfällt (siehe Abbildung).

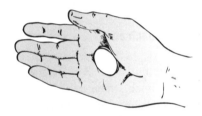

• Dies waren die technischen Grundlagen der Vorführung, doch jetzt geht der Spaß erst richtig los. Stellen Sie sich vor den Spiegel und versuchen Sie, die Hand, in der sich die Münze befindet, nicht angespannt, sondern möglichst natürlich aussehen zu lassen. Gar nicht so einfach, oder? Meist wird schon Ihre keinesfalls harmonische Körpersprache verraten, dass irgendetwas nicht stimmt. Schon ein verkrampfter Finger, ein angespannter Unterarm oder auch eine schiefe Körperhaltung kann darauf hindeuten, dass Sie etwas zu verbergen haben.

Entspannt und natürlich zu wirken in einer Situation, in der man Stress empfindet, sich eigentlich unwohl fühlt, weil man weiß, dass man etwas zu verbergen hat, ist äußerst schwierig. Zauberkünstler sind Meister dieses Fachs und müssen sich wie Hochleistungssportler täglich darin üben. Es kommt nicht selten vor, dass sie zu Trainingszwecken eine Münze den ganzen Tag in der Hand behalten – bei allem, was sie gerade tun. Solange, bis sie vergessen, dass sie da ist.

Versuchen Sie es doch auch einfach einmal. Sie werden merken, dass ab dem Moment des Vergessens auch automatisch Ihre Körperhaltung lockerer wird und Sie entspannt und glaubwürdig wirken. Erst in diesem Moment wird die Münze wirklich unsichtbar und ist nicht mehr vorhanden, jedenfalls für die Zuschauer.

Nur mit Proben ganz nach oben

Nach dem Üben kommt das Proben. Denn geprobt wird erst und vor allem auch noch, wenn man eigentlich schon alles kann. Ziel ist es, wie beim sportlichen Training, durch zahllose Wiederholungen eine Automation zu erreichen. Irgendwann geht dann alles wie von selbst, was Sie in die Lage versetzt, sich gleichzeitig mit anderen Dingen zu beschäftigen. So können sich gute Redner während ihres Vortrages auf ihr Publikum konzentrieren und dadurch ihre Wirkung deutlich steigern.

Trainieren Sie Situationen, in denen Sie überzeugen müssen, daher am besten so, wie sich diese später in der Realität darstellen werden. Fällt es Ihnen zum Beispiel schwer, vor Leuten einen Vortrag zu halten, lesen Sie Ihr Skript laut vor und gehen Sie die Rede keinesfalls bloß in Gedanken durch – auch wenn Sie zunächst nur vor dem Spiegel oder der Videokamera üben. Wenn möglich, tragen Sie Ihre Rede einem Testpublikum vor und holen danach die Meinung der Zuhörer ein. Wenn Sie kontinuierlich und gezielt an Ihren Schwächen arbeiten, werden Sie schnell deutliche Fortschritte erzielen. Bei einem wichtigen Vortrag können Sie auch die Unterstützung eines Profis suchen, eine Stunde bei einem guten Coach wird sich bestimmt auszahlen.

Falls Sie sich grundsätzlich in der freien Rede unsicher fühlen, nutzen Sie alle Gelegenheiten, um frei vor einer Gruppe zu sprechen. Beim Elternabend, bei der Geburtstagsfeier oder auf dem Vereinsabend, selbst kleinere Beiträge machen Sie sicherer und redegewandter.

Meiner Meinung nach ist jeder Auftritt zugleich auch eine Probe. Man lernt stetig dazu, und gerade durch die Praxis wird man besser und besser. Wenn mich junge Zauberkollegen nach einem Erfolgsrezept fragen, dann antworte ich immer: »Mach so viele Auftritte, wie du kannst. Es gibt nichts Besseres zum Trainieren.«

Wer aufhört, besser zu werden, verabschiedet sich davon, gut zu sein. Aber: Wer den Mut und die Eigeninitiative aufbringt, Bestehendes konsequent zu hinterfragen und sich ständig zu verbessern, wird zum Meister seines Fachs.

Ach so, falls Sie die Münze jetzt noch immer in Ihrer Hand versteckt halten sollten, können Sie gern und jederzeit hinter irgendein Ohr greifen und die Münze auf diese Weise dort erscheinen lassen. Sollte der Schokoladentaler nicht zwischenzeitlich geschmolzen sein, werden Ihnen vor allem Ihre jungen Zuschauer diesen Trick mit großer Begeisterung danken.

Das dritte Prinzip der Zauberei:
geheime Tricks und Methoden anwenden

Natürlich haben Zauberkünstler ein großartiges und vielseitiges Arsenal an diversen Tricktechniken zur Verfügung, um ihre Effekte zu erzielen. Oftmals gilt sogar, dass ihnen grundsätzlich kein Aufwand zu hoch ist, um noch so unmögliche Effekte doch irgendwie ermöglichen zu können. Die Detailverliebtheit und Effektbesessenheit kennt kaum Grenzen. Dem Publikum ist nur in den seltensten Fällen klar, was tatsächlich hinter einer Nummer steckt. Denn in der Vorführung soll ja schließlich alles federleicht aussehen. Grundsätzlich gilt das folgende Credo:

(Fast) alles ist erlaubt

Zur Verdeutlichung eine wahre, aber unglaubliche Geschichte, die sich 2000 auf der Weltmeisterschaft der Magier in Lissabon ereignete: Alle drei Jahre treffen sich mehrere tausend Zauberer aus den unterschiedlichsten Teilen der Welt zum sogenannten Kongress der FISM, der Fédération Internationale des Sociétés Magiques. Neben einem großen Wettbewerb, der in etliche Kategorien unterteilt ist, finden Galashows, Seminare und Workshops statt. Es gibt dazu noch eine Verkaufsmesse, auf der sich allerlei schräge Accessoires wie Federblumen und Glimmerkästen für teures Geld erstehen lassen.

Die Stimmung bei einer solchen Veranstaltung ist, sagen wir mal, besonders. Auf der Händlermesse kann es schon mal passieren, dass es an allen Ecken knallt, zischt oder unvermittelt Feuerblitze leuchten oder Rauchschwaden aufsteigen. Mittendrin sieht man neben völlig normal gekleideten Menschen auch Leute in exotischen Gewändern, mit spitzen Hüten, langen Bärten oder eigenwillig hochgegelten Haaren. Die Zauberelite der Welt war also in der portugiesischen Hauptstadt versammelt, und es war ein Kollege aus Argentinien, der Kongressgeschichte schreiben sollte. Der Zauberer war engagiert worden, um ein Seminar abzuhalten. Normalerweise verlaufen solche Veranstaltungen so, dass ein Kunststück zunächst vorgeführt und im Anschluss daran im Detail erklärt wird. In der Regel haben die Profis unter den Magiern meist schon während der Vorführung eine Ahnung davon, wie ein Kunststück funktionieren könnte.

Hier verlief alles aber ein bisschen anders. Der Zauberer legte ein paar Münzen und ein gefaltetes Papierschiffchen auf den Boden, und plötzlich begannen sich die Gegenstände wie von Geisterhand zu bewegen. Selbst in unterschiedliche Richtungen konnte er die Dinge über den Boden wandern lassen. Die versammelten Fachkollegen waren verblüfft, und keiner der Anwesenden hatte auch nur ansatzweise eine Vermutung, wie das Kunststück funktioniert haben könnte. Doch erst die folgende Erklärung sorgte für unfassbares Staunen und offene Münder unter den fachkundigen Zuschauern.

Im Plauderton erzählte der argentinische Zauberer, dass er diesen Trick mit Hilfe kleiner Assistenten vorführe. Er hatte dazu Käfer und Insekten mitgebracht und zeigte uns, wie er die winzigen Tierchen vor der Vorstellung unter die Objekte geklebt hatte. Alle Sympathie und freudige Erwartung war bei dieser Auflösung mit einem Schlag dahin. Obwohl – wie ich eingangs betonte – Zauberkünstlern beinahe jedes Mittel recht ist, um einen Effekt zu erreichen, ging das entschieden zu weit. Über den Trick, bei dem Hasen aus Zylindern gezaubert werden, lässt sich zwar auch streiten, aber das hier war eindeutig Tierquälerei und nicht zu tolerieren. Heftige Kritik gegenüber dem Argentinier ließ auch nicht lange auf sich warten, auch wenn sie bei ihm wenig zu fruchten schien. Ich erspare Ihnen und mir zu erzählen, was er später noch mit einem Kartenspiel und einem Frosch anstellte ...

Grundsätzlich ist zwar fast jedes Mittel erlaubt, um einen gewünschten Zieleffekt zu erreichen. Arbeiten Sie taktisch und mit Tricks, aber beachten Sie bitte, dass es Grenzen gibt, die dort beginnen, wo das Wohl anderer in Mitleidenschaft gezogen wird.

Doch scheint es tatsächlich so etwas wie eine ausgleichende Gerechtigkeit zu geben. Besagter Künstler trat ein paar Tage später in der großen Abschlussgala auf. Er wollte unter erschwerten Bedingungen eine bestimmte Spielkarte aus einem Kartenspiel herausfinden. Erschwerte Bedingungen bedeutete hier: ein über zwei Meter hoher quadratischer Plexiglasbehälter, welcher bis zum Rand mit Wasser gefüllt war. Das gründlich gemischte Kartenspiel wurde in das Bassin gegeben, und der Künstler stürzte sich mit einem Ziegelstein beschwert kopfüber von einer Leiter ins Wasser. Dann geschah das Unglück: Der offenbar kurz vor der Show zusammengeklebte Wassertank hielt nach dem Eintauchen dem Wasserdruck nicht stand und zerbarst in seine Einzelteile. Tausende von Litern Wasser ergossen sich auf die Bühne, und auch das Publikum in den ersten Reihen wurde unfreiwillig geduscht. Der Künstler blieb bei dieser Aktion unverletzt, jedoch alle seine Insekten und Frösche dürften sich über diese Blamage köstlich amüsiert haben.

Mission »Ablenkung«

Wie jeder weiß, gehört die Ablenkung zu den wichtigen Handwerkszeugen des Zauberkünstlers. Doch der Begriff Ablenkung beschreibt nur einen kleinen Teil dessen, worum es in Wahrheit geht. Es geht vielmehr um Lenkung der Aufmerksamkeit.

Das Hinlenken der Aufmerksamkeit auf bestimmte Dinge ist mindestens ebenso wichtig wie das Weglenken von etwas.

Wir leben in einer Informationsgesellschaft. Allein durch das Internet steht uns permanent eine Fülle von Informationsmöglichkeiten mit schier unfassbarem Informationsgehalt zur Verfügung. Was wir wahrnehmen, hängt also nicht vom gerade verfügbaren Wissen, sondern vielmehr von der Tatsache ab, worauf wir unsere Aufmerksamkeit richten, sprich von dem, was wir wahrnehmen wollen. Gerade weil unsere bewusste Wahrnehmung aber stark begrenzt ist, sind also neben den vielen Dingen, die wir sowieso nicht wahrnehmen, Dinge, die wir wahrnehmen, besonders wichtig. Das heißt: Wenn ich nicht gesehen habe, dass der Zauberer einen Apfel in der Hand hält, so bin ich auch nicht verblüfft, wenn die Hand plötzlich leer ist.

Wenn Sie also in der Lage sind, Aufmerksamkeit zu lenken, haben Sie eine ungeheure Geheimwaffe in der Hand. Sie können Stärken betonen und von Schwächen ablenken, dies gilt für Politiker auf einer Wahlveranstaltung genauso wie für Verkäufer während eines Kundengesprächs oder für Examenskandidaten in einer Prüfungssituation.

Wie ohne großen Aufwand und dennoch effektiv die Lenkung der Aufmerksamkeit im Alltag funktionieren kann, zeigt folgende Geschichte. Sie stammt von meinem großartigen spanischen Kollegen Juan Tamariz und hat sich auf einer Reise in die USA zugetragen. Juan hatte sich einen Mietwagen reserviert und bemerkte erst kurz vor der Anmietung des Fahrzeugs, dass sein Führerschein abgelaufen war.

Nun versuchen Sie mal in den USA mit abgelaufenem Führerschein ein Fahrzeug zu mieten, normalerweise ein Ding der Unmöglichkeit, nicht aber für Juan. Er trat der Frau am Mietwagenschalter mit einem völlig verzweifelten Gesichtsausdruck gegenüber und sagte: »Oje, hier ist ein riesengroßer Fehler in meinem Führerschein. Man hat sich verschrieben, und ich weiß nicht, was ich jetzt machen soll. Es heißt dort, mein Name sei Tamariz (das ist sein richtiger Name), aber mein Name ist Tamaraz (dieser Name ist erfunden). Was für ein Fehler, was soll ich denn jetzt nur machen?« Die nette und hilfsbereite Dame am Counter hatte sofort Mitleid mit dem scheinbar verstörten älteren Mann und beruhigte ihn: »Das macht doch nichts, Sie können trotzdem ein Auto bekommen.« Das Ablaufdatum des Führerscheins war völlig außerhalb ihrer Wahrnehmung, die Ablenkung hatte funktioniert.

Gerade Zauberkünstler verstehen es, das Prinzip »Ablenkung« sehr subtil einzusetzen. Aber, wie wir gesehen haben, sind auch im alltäglichen Leben solche Methoden einsetzbar. Hier ein paar Grundregeln:

Gekonnt (um)leiten

- **Die Augen folgen dem Blick.** Man sagt, die Augen seien der Spiegel der Seele. Allein schon die bloße Tatsache, dass Sie auf einen bestimmten Punkt schauen, zeigt, worauf Sie Ihre Aufmerksamkeit gerade richten und womit Sie sich beschäftigen, möglicherweise sogar, was Sie in diesem Moment denken. Der schottische Zauberkünstler John Ramsey sagt, wenn Sie wollen, dass sich jemand etwas ansieht, dann müssten Sie einfach selber hinschauen. Jeder folgt nämlich reflexartig dem Blick des anderen. Pure Neugierde ist das.

Machen Sie sich den Spaß, stellen Sie sich in die Fußgängerzone und schauen Sie zum Himmel empor. Sie werden sich wundern, wie viele Unbeteiligte Ihrem Blick folgen werden. Wissenschaftler haben diesen Effekt sogar unter Verwendung von gezeichneten Augen in Cartoons nachweisen können; bei eckigen Roboteraugen funktioniert er allerdings nicht.[8]

- **Die Augen folgen immer der Bewegung.** Dieses Verhalten ist beinahe schon reflexartig in unserem Inneren verankert und hängt wahrscheinlich mit unserem Überlebensinstinkt zusammen, der uns vor plötzlichen Gefahren wie heranfliegenden Objekten oder Angriffen beschützen will. Wir wollen unser Gehirn – und damit uns selbst – ja möglichst konkret über eine plötzliche Gefahr ins Bild setzen.

- **Die größere Bewegung verdeckt immer die kleinere.** Passieren zwei Sachen gleichzeitig, verdeckt die bedeutsamere und schnellere Bewegung die unbedeutsamere und langsamere. Taschendiebe schwören darauf. Grundregel: Wenn diese Leute mit der einen Hand großräumig und wild gestikulieren, gleitet die andere unbemerkt in Ihre Manteltasche, um Ihr Portemonnaie zu kriegen. Auch Kinder reagieren wunderbar auf solche Reize. Sie wollen beispielsweise ein Feuerzeug vom Tisch verschwinden lassen: Werfen Sie mit der einen Hand einen Ball in die Luft und lassen mit der anderen Hand mit einer kleinen, kurzen Bewegung das Feuerzeug verschwinden.

• **Off-Beat-Sekunde nutzen.** Im Moment der Entspannung, der jeder Anspannung folgt und auch Off Beat genannt wird, sind wir quasi schutzlos ausgeliefert und besonders anfällig für Täuschung, Manipulation oder Schockeffekte. Letztere kennen wir aus Horrorfilmen, wenn der Protagonist angstvoll das Zimmer betritt und erleichtert feststellt, dass es leer ist – und dann doch plötzlich das Monster hinterm Schrank hervorspringt.

• Durch gezieltes **Wechselspiel zwischen Anspannung und Entspannung** können wir so die Aufmerksamkeit unserer Mitmenschen steuern. Auch Witze und andere Überraschungsmomente sind die wahren Meister, wenn es um das Schaffen von Off-Beat-Sekunden geht. Im Wechselspiel zwischen Anspannung und Entspannung gilt: Je größer die Anspannung oder der Überraschungseffekt ist, desto mächtiger ist der darauf folgende Off Beat. Bei einem Fußballspiel ist daher für Taschendiebe der Moment des Torjubels eine besonders gute Gelegenheit, um zuzuschlagen.

• **Aufmerksamkeit halten.** Informationsfluss und Abwechslung sind hier gefragt. Meister dieser Disziplin sind die Fernsehmacher. Achten Sie beim nächsten Mal auf die Schnittfolge Ihrer Lieblingstalkshow. In der Regel dauert keine Einstellung länger als zehn Sekunden, so dass dem Zuschauer immer neue visuelle Eindrücke geboten werden, auch wenn eigentlich gar nichts passiert.

Nutzen Sie Ablenkung positiv für sich, indem Sie sich selber von bestimmten Dingen ablenken. Dies kann dadurch passieren, dass Sie einfach nicht hinsehen und bewusst bestimmte Gedanken vermeiden oder sich mit etwas anderem beschäftigen. Denn nichts wirkt schneller, wenn man Sorgen, Probleme oder Liebeskummer hat, als sich einfach abzulenken, indem man sich mit etwas anderem beschäftigt, und zwar sehr intensiv. Bitte beachten Sie, dass es hierbei – medizinisch gesprochen – lediglich um eine Linderung der Symptome und nicht um eine Behandlung der Ursache geht. Wir wissen: Manchmal heilt auch die Zeit Wunden – ganz von selbst, wie von Zauberhand. So kann also auch die pure Ablenkung einen sinnvollen und wichtigen Beitrag zur Heilung leisten.

Priming & Co.

Eine andere wahrlich großartige Geheimwaffe aus der Psycho-Trickkiste der Zauberkünstler ist das sogenannte Priming. Darunter versteht man die oft nonverbale Beeinflussung durch einen vorausgehenden Reiz, welcher implizit Gedächtnisinhalte aktiviert. Dadurch können bestimmte Gedanken oder Verhaltensweisen unbewusst suggeriert werden. Nebenstehender Clip veranschaulicht die Möglichkeiten dieser Technik. Eine Methode zu primen kann schon das mehrfache Wiederholen einer Handlung, etwa das mehrmalige, gleichartige In-die-Luft-Werfen eines Balls, darstellen. Wenn ich diesen dann nach einer Zeit nicht nach oben werfe, sondern in der Hand behalte, haben viele Zuschauer trotzdem den Eindruck, er wäre erneut geworfen worden, und sie denken seltsamerweise, er sei irgendwie mitten im Fliegen verschwunden.[9] Zu diesem Phänomen ein kleines Beispiel. Beantworten Sie die folgenden Fragen schnell und laut:
• Welche Farbe haben die Wolken?
• Welche Farbe haben Eisbären?
• Welche Farbe hat Schnee, welche Farbe hat Schlagsahne? Was trinken Kühe?

Falls Sie auf die letzte Frage mit Milch geantwortet haben, so wurden Sie durch die vorherigen Antworten einfach auf Weiß konditioniert. Kühe trinken doch Wasser, oder?

Auch scheinbar unbedeutende Kleinigkeiten können große Wirkung haben.

Die Werbung arbeitet gern mit solchen Methoden. Die Teilnehmer einer Studie wurden unterbewusst mit dem Wort »Lipton Ice« geprimt, als dieses unmerklich für lediglich 24 Millisekunden auf einem Computerbildschirm aufleuchtete. Als ihnen später ein Getränk angeboten wurde, entschieden sich diejenigen, die durstig waren, tatsächlich für das mit dem Namen »Lipton Ice« geprimte Teegetränk. Ganz freiwillig, wie sie meinten. Obwohl die Ergebnisse dieser Studien umstritten sind, spricht einiges dafür, dass kleine Beeinflussungen möglich sind. Sprich, dass sich ein durstiger Eistee-Trinker für den geprimten Eistee statt für eine andere Marke entscheiden würde. Der Effekt von unterbewusster Werbung funktioniert, ist aber so klein, dass es oftmals den hohen Aufwand nicht zu rechtfertigen scheint.[10] Zauberkünstler nutzen diese Möglichkeiten des Priming – natürlich für ihre Zwecke. Ein klassisches Beispiel, wie jedem durch Priming ein falscher Gedankengang untergeschoben werden kann – und damit der erste Schritt zu einer manipulierten Erinnerung vollzogen wird –, ist das sogenannte Yes-Setting. Angenommen der Zauberkünstler hat Sie aus einem gemischten Kartenspiel eine Karte ziehen lassen. Sie sollen sich diese merken und an einen ganz *bestimmten* Ort im Spiel zurücklegen. Er wird die Rekapitulation des Geschehen nutzen, um

Sie zu primen und Ihnen einen falschen Gedankengang unterzuschieben. Er wird betonen:

• »Die Karten waren gemischt?«, dabei wird er mit dem Kopf nicken und Ihre Bestätigung abwarten – das war ein wahres Statement.

• »Sie haben sich frei irgendeine Karte ausgesucht?«, wieder wird er selbst mit dem Kopf nicken und Ihre Bestätigung abwarten – das war ja wiederum auch eine wahre Aussage.

• »Sie haben sich die Karte gemerkt?«, wird er dann fragen, wieder mit dem Kopf nicken und Ihre Bestätigung abwarten – das war erneut eine wahre Feststellung.

• »Und danach haben Sie die Karte irgendwo in das Spiel zurückgesteckt?«, wieder erfolgt ein Kopfnicken und das Warten Ihrer Bestätigung. Die Aussage entspricht jedoch ganz und gar nicht der Wahrheit, denn der Zuschauer hatte die Karte eben nicht irgendwohin zurückgesteckt, sondern war exakt den indirekten Anweisungen des Magiers gefolgt und hatte sie an die Position gelegt, an der dieser sie haben wollte. Durch das vorherige Primen mit dreimaliger Bestätigung durch das Wörtchen Ja nimmt der Zuschauer aber auch die letzte Aussage als wahr an und wird sie mit einem Ja bestätigen. Dadurch, dass dieses Ja sogar selber ausgesprochen wurde, hatte er sich eine eigene Realität geschaffen und wird den gesamten Vorgang so verfälscht in Erinnerung behalten. Sie waren soeben Zeuge einer astreinen Manipulation, spooky, nicht wahr?

Achtung: Auch Verkäufer lieben diese Technik. Werden Sie also misstrauisch, wenn man Sie zu oft hintereinander mit Ja antworten lässt. Ob Sie eine solche Masche selbst praktizieren wollen, sollten Sie sich gut überlegen.

Wissenschaftler haben unglaubliche Effekte des Primings herausgefunden: Priming bewirkt, dass wir gewisse Assoziationen, die damit in Zusammenhang stehen, aus den Tiefen unseres Unterbewusstseins näher an die Oberfläche unseres Gedächtnisses holen. Dieser Effekt hält übrigens eine längere Zeit an, auch wenn wir die bewusste Wahrnehmung des geprimten Wortes oder Gegenstandes längst vergessen haben oder dies nur auf unbewusster Ebene erfolgt ist. Ohne dass wir es merken, werden wir so den ganzen Tag durch die Eindrücke um uns herum geprimt und beeinflusst. Diese bestimmen, was wir gerade denken, und das beeinflusst auch, was wir in Zukunft wahrnehmen werden. Der Einfluss auf unser Denken und unsere Wahrnehmung ist also immens. Faszinierend sind auch jene Forschungsergebnisse, die belegen, dass die bloße Wahrnehmung einer bestimmten Person auf einem Foto ausreicht, deren Wesenszüge bei uns zu primen und ein Stück weit sogar auszulösen.

So verlangsamten Menschen ihr Lauftempo, nachdem sie unbemerkt durch Begriffe, die im Zusammenhang mit älteren Menschen stehen, wie »traditionell, pensioniert, weise, vorsichtig«, geprimt worden sind. Sie haben unbewusst ein Merkmal älterer Menschen angenommen.[11] Ein gleiches Ergebnis erzielte eine Studie, bei der zwei Gruppen von Probanden gebeten wurden, jeweils die Eigenschaften eines Professors und die Eigenschaften einer Sekretärin aufzulisten. Im zweiten Schritt sollten sie Trivial-Pursuit-Fragen beantworten. Die Versuchsgruppe, die den Professor beschrieben hatte, schaffte es, 60 Prozent der Fragen richtig zu beantworten, wohingegen die Probanden, die zuvor die Eigenschaften der Sekretärinnen aufzulisten hatten, es lediglich schafften, 46 Prozent der Fragen korrekt zu beantworten.[12]

Wir können diesen Effekt positiv für uns nutzen, indem wir uns durch das Betrachten entsprechender Bilder vorbereiten. Eltern, die möchten, dass ihre Kinder cleverer werden, sollten vielleicht versuchen, das Hannah-Montana- oder

Bushido-Poster gegen ein Bild von Albert Einstein auszutauschen. Auch wenn Sie sich davon sicher keinen riesigen Intelligenzschub versprechen dürfen, hilft vielleicht schon die mit Sicherheit folgende Diskussion.[13]

Falls Sie es eines Tages auf den heißen Stuhl bei Günther Jauchs Quizshow »Wer wird Millionär?« schaffen sollten, konzentrieren Sie sich vor der Sendung auf die Eigenschaften eines Genies. Dadurch werden Sie garantiert mehr Allgemeinwissen aus den Tiefen Ihres Unterbewusstseins hervorholen können, als wenn Sie das nicht tun oder sich gar einen Fisch im Aquarium vorstellen.

Mit Fehlern umgehen können

Kaum jemand ist so gut darin, mit Fehlern umzugehen wie ein Zauberkünstler. Jedem Zauberer ist schon mal ein Trick gründlich danebengegangen, und ich könnte zahlreiche – für mich mehr oder weniger lustige – Geschichten und Anekdoten dazu beitragen. Das Tolle allerdings ist, in 99 Prozent aller Fälle bekommt das Publikum das Missgeschick überhaupt nicht mit. Es stellt also die absolute Ausnahme dar, dass ein Trick mit Entschuldigung abgebrochen werden muss und so danebenging, dass nichts mehr zu retten ist. Meistens hilft schon, einfach weiterzumachen und sich nichts anmerken zu lassen, denn dann können die oben dargestellten Grundsätze zur Begrenztheit unserer Wahrnehmung greifen. Der Fehler wird unsichtbar oder gerät sofort in Vergessenheit.

 Es gibt (fast) keine Fehler, die man nicht ausbügeln oder überspielen könnte.

Eine einfache Taktik konnte ich erfolgreich bei einem Auftritt in Portugal anwenden. In einem nagelneuen Theater, das zum großen Teil noch eine Baustelle war, hatte ich eine Vorstellung. Im Dunkeln verwechselte ich die Kellertreppe mit dem Bühnenaufgang und segelte kopfüber 30 Stufen in die Tiefe. Glücklicherweise blieb ich fast unverletzt, weshalb ich mich rasch sortierte, schnell zurückging und auf die Bühne gelangte. Da kurz vor meiner Show eine Tanzeinlage zu Michael Jacksons Song »Thriller« dargeboten worden war und die als Zombies verkleideten Tänzer gerade im Begriff waren, die Bühne zu verlassen, hielten die Zuschauer meine zerrissene Anzughose und mein blutendes Knie für eine Kostümierung und gelungene Anknüpfung an die vorausgegangene Darbietung. Ein wunderbarer Zufall. Ich deutete sogar auf die Löcher, damit es so aussah, als sei mein Outfit pure Absicht.

Manchmal kann man einen Fauxpas aber nicht so problemlos überspielen. Ist das der Fall, muss Strategie zwei greifen. Die meisten Zauberkünstler arbeiten sprichwörtlich mit Netz und doppeltem Boden, das heißt, sie haben für den Fall der Fälle immer einen Plan B im Ärmel. Wichtig ist daher, dass der Magier seinen Zuschauern einen Schritt voraus ist. Dann kann er im Falle eines Missgeschicks den Fehler rechtzeitig erkennen und hat genügend Zeit, unbemerkt auf Plan B oder gar C umzusteigen.

Dazu kann ich eine Story von einem Auftritt in einem kleinen Münchner Theater erzählen. Tage zuvor hatte ich in einem Spezialgeschäft für Spionageartikel für teures Geld einen sogenannten In-Ear-Kopfhörer gekauft. Vielleicht kennen Sie diese Dinger aus dem Fernsehen. Manche Moderatoren benutzen sie, um mit der Regie für den Fall der Fälle verbunden zu sein. Ich hatte damals ziemlich lange Haare und die verdeckten meine Ohren, so dass die Zuschauer mein geheimes Kommunikationsmittel nicht sehen konnten. Am anderen Ende der Leitung warteten meine Kollegen in der Garderobe, um mir – wie vorher verabredet – im richtigen Moment eine Information ins Ohr zu flüstern.

Dann ging es los. Ein Zuschauer wurde auf die Bühne gebeten und sollte an eine berühmte Persönlichkeit denken, ihren Namen auf einen kleinen Zettel schreiben und diesen anschließend zerreißen. Die Schnipsel kamen direkt in einen Mülleimer, von wo aus meine Kollegen mit Hilfe einer – nennen wir es mal – ausgefeilten Angel- und Flaschenzugkonstruktion unbemerkt die Teile wieder herausfischen und in der Garderobe zusammensetzen sollten.

Per Walkie-Talkie sollte mir dann der Name übermittelt werden. Ich musste also die Zusammenpuzzle-Zeit überbrücken, wartete auf der Bühne und sehnte die erlösende Information herbei. Die Zeit schien mir elend langsam zu vergehen. Mir fiel nach einigen Minuten einfach nichts mehr zur Überbrückung ein, und so blieb mir nichts anderes übrig, als den äußerst konzentrierten Magier zu spielen und mein Publikum hinzuhalten. Ich bedeutete ihm, dass ich Schwierigkeiten habe, das entscheidende Wort zu empfangen – was ja auch der Wahrheit entsprach. Je mehr Zeit verstrich, desto größer wurde natürlich die Spannung im Publikum, aber allmählich auch meine Unruhe. Während meine Kollegen in der Garderobe fieberhaft puzzelten, wurde ich langsam nervös.

Nach einer Weile hörte ich dann endlich etwas, ganz leise. Ich konnte das Gesagte aber zu allem Unglück nicht verstehen. Welcher Name könnte das sein: »Weawy Bag« oder »Bejy Gaf«? Oh, nein, schlagartig wurde mir klar, was es heißen musste: Baby-Gag. Das war das Stichwort für meinen Plan B, ein unter Zauberkünstlern recht bekannter Gag, den ich mir für den Fall, dass etwas schiefgehen sollte, als sogenanntes Out zurechtgelegt hatte. Meine Kollegen wollten mir durch diese Worte zu verstehen geben, dass ich von ihrer Seite mit keinerlei weiteren Informationen zu rechnen hatte. Was war passiert?

Beim Transportieren über den Flaschenzug müssen ihnen wohl ein paar der Schnipsel abhanden gekommen sein. Zudem war die Handschrift des Zuschauers wohl alles andere als leserlich gewesen. Beides zusammen bedeutete also: keine Informationen. Meine Helfer waren nicht in der Lage gewesen, die Buchstaben ganz zu entziffern und konnten sich auch keinen Reim darauf machen. Für das Publikum musste es jedoch irgendwie weitergehen. Ich nahm also meinen Zeichenblock in die Hand und begann verdeckt, aber mit großer Geste, eine Zeichnung anzufertigen. Nach Beendigung meiner Skizze bat ich den Zuschauer, laut den Namen seiner berühmten Persönlichkeit zu äußern. Er nannte: »Albert Einstein.«

Freudestrahlend drehte ich den Block um und präsentierte mein Ergebnis: Es war die Zeichnung eines Babys. »Wunderbar«, sagte ich. »Das ist ein Bild von Albert Einstein im Alter von drei Monaten.« Sie können sich vielleicht vorstellen, wie ich mich in diesem Moment fühlte. Aber das Publikum lachte und nahm es als Gag. In Wahrheit jedoch war es die wohl teuerste Vorführung des berühmten Baby-Gags aller Zeiten.

Und die Moral von der Geschicht: First rule – keep cool. Sie sollten versuchen, immer selbstsicher mit der neuen Wendung umzugehen, die ein Problem gerade hergibt. Wenn Sie wie ich mehrfach solche Situationen gemeistert haben, dann werden Sie irgendwann Gewissheit haben, dass Sie in der Lage sind, mit fast jeder Schwierigkeit irgendwie umgehen zu können, und dass es fast nichts gibt, was unlösbar ist.

Wer etwas aus dem Ärmel schütteln will, muss vorher etwas reingetan haben. Daher empfiehlt es sich, um in jeder Situation souverän und flexibel reagieren zu können, immer vorab einen Plan B und C parat zu haben. Und wenn gar nichts mehr geht: sich offen und humorvoll zeigen. Dann wird man Ihnen nichts übelnehmen. Wenn Sie souverän weitermachen, erhöhen Sie auch Ihre Chancen, dass Ihr Missgeschick in Vergessenheit gerät.

Die Kunst des Perspektivenwechsels

Um die perfekte Illusion zu schaffen, müssen Zauberkünstler ihr Tun optimal auf die Perspektive der Zuschauer abstimmen. Eigentlich logisch, denn auch unser dreidimensionales Sehen wird nur dadurch ermöglicht, dass unsere beiden Augen jeden Gegenstand aus einer etwas anderen Perspektive wahrnehmen. Ein anderer Blickwinkel ermöglicht so immer eine bessere Sichtweise – auch im wahren Leben. Diese Erkenntnis bedeutet, dass Sie Ihre Einsichten immer enorm vertiefen können, sobald Sie sicherstellen, dass Sie statt mit zwei Augen mit vier Augen sehen können, auch wenn Sie im übertragenen Sinn nur gedanklich die Perspektive Ihres Gegenübers einnehmen und mit einbeziehen.

Um mich selber aus der Perspektive des Gegenübers betrachten zu können, studiere ich meine neuen Kunststücke zunächst vor dem Spiegel ein. Aber diese Maßnahme allein reicht nicht aus. In der Erprobungsphase bin ich natürlich erst mal mit mir selbst beschäftigt und damit niemals in der Lage das Maß an Aufmerksamkeit auzubringen, wie es der kritische Zuschauer tut. Nicht selten ertappe ich mich auch bei einem unbewussten Selbstbetrug, wenn ich im Moment einer geheimen Trickhandlung kurz mit den Augen blinzle, um den Trick nicht sehen zu können. Sobald ich in meinem Tun jedoch einigermaßen sicher bin, führe ich bewusst Perspektivenwechsel herbei, um nachvollziehen zu können, wie das Publikum meinen Trick wahrnehmen wird. Zu diesem Zweck empfiehlt sich im nächsten Schritt der Einsatz einer Videokamera. Einen solchen Videocheck kennen Sie sicher auch von Coachings und Managerseminaren. Manche Menschen reagieren im ersten Moment verunsichert, wenn sie sich selber aus der dritten Perspektive sehen und sprechen hören, aber wenn Sie diesen anfänglichen Schock überwunden haben, werden Sie feststellen, dass Sie aus diesem Blickwinkel deutlich mehr sehen und sich besser beurteilen können.

Natürlich gibt es auch noch alternative Methoden, einen erkenntnisbringenden Perspektivenwechsel herbeizuführen: Ich kenne Kollegen, die sich nach ihrer Vorführung in der Damentoilette verstecken, um die Gespräche und Kommentare zu belauschen und dabei etwas über ihre Schwachstellen zu erfahren. Bevor Sie, liebe Leserinnen und Leser, jetzt etwas Falsches denken: Die Wahl der Kollegen fällt nur deshalb auf die Damentoilette, weil es dort im Allgemeinen kommunikativer zugeht als bei den im wahrsten Sinne des Wortes stillen Örtchen der Herren.

Mit Störungen umgehen oder das Ja-Sager-Prinzip

Auf der Bühne, wie im wahren Leben, gibt es unzählige Möglichkeiten von Störungen und unvorhergesehenen Situationen. Meines Erachtens der beste Weg, damit umzugehen, stammt aus dem Improvisationstheater und lässt sich mit dem Ja-Sager-Prinzip beschreiben: Egal was kommt, nimm es an und mach was draus, lautet die Devise.

In manchen Shows sitzen Besserwisser oder Selbstdarsteller im Publikum, die nur zu gern selbst auf der Bühne stehen würden. Statt diese Menschen zu ignorieren, kann es unter Umständen sinnvoll sein, dem Störenfried eine Bühne zu bieten – jedenfalls solange Sie sich in der Lage sehen, die Oberhand zu behalten.

Einige meiner amerikanischen Kollegen freuen sich geradezu, wenn solche unvorhergesehenen Situationen auftreten und provozieren sie manchmal regelrecht. Sobald sich im Publikum ein Aufmischer zu erkennen gibt, beginnen sie eine Interaktion und gehen teilweise sogar so weit, dass sie bereitwillig ihr weiteres Programm komplett über den Haufen werfen, um sich voll und ganz der neuen Situation widmen zu können. Diese spannende und unterhaltsame Aktion wird von den Zuschauern in der Regel besonders honoriert, da sie spüren, dass in solch einer Situation alles spontan geschieht und sie Zeugen einer einzigartigen, unverwechselbaren Vorstellung werden.

In allem Unvorhergesehenen liegt eine Chance. Nehmen Sie sie an und machen Sie was daraus. Versuchen Sie zu improvisieren. Keine Angst. Vertrauen Sie auf Ihre Schlagfertigkeit. So eine Gelegenheit bekommen Sie so schnell nicht wieder.

Täuschen oder nicht täuschen? Das ist hier die Frage

Zauberkünstler mögen grundsätzlich keine halben Sachen, es gibt nun mal nichts halb Unmögliches. Genauso gilt: Mit vollem Engagement gelingt (fast) alles, mit halber Kraft (fast) gar nichts.

Eine lustige Geschichte eines gescheiterten Täuschungsversuchs aus meiner Examenszeit möchte ich Ihnen nicht vorenthalten: Ein Studienkollege mit dem Nachnamen Wolff brannte darauf zu erfahren, ob die korrigierten Examensklausuren schon beim Justizprüfungsamt eingetroffen waren. Da den Examenskandidaten aber fortwährend eingebläut wird, während des laufenden Prüfungsverfahrens doch bitte von Anfragen beim Ministerium abzusehen, beschloss er, nicht nach seiner eigenen Arbeit zu fragen, sondern gab sich mit einer generellen Auskunft nach dem Stand der Korrekturen zufrieden. Um etwaige Nachteile zu vermeiden, wollte er bei seinem Anruf anonym bleiben und meldete sich mit dem Namen Fuchs. Der Herr am anderen Ende der Leitung reagierte verdutzt und murmelte vor sich hin: »Wie? Fuchs, so einen haben wir hier ja gar nicht, meinen Sie Fuchs wie Wolf?« Die Tarnung meines Kommilitonen war schlagartig dahin. Nun, es konnte wirklich niemand ahnen, dass der Beamte alle Namen der aktuellen hessischen Prüfungskandidaten auf seinem mentalen Schirm hatte; hätte mein Kollege sich für einen häufigeren Namen wie Schmidt oder Friedrich entschieden, wäre er wahrscheinlich durchgekommen.

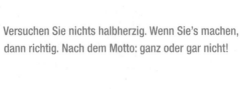

Versuchen Sie nichts halbherzig. Wenn Sie's machen, dann richtig. Nach dem Motto: ganz oder gar nicht!

Das vierte Prinzip der Zauberei:
Persönlichkeit entwickeln

Das wohl wichtigste Merkmal eines Zauberers ist seine Persönlichkeit. Denn was nützen die tollsten Tricks und Illusionen, wenn man dem Typ auf der Bühne einfach nicht zuschauen möchte.

Charisma, Ausstrahlung und Anziehungskraft

Die meisten Magier sind allein schon durch das, was sie tun, von einer faszinierenden Aura umgeben. Doch losgelöst von dieser recht speziellen Profession kann jeder Mensch seine Wirkungsweise nach außen steigern. Denn obwohl manche von Natur aus mit einem besonderen Charisma ausgestattet zu sein scheinen, kann man Charme, Ausstrahlung und Anziehungskraft auch erwerben.

Das Rezept dazu ist meines Erachtens recht simpel und lautet: Seien Sie immer Sie selbst, lachen Sie gern und oft und versuchen Sie, sich auch über Kleinigkeiten zu freuen. Begegnen Sie jedem und allem mit einer positiven und offenen Einstellung. Seien Sie neugierig: Suchen und lenken Sie Ihren Fokus permanent auf die Dinge, die sie erfreuen könnten. Beginnen Sie dabei jedoch nicht mit zu hohen Erwartungen, sondern lassen Sie sich überraschen. Zeigen Sie echtes Interesse für andere Menschen und ihr Anliegen, seien Sie dabei immer verbindlich und freundlich. Wenn Sie sich aufrichtig für andere Menschen interessieren, können Sie in zwei Monaten mehr Freundschaften schließen als in zwei Jahren, in denen Sie versuchen, andere für sich zu interessieren.[14] So einfach ist das. Und Simsalabim: Man wird Sie dafür lieben.

Wenn Sie dann noch zuhören können, perfekt. Der Schlüssel zu exzellenter Kommunikationsfähigkeit liegt nämlich nicht, wie man fälschlicherweise denken könnte, in der Eloquenz des Redners, sondern in der Fähigkeit des Zuhörers, Empathie zu zeigen und den anderen zu verstehen. Ich spreche hier nicht vom passiven Aufnehmen von Informationen, sondern meine damit eine aktive Beteiligung am Gespräch: Mitdenken, Sich-Einbringen und gegebenenfalls auch kritisches Nachfragen. Diese Form des aktiven Zuhörens erfordert höchste Konzentration und ist das größte Kompliment, welches man seinem Gesprächspartner machen kann. Versuchen Sie, sich dabei ganz auf Ihr Gegenüber einzulassen. Dazu gehört es auch, sich in die Situation des Sprechers zu versetzen und ihm durch kurze Signale der Bestätigung Verständnis für seine Anliegen zu vermitteln.

Aber Vorsicht, das Zauberwort heißt hier Ehrlichkeit. Das bedeutet: Vermeiden Sie es, zu selbstbewusst, zu entspannt oder zu perfekt aufzutreten. Vor allem, wenn Sie sich nicht danach fühlen, versuchen Sie nie das, was Ihre Person oder die Situation ausmacht, wegzuretuschieren. Sollten Sie nervös sein, kommentieren Sie das mit einem Lächeln, sobald Sie den Eindruck haben, dass das Publikum das bemerkt, und versuchen Sie nicht, um jeden Preis alle Unsicherheiten zu überspielen. Kleine Schwächen wirken menschlich und machen Sie sowohl sympathisch als auch glaubwürdig, und das trägt im positiven Sinn zu Ihrer Ausstrahlung bei.

Die ehrliche Sympathie und das aufrichtige Interesse, das Sie anderen entgegenbringen, kommt meist zu Ihnen zurück und verleiht Ihnen besondere Anziehungskraft.

Natürlichkeit, die Zweite

Wie bedeutend Natürlichkeit ist, habe ich während meiner Studienzeit erfahren. Nachdem ich mit meinem Jurastudium begonnen hatte, entschloss ich mich spontan dazu, die Aufnahmeprüfung für Schauspieler an der Frankfurter Hochschule für Musik und Darstellende Kunst zu machen. Ich studierte zu diesem Zweck verschiedene Rollen ein und bereitete mich aufs Vorsprechen vor. Gut gelaunt und hoch motiviert begab ich mich zur Prüfung. Durch meine zahlreichen Auftritte als Zauberkünstler verfügte ich bereits über ein hohes Maß an Bühnenerfahrung und war entsprechend souverän, zu souverän, wie sich herausstellen sollte.

Vor Selbstbewusstsein strotzend trat ich als strahlender Entertainer vor das Komitee, das über meine Zulassung entscheiden sollte. Unpassender und unnatürlicher hätte man in dieser Situation wohl nicht auftreten können, und so sah es wohl auch der Vorsitzende. Statt mich meine Rolle vorspielen zu lassen, begann er genüsslich damit, mich Stück für Stück auseinanderzunehmen, indem er anfing, meine nicht vorhandenen theoretischen Theaterkenntnisse abzufragen. Schließlich meinte er noch, dass eine meiner für das Vorsprechen ausgewählten Rollen wohl die reinste Anmaßung sei, da sie quasi die Eigernordwand für jeden erfahrenen Schauspielprofi darstellte.

Wie Sie vielleicht ahnen können, wurde aus der Sache nichts, und ich blieb bei meinem Jurastudium. Die Lehre, die ich aus dieser Erfahrung ziehen konnte, war dennoch wichtig für mich und zeigt, wie bedeutend Natürlichkeit im Leben ist.

Vorbereitung gegen Lampenfieber

Es gibt Zaubernummern, die dauern zehn Minuten, die Vorbereitung, die dahinter steckt, hat jedoch womöglich Jahre in Anspruch genommen. Hier geht es nicht nur um die geheime Vorbereitung eines Tricks, was in der Fachsprache mit Präparation bezeichnet wird, sondern um den gesamten Prozess des Übens und Probens.

Meiner Ansicht nach ist Vorbereitung das beste Mittel gegen Lampenfieber – und zweifelsohne auch gegen Prüfungsangst. Sie können dann beruhigt zu sich sagen: »Ich bin nicht nervös, sondern vorbereitet.« Übrigens: Die alten Hasen unter den Zauberkünstlern fürchten sogar, dass ihnen ihr Lampenfieber nach der tausendsten Vorführung abhanden kommt und sie ihrem Publikum abgespielt und gelangweilt erscheinen. Sie suchen daher geradezu ein gewisses Maß an Spannung, um mit diesem kleinen Adrenalinkick ihre Bühnenpräsenz zu steigern. Das Lampenfieber darf allerdings nie übermächtig werden. Dies kann ganz einfach verhindert werden.

Wenn Sie wissen, was Sie tun, ist Nervosität überflüssig. Ein gewisses Maß an Spannung ist jedoch gut, um eine optimale Leistung erreichen zu können.

Medizin bei Aufregung

- Formulieren Sie das, was Sie sagen wollen, perfekt vor oder machen Sie sich – optisch gut gegliedert – Stichpunkte. Oftmals werden Sie hinterher feststellen, dass Sie sie nicht benötigt haben. Aber das Wissen, diese in Reichweite zu haben, beruhigt ungemein.

- Immer Plan B in der Tasche haben. Stellen Sie sich vor, was alles schiefgehen könnte, und überlegen Sie sich, wie Sie am besten darauf reagieren. Aber selbst der schlimmste anzunehmende Fall bedeutet keinen Weltuntergang.
- Machen Sie vor dem Auftritt einige Atem- und Entspannungsübungen. Sollten Sie Autogenes Training oder auch bestimmte Yogaübungen beherrschen, so ist das bestimmt sehr nützlich (siehe Seite 272 ff.).
- Nehmen Sie probeweise die Sicht Ihres Publikums ein. Fragen Sie sich, wer diese Menschen sind, warum sie zu Ihnen gekommen sind und was sie von Ihnen erwarten. Zumeist dürfen Sie sich erst einmal der Gunst des Publikums sicher sein.
- Entschuldigen Sie sich möglichst nicht für kleine Fehler, das lenkt nur unnötig den Fokus darauf.
- Eine lockere Körperhaltung und eine Prise Humor schaffen schon den Rest.

Mutig und risikobereit handeln

Seien Sie mutig, riskieren Sie etwas. Wenn Sie sich entsprechend vorbereitet haben und den Erfolg erwarten, wird er sich auch einstellen. Falls nicht, ist es besser, etwas riskiert und dabei eventuell einen Fehler gemacht zu haben und daraus zu lernen, als untätig geblieben zu sein.

Eine wichtige Erkenntnis, die Peter Sheahan in seinem Buch »Flip«[15] beschreibt, ist, dass man seinen Erfolg nicht bis ins kleinste Detail planen kann. Zwar sind ein Plan und eine gute Strategie Grundvoraussetzung für das Gelingen, aber ab einem gewissen Punkt sollte man aufhören nachzudenken und zu planen, sondern einfach handeln.

Gerade in unseren schnelllebigen Zeiten müssen Pläne flexibel sein, um immer auf das Feedback reagieren zu können, das wir auf unser Tun erhalten. Dieses Feedback ist überaus wertvoll und viel aussagekräftiger als irgendwelche im stillen Kämmerlein ausgetüftelten Ideen und Strategien.

Zauberkünstler müssen bei allem, was sie tun, mutig sein und den Erfolg auch erwarten, sonst würden sie sich erst gar nicht auf die Bühne trauen. Denken Sie daran: Auch wenn etwas augenblicklich nach einem Misserfolg aussieht, Sie können aus jeder Situation lernen und die Niederlage in einen Sieg verwandeln. Am Ende zählt nicht das kleine Ergebnis für den Moment, sondern das große Ganze, das Big Picture. Unser Leben ist ein riesengroßes Mosaik mit vielen Puzzlesteinchen.

Es ist immer besser, mutig zu sein und ein Risiko einzugehen, als untätig zu bleiben. Wer im festen Glauben an den Erfolg handelt, wird ihn früher oder später auch bekommen.

Das fünfte Prinzip der Zauberei: Emotionen hervorrufen

Wahrscheinlich das größte Erfolgsgeheimnis berühmter Magier wie zum Beispiel David Copperfield ist, dass sie großen Wert auf die emotionale Wirkung ihrer Kunststücke bei den Zuschauern legen. Nehmen wir zum Beispiel Copperfields Schwebeillusion »Der Traum vom Fliegen«. Wohl jeder Mensch hat schon einmal davon geträumt, frei wie ein Vogel durch die Luft zu fliegen. Obwohl mir das Geheimnis hinter der Darbietung bekannt war, bekam ich bei der Live-Vorführung Gänsehaut und hatte Tränen in den Augen.

Kleine Emotion, große Wirkung

Es ist eben ein riesengroßer Unterschied, ob ein Magier nur etwas macht, weil er es kann, oder ob er es schafft, seiner Vorführung eine Bedeutung zu verleihen, die seine Zuschauer betrifft und emotional berührt.

Nehmen wir ein klassisches Zauberkunststück, bei dem ein kleines Glöckchen ertönt, sobald der Magier es erklingen lässt. Wird das Glöckchen einem Zuschauer übergeben und versucht dieser, es zum Klingen zu bringen, bleibt es stumm. Die emotionale Wirkung dieses Kunststücks ist zugegebenermaßen recht begrenzt. Ich habe daraus Folgendes gemacht: 2006 während der Fußballweltmeisterschaft und kurz vor Beginn des Achtelfinales hatte mich die FIFA anlässlich der Verabschiedung einiger Schiedsrichter engagiert. Ich hatte mir für die Veranstaltung einige Spezialeffekte rund um das Thema Fußball überlegt, ließ einen Ball schweben und zeigte Tricks mit roten und gelben Schiedsrichterkarten. Schließlich fragte ich einen der anwesenden Schiedsrichter, ob er seine Trillerpfeife dabei habe. Das hatte er tatsächlich. Ich bat ihn, kurz zu pfeifen. Wenn Sie schon mal einen Schiedsrichter aus der Nähe haben pfeifen hören, dann wissen Sie, wie schrill und laut sich der Ton anhört. Anschließend schnipste ich mit dem Finger und bat ihn, erneut zu pfeifen. Doch statt des eindringlichen Tones ertönte nur ein leises Zischen. Der Schiedsrichter wurde blass, war sichtlich irritiert, und im Publikum herrschte absolute Stille. Ich schnipste wieder mit dem Finger und bat den Schiedsrichter, ein weiteres Mal zu pfeifen. Und siehe da: Der Ton war laut und klar wie immer. Frenetischer Applaus setzte ein, der Schiedsrichter strahlte.

Was war passiert? Derselbe kleine Effekt hatte urplötzlich eine riesengroße Wirkung. Der Grund dafür lag in der Bedeutung der Trillerpfeife für die anwesenden Schiedsrichter. Es ging nicht um den bloßen Ton, sondern um dessen Bedeutung auf dem Fußballplatz: Für kurze Zeit hatte ich dem Schiedsrichter seine Autorität genommen. Der Pfeifton ist Symbol seiner Macht, der Herr des Spielfelds zu sein. Dieser neue Bezug hatte dem Kunststück völlig andere, weit größere emtionale Wirkung verliehen.

Beachten Sie, dass sich durch emotionalen Bezug die Wirkung auch von Kleinigkeiten deutlich steigern lässt. Halten Sie daher gezielt Ausschau nach Gefühle erzeugenden Anknüpfungspunkten und nutzen Sie diese. So wiegt bei Geschenken oft der emotionale Bezug stärker als der materielle Aufwand.

Erwartungen übertreffen

Nichts bietet größeren Mehrwert als positive Überraschungen und das Übertreffen von bestehenden Erwartungen. Zahlreiche Unternehmen im First-Class-Segment machen sich das zum Prinzip, um dem Kunden unvergessliche Erlebnisse zu verschaffen.

Auch Zauberkünstler lieben Überraschungsmomente. Manchmal senkt der Magier sogar kurz vor dem Höhepunkt eines Kunststücks die Erwartung, nur um sie sogleich im furiosen Finale noch zu übertreffen. Dies geschieht zum Beispiel bei sogenannten Aufsitzereffekten: Hier unterläuft dem Künstler scheinbar ein Fehler. Das Publikum zittert mit oder glaubt sekundenlang, hinter das Geheimnis des Tricks gekommen zu sein, was den Verblüffungseffekt bei der Auflösung enorm steigert.

Solche gezielt eingesetzten Spannungsmomente verfehlen niemals ihre Wirkung. Es kann schon einen großen Unterschied bedeuten, wie und in welchem Tempo beispielsweise der Gewinner einer Tombola bekanntgegeben oder die Karte mit der richtigen Lösung umgedreht wird. Statt freudestrahlend schnellstmöglich alles herzuzeigen, empfiehlt sich immer, eine kleine Pause zu machen. Danach wird die Karte langsam über die lange Seite gedreht. Das bewirkt, dass die Zuschauer die Bildseite – und damit die Identität der Karte – erst ein paar Millisekunden später erkennen können. Ein kleiner aber feiner und effektvoller Unterschied.

Es kann also durchaus sinnvoll sein dramaturgisch vorzugehen und aus taktischen Gründen nicht zu hoch, sondern bewusst eher tief zu stapeln. Das darauf folgende Überraschungsmoment wird es Ihnen vielfach zurückzahlen.

Sie erzielen die größtmögliche und langfristigste Wirkung, wenn Sie es schaffen, jemanden zu überraschen oder gar seine Erwartungen zu übertreffen.

4. Kapitel
Die Methoden der Mentalisten

Mentalmagie ist die gekonnte Mischung aus Psychologie, Trick und Suggestion. Nicht mehr und nicht weniger. Wie die genaue Mixtur bei jedem Kunststück aussieht, bleibt natürlich immer das Geschäftsgeheimnis des Mentalisten. Man könnte auch von der besonderen Verwendung der fünf Sinne sprechen, um die Illusion eines sechsten Sinns zu erzeugen. Hauptsache das Übersinnliche bleibt außen vor.

Eigentlich ist mentale Magie eine der ältesten Formen der Zauberkunst und hat schon vor Tausenden von Jahren sogar politisch eine große Rolle gespielt. Kennen Sie das Orakel von Delphi? Das war die malerisch auf dem Berghang des Parnass gelegene Kult- und Weissagungsstätte im antiken Griechenland. Dem Mythos zufolge hatte Zeus einst zwei Adler von den beiden Enden der Welt losfliegen lassen, die sich schließlich dort trafen. So galt dieser Ort bei den Hellenen als Mittelpunkt der Erde. In der Blütezeit der griechischen Kultur wurden hier alle wichtigen politischen Entscheidungen auf der Grundlage des Orakels getroffen.

Die Stimme des Orakels war Pythia, die sich durch aufsteigende Dämpfe aus einer Erdspalte in eine Art Trancezustand versetzte, um so ihre Weissagungen zu tätigen. Das Geheimnis, warum die weisen Orakelsprüche meist zutreffend waren, lässt sich aus heutiger Sicht damit erklären, dass Pythia wohl die Frage des Fragestellers schon kannte, bevor diese gestellt wurde. Man geht heute davon aus, dass sich ihre Hohepriester verkleidet im Dorf Delphi unter das Volk und die frisch eingetroffenen Pilger mischten, um deren Fragen an das Orakel im Vorfeld auszuspionieren.

Somit kann ihre Weisheit heute auch damit erklärt werden, dass sich ihr Priesterrat vorab mit den jeweiligen Fragestellungen intensiv auseinandersetzte, um eine bestmögliche interessengerechte Entscheidung des Orakels vorzubereiten. Sie sehen, die Tradition und Trickkiste der Mentalisten reicht weit zurück.

Bekanntester früher Vertreter der Mentalmagie in Deutschland war der Österreicher Erik Jan Hanussen, der ursprünglich aufklärerisch gegen Scharlatane und Betrüger vorgegangen ist, später jedoch mit seinen Vorführungen große und vor allem einträgliche Erfolge feierte.

Ich bin eigentlich zufällig zur Mentalmagie gekommen. Einige mental angehauchte Kunststücke hatte ich allerdings schon lange im Repertoire gehabt. Ich merkte bald, dass diese Art der Zauberkunst die Menschen in ganz besonderem Maße faszinierte. Im Gegensatz zur Großillusion – wie das Erscheinenlassen eines Elefanten oder das Zerteilen einer manchmal nicht mehr so ganz jungfräulich aussehenden Assistentin – hat die Mentalmagie den Vorteil, dass man mit deutlich weniger Gepäck auskommt. Im Mittelpunkt mentaler Magie stehen der Vorführende und sein Publikum. Da mich schon immer interessiert hat, wie Menschen denken, fühlen und funktionieren, war es kein Wunder, dass ich mich tiefer und tiefer in die mentale Materie stürzte.

Ich verschlang psychologische Literatur über menschliche Verhaltensweisen und Körpersprache und lernte schließlich Kontakt-Gedankenlesen, das auch als Muskellesen bezeichnet wird, sowie Hypnose. Nachdem ich erkannt hatte, welch enormes Potential sich hinter der Hypnose verbirgt, machte ich noch eine Ausbildung zum Hypnosetherapeuten und gewöhne seither nach meinen Shows willigen Probanden blitzschnell das Rauchen ab. In Zusammenhang mit der Ausbildung zum Hypnosetherapeuten bin ich erstmalig intensiv mit Techniken aus dem Bereich des Neurolinguistischen Programmierens in Kontakt gekommen. Die Methoden hieraus finden insbesondere auch Anwendung, wenn es um sogenannte posthypnotische Suggestionen geht, bei denen einmal gesetzte Suggestionen langfristig wirksam bleiben, auch nachdem das Medium aus der Trance erwacht ist.

Der Körper spricht Bände

Mentalisten versuchen stets den Eindruck zu erwecken, sie könnten anhand der Analyse von Körpersprache komplexe Gedankengänge erkennen. Ich kann Ihnen jedoch versichern: Es ist nicht alles so, wonach es aussieht. Lehrbuchartiges Entschlüsseln von Körpersprache kann oftmals zu Fehleinschätzungen führen. Denn manchmal zeugt beispielsweise das Verschränken der Arme bei Ihrem Gegenüber nicht von Verschlossenheit oder Desinteresse, sondern deutet einfach nur darauf hin, dass ihm kalt ist.

Wissen Sie, was ich damit sagen will? Warum wedelt der Hund mit dem Schwanz? Die häufigste und meist zutreffende Antwort ist, dass er sich freut. Vielleicht verjagt er aber auch gerade nur eine lästige Fliege. Also Vorsicht mit zu schnellen Interpretationen. Was dem auf Körpersprache achtenden Gedankenleser allerdings möglich ist, ist Tendenzen zu erkennen, wenn es um Antworten auf Entscheidungsfragen oder darum geht, aus Regungen Schlüsse zu ziehen. Manchmal kann man auf diese Weise sogar Lügen entlarven. Die Sache ist deshalb so schwer, weil jeder zwar unbewusst Informationen preisgibt, aber gleichzeitig auch bewusste Botschaften aussendet. Die Fähigkeit, Körpersprache korrekt zu lesen, kann somit nur darüber Aufschluss geben, wie die Aussagen eines Gesprächspartners zu interpretieren sein könnten, aber nicht zwangsläufig zu deuten sein müssen. Das, was jemand sagt, und das, was er damit wirklich meint, muss nämlich keinesfalls deckungsgleich sein.

Friedemann Schulz von Thun beschreibt in seinem Standardwerk zur Kommunikationsforschung,[1] dass jede Aussage im Rahmen eines Gesprächs mehrere Informationen zugleich beinhaltet. Das heißt für den Leser: Es muss jede Aussage auf mehreren Ebenen interpretiert werden, um den wirklichen Sinn verstehen zu können.

Nehmen Sie die Aussage: »Der Mülleimer ist voll«. Das besagt auf der reinen Sachebene genau dies: Er ist gefüllt. »Na und?«, denkt sich der unaufmerksame Ehemann daraufhin – und läuft Gefahr, einen Streit heraufzubeschwören. Zugleich könnte in dieser Aussage seiner Frau nämlich auf der Beziehungsebene ein Hinweis versteckt sein, der zeigen soll, was die Dame des Hauses vom Betroffenen hält. Sie sagt nämlich mit anderen Worten so etwas wie: »Das hättest du auch von allein sehen können. Du bist unaufmerksam.«

Möglicherweise geht es ihr aber auch nicht nur darum, mehr oder weniger subtil ihrem Unmut Luft zu machen, sondern es steckt auf der Appellseite zugleich eine Aufforderung oder eine Erwartung in ihrer Aussage. Der Partner sollte ihre Bemerkung vielleicht besser übersetzen mit: »Bring den Eimer raus und leere ihn!« Zugleich enthüllt dieser einfache Satz aber auch etwas über sie und ihre Gefühlslage. Es handelt sich also zugleich um eine Offenbarung ihrer Person: »Ich bin unzufrieden, und du bist schuld, weil du so unaufmerksam bist.« Im Abgleichen des Gesagten mit allen Signalen der Körpersprache liegt also der Schlüssel, um die wahren Motive des Gegenübers zu verstehen.

Kalibrierung, das Mittel der Wahl

Um Körpersprache einigermaßen zutreffend interpretieren zu können, ist eine vorausgehende Kalibrierung nötig. Dieser Begriff bezeichnet das Gegenüberstellen und Vergleichen von Verhalten. Voraussetzung dafür ist, dass wir die normalen Verhaltensweisen einer Person kennen. Fachsprachlich lautet die Aufgabe: erst Konstanten identifizieren und dann Veränderungen damit abgleichen, sprich kalibrieren. Die Veränderungen, die dabei auffallen, nennt man Tells. Ich habe zum Beispiel einen Freund, der zuckt permanent mit seiner linken Schulter. Das Zucken sieht man, wenn er auf der Bühne steht, aber ebenso an einem Tag, den er relaxed im Freibad verbringt. Bewertete man nun dieses Schulterzucken grundsätzlich als Nervosität, so läge man ganz sicher öfter falsch als richtig. Richtet man aber sein Augenmerk auf die Intensität dieses Merkmals, so kann man daran genau seinen Nervositätsgrad ablesen, ihn also wunderbar kalibrieren. Solche normalen und unbewussten Verhaltensmuster nennt man »aufrichtige Reaktionen«.

Joe Navarro beschreibt in seinem Buch »Menschen lesen«[2] einige solcher interessanten Reaktionen bei Verhören von Verbrechern durch FBI-Leute. Ein Verdächtiger zeigte beispielsweise beim Vorlesen von Namen, die auf Karten geschrieben waren, eine aufrichtige Reaktion: Er bewegte beim stummen Lesen unbewusst seine Lippen. Als er jedoch die Namen seiner Mittäter erkannte, machte er das nicht. Die Lippenbewegung als aufrichtige Reaktion blieb damit aus und war somit für die FBI-Leute ein Hinweis auf die Mittäter.

Manchmal kann es auch hilfreich sein, bewusst den Stressfaktor eines Gegenübers zu erhöhen, um Reaktionen zu provozieren und um die Skala der Kalibrierung entsprechend eichen zu können. In meiner anwaltlichen Tätigkeit kommt es hin und wieder vor, dass ich so bewusst Tell-auslösende Reaktionen provozieren muss. Auch hierzu hat das FBI zahlreiche Methoden und Verhörtechniken entwickelt. Dazu gehört das Anstrahlen mit einer hellen Lampe, das plötzliche Unterbrechen, indem jemand herausgerufen wird, oder das Auftauchen vermeintlicher Beweise, die einen Wissensvorsprung des Verhörenden suggerieren. Solche Methoden verwende ich natürlich nicht.

Grundsätzlich lassen sich die bewusste kommunikative Körpersprache, aufrichtige Reaktionen und Selbstpräsentation unterscheiden. Mit Letzterem sind mehr oder minder gezielt eingesetzte Äußerlichkeiten gemeint: Wie kleidet sich jemand? Wie auffällig sind Schmuck und Frisur? Lässt sich feststellen, zu welcher sozialen Schicht jemand gehört? Trägt ein Gegenüber auffällige Embleme, die auf soziales Engagement, die Angehörigkeit zu Vereinigungen oder auf bestimmte Leidenschaften schließen lassen? Silent Reading nennt man diese Technik des Scannens auch. Dazu später mehr.

Immer schön lächeln

Der wohl bekannteste Experte auf dem Gebiet der Körpersprache ist der Pantomime Samy Molcho. Er hat für ein sogenanntes eingefrorenes Lächeln den Begriff »künstliche Mimik« geprägt. Das ehrliche Lächeln dagegen kommt aus einem inneren Impuls heraus, der eine Welle im ganzen Gesicht auslöst. Dafür sind hauptsächlich zwei Muskelpartien verantwortlich: die Musculi zygomatici maiores, welche die Mundwinkel nach oben ziehen, und die Musculi obiculares oculi, die um die Augen herum verlaufen und seitlich winzige Fältchen entstehen lassen.

Richtig lächeln

• Versuchen Sie doch einmal, nur und ausschließlich mit dem Mund zu lächeln. Vielleicht hilft Ihnen der Gedanke an Ihre liebe Schwiegermutter oder Ihren äußerst gütigen Vorgesetzten dabei?

• Und nun schauen Sie Ihren Partner beziehungsweise einen geliebten Menschen an und fühlen zeitgleich, wie sich die erwähnte »Welle« über Ihr Gesicht bewegt. Wenn nicht, vermittle ich Ihnen gerne einen guten Scheidungsanwalt.

Ein falsches Lachen verrät sich dadurch, dass es nur mit den Musculi zygomatici maiores, also mit den Mundwinkeln, erzeugt wird. Ein Blick in und um die Augen unseres Gegenübers zeigt uns so, ob das Lächeln ehrlich ist. Fans der TV-Serie »Lie to me« werden wissen, dass bei einem echten Lachen die Bewegung der Mundwinkelmuskulatur in der Regel um 0,4 bis 0,5 Sekunden kürzer ausfällt als bei einem falschen Lächeln.[3] Ein Paradebeispiel für ein professionelles, aufgesetztes Lächeln dagegen gibt uns Stefan Raab. Schauen Sie mal die Sendung »Schlag den Raab!« und achten Sie darauf, wann sein Lächeln ehrlich und von innen her kommt, also aus ihm herausbricht, und wann er es bewusst konstruiert. Ein kleiner Tipp: Immer, wenn er beim Wettkampf in die Defensive gerät, lächelt er professionell – man sieht dann sein maskenhaftes Gesicht.

Mimik, ein vielschichtiges Spiel

Unsere Mimik ist ein Wörterbuch der Emotionen. Wir erkennen üblicherweise recht schnell, ob unser Gegenüber beispielsweise traurig, wütend, nervös, gut gelaunt, neugierig oder etwa wütend ist. Menschen transportieren in der Regel mehr Emotionen und Gemütsverfassungen über ihre Mimik nach außen, als ihnen zumeist lieb ist. Diese sind übrigens in weiten Bereichen kulturunabhängig.

Jeder Mensch ist in der Lage, mehr als 10 000 verschiedene Mimikexpressionen, also kleinste Signale, zu erzeugen. Diese Fähigkeit wurde uns schon in die Wiege gelegt. Sie muss also nicht, aber sie kann erlernt werden. Denn so deutlich und komplex diese Sprache auch ist, so sehr kann sie ein Geübter auch gezielt steuern. Daher wird das Lesen dieser Körpersprache erst dann besonders aufschlussreich, wenn sich der zu entschlüsselnde Mensch unbeobachtet fühlt. Es ist relativ sinnlos, jemanden in der Hoffnung anzustarren, seine Gesichtszüge würden zum leuchtenden Hinweisschild. Bemerkt er, dass Sie ihn beobachten, sehen Sie möglicherweise eher, was Sie sehen sollen, und nicht das, was tatsächlich in ihm vorgeht. Dagegen kann man in Situationen, in denen sich jemand unbeobachtet fühlt, einen guten Eindruck davon erhalten, was tatsächlich in ihm vorgeht. Jetzt kennen Sie auch den Grund für die berühmten durchsichtigen Spiegel in den Verhörzimmern des FBI.

Schau mir in die Augen

Augen sind empfindlich und verlangen Schutz. Die Pupille zieht sich beispielsweise unter Einfluss grellen Lichts zusammen oder die Augenlider schließen sich, wenn sich ein Gegenstand dem Auge nähert. Auch wenn Gefühle hochkommen, verändern sie sich. Und dieser Vorgang lässt sich nicht bewusst steuern. Sind Sie etwa aufgeregt oder stark interessiert an etwas, weiten sich die Pupillen deutlich, gesteuert vom vegetativen Nervensystem. Sie kennen bestimmt den Ausspruch: »Der hat seine Augen vielleicht aufgerissen.« Will heißen, er war äußerst interessiert und aufmerksam, oder er staunte nicht schlecht.

Im Gegensatz dazu zeigt sich eine kritische Haltung durch das Zusammenziehen der Pupillen. Das ist eine Schutzreaktion, um zumindest mental die Flucht antreten zu können. Man fokussiert sozusagen einen Punkt, stellt alles scharf ein. Schauen Sie sich einmal beim nächsten Meeting um und achten Sie unauffällig bei kontroversen Diskussionen auf die Pupillen der Beteiligten. Oder vielleicht kennen Sie die Situation auf einer Party, wenn Sie als Mann eine alte Bekannte treffen und sich die Augen Ihrer Partnerin plötzlich zu Schlitzen zu verengen scheinen. Dies ist ein Zeichen für kritisches Beäugen der vermeintlichen Konkurrentin und kann ein Signal für Eifersucht sein. Umgekehrt können unbewusst geweitete Augen und große Pupillen beim ersten Rendezvous einen wunderbaren Hinweis für aufrichtige Sympathie und Interesse geben.

Gerade, wenn ich einen Zuschauer auf die Bühne bitten möchte, ist es für mich wichtig, dessen Augen zu beobachten. Wenn ich jemanden überrede, ins Rampenlicht zu treten, der Angst hat oder sich unwohl fühlt, dann tue ich weder ihm noch mir einen Gefallen. Zusammengezogene Pupillen geben mir auch eine verlässliche Information darüber, ob ein Zuschauer gerade an meinem Können zweifelt oder mich zumindest kritisch mustert. Das zu erkennen, ist entscheidend für mich, denn ich muss sie dort abholen, wo sie sich gerade befinden. Erst dann kann ich sie verblüffen. Auch beim Vortragen einer juristischen Argumentationskette signalisieren mir kleine Pupillen oder zusammengekniffene Augen, dass ich noch Überzeugungsarbeit leisten muss.

Lass die Hände sprechen

Ja, auch Hände sagen etwas. Eine unbewusst gesetzte Geste in Richtung einer Person oder eine spezielle Handhaltung kann etwa einen Hinweis darauf geben, wie man zu dieser Person steht. Schon oft habe ich im Gerichtssaal, auch wenn ich nur als Beobachter dort war und von dem verhandelten Fall und den Fakten keine Ahnung hatte, bloß anhand der Handbewegungen des Richters seine Entscheidung vorhersagen können. Oftmals werden die Hände wie Waagschalen gehalten und man kann erkennen, ob eine Hand beim Äußern eines Arguments stärker gesenkt wird. Diese Begründung wiegt demnach wohl schwerer. So weiß man, in welche Richtung das hohe Gericht gerade tendiert. Verblüffend ist in diesem Zusammenhang auch, dass sich die Person selber noch gar nicht darüber bewusst sein muss, dass sie ihre Entscheidung bereits unbewusst getroffen hat. Durch das Beobachten der Körpersprache können wir daher dem Gegenüber sogar einen Schritt voraus sein. Auch außerhalb des Gerichtssaals, wenn es um die Klärung einer Schuldfrage geht, kann eine Geste mit der Hand oder dem Zeigefinger in die Richtung einer bestimmten Person andeuten, wen man unbewusst als Verantwortlichen ansieht.

Am Schluss möchte ich noch einmal ausdrücklich betonen: Bei der Entschlüsselung von Körpersprache ist die vorherige Kalibrierung das A und O. Darüber hinaus gibt es jedoch keine festen Regeln, sondern allenfalls Hinweise. Diese gelten jedoch nur, wenn die Person sich nicht diesbezüglich beobachtet fühlt und daher unbewusste Signale aussendet.

Lügner entlarven

Lügen haben kurze Beine, und einen Lügner kann man an der Nasenspitze erkennen. Wenn das so einfach wäre! Ebenfalls nicht richtig ist die weit verbreitete Annahme, dass ein Schwindler im Moment des Lügens wegschaut und gern jeglichen Blickkontakt vermeidet. Das Gegenteil ist oftmals sogar der Fall: Der Lügner blickt seinem Gegenüber, während er die Unwahrheit sagt, direkt in die Augen. Genauso wenig machen alle Lügner nervöse Handbewegungen, kratzen sich an der Nase oder rutschen unsicher auf dem Stuhl herum.

Liebe Hobbypsychologen und lebendige Lügendetektoren, haltet euch fest: Neueste wissenschaftliche Erkenntnisse deuten darauf hin, dass man Lügen unter Einbeziehung von Körpersprache sogar schlechter entlarven kann, als wenn man nur auf den Inhalt des Gesagten achtet. Der Grund dafür mag darin liegen, dass der Lügner seine körperlichen Signale leichter kontrollieren und beeinflussen kann als die Wahl seiner Worte und deren Betonung oder Intonation.[4]

Fast zuverlässige Indizien für Lügen

- Die Schilderungen sind meist nicht so ausführlich und detailreich. Dadurch will der Lügner vorhindern, sich später bei Nachfragen in Widersprüche zu verstricken.
- Es fehlen wichtige Details. Stattdessen werden oft unwichtige Kleinigkeiten erdacht und erwähnt, diese sind jedoch so unbedeutend, dass man sie normalerweise bei ehrlicher Aussage längst vergessen hätte.
- Manchmal kommt es zu Pausen, und der Lügner gerät ins Stocken. Grund: Wer sich etwas ausdenken und gegebenenfalls dazu

noch die Körpersprache kontrollieren will, muss ein hohes Maß an Konzentration aufbringen, und das kann zu Ungunsten des sprachlichen Ausdrucks passieren.
- Die Schilderung weist wenige emotionale Bezüge auf. Für gewöhnlich enthalten wahre Erzählungen deutlich mehr Aussagen über die eigenen Gefühle des Sprechenden, als dies bei Lügengeschichten der Fall ist.
- Überhaupt findet man weniger Hinweise für einen Selbstbezug. Es scheint, als ob sich der Lügner unbewusst von seiner Aussage distanzieren will, indem er sich möglichst heraushält. Die Verwendung des Wörtchens »ich« ist deshalb selten.

Statt sich auf vermeintliche Signale zu konzentrieren, sollten Sie versuchen, Ihr Gegenüber erst zu kalibrieren und Ihr Augenmerk dann auf abweichende Verhaltensweisen zu lenken. Gestik, Mimik, vor allem aber die Sprache und die Art der Schilderung enthalten die entscheidenden Hinweise.

Mit Silent Reading Menschen richtig einordnen

Jeder Mensch tritt anders auf. Kleidung, Schmuck, Frisur – diese Äußerlichkeiten allein sagen schon einiges über die Person aus. Allerdings werden es Ihnen die meisten Menschen nicht ganz so leicht machen, sie einzuschätzen wie vielleicht der katholische Pfarrer mit seinem typischen Stehkragen oder der Punker mit seiner gegelten Zackenfrisur. Es lohnt sich somit, dass Sie Ihr Gespür für aufschlussreiche Details stetig verfeinern. Und das geht nur durch intensive Beobachtung. Viele Wahrsager arbeiten mit dieser einfachen Technik, die im Fachjargon als Silent Reading bezeichnet wird. Dies erklärt auch, warum die Erfolgsquote von Wahrsagern signifikant absackt, wenn Ihnen die Ratsuchenden komplett verschleiert gegenübertreten.[5]

Mit einigen befreundeten Kollegen mache ich gelegentlich zum Spaß folgende Silent-Reading-Übung: Wir beschreiben uns gegenseitig bestimmte Menschen, die wir einmal getroffen haben. Dabei beschränken wir uns zunächst auf reine Äußerlichkeiten und lassen daraufhin die anderen ihre Einschätzung zu der Person abgeben, was Beruf, Stand oder politische Ausrichtung angeht. Zwar haben wir noch nicht die Perfektion eines Sherlock Holmes, des Meisters des Silent Readings, erreicht, aber unsere Trefferquote ist ziemlich gut.

Stellen Sie sich einen Topmanager vor, der am Revers seines 2000 Euro teuren Anzugs eine Anstecknadel des Kulturvereins seiner Heimatstadt trägt oder eine Krawattennadel mit dem Emblem der Marke »Harley Davidson«. Durch solche Details erhalten Sie gute erste Hinweise auf den Menschen, dessen Haltung und Wertvorstellungen.

Silent Reading im Büro

Unter Silent Reading versteht man in der Sprache der Mentalisten das Einschätzen einer Person anhand von Äußerlichkeiten. Im Gegensatz dazu steht das sogenannte Cold Reading, bei welchem Personen anhand ihrer Reaktion gelesen und eingeordnet werden. Das Silent Reading lässt sich überall trainieren.

Wenn Sie morgen ins Büro gehen, schauen Sie sich Ihre Kollegen mal genau an. Sie werden staunen, welche Details Sie an ihrem Äußeren entdecken. Versuchen Sie, diese mit der Persönlichkeit der jeweiligen Kollegen in Zusammenhang zu bringen.

NLP & Co. – eine mentale Trickkiste

Das sogenannte Neurolinguistische Programmieren (NLP) wurde von Richard Bandler und Prof. Dr. John Grinder im Jahre 1975 begründet. Es ist ein Verhaltensmodell und beschreibt darauf aufbauende Fähigkeiten und Techniken. NLP wird auch als die Struktur der subjektiven Erfahrung definiert. NLP untersucht die Muster, die sogenannten Programme, welche durch die Interaktion zwischen dem Gehirn (Neuro), der Sprache (Linguistik) und dem Körper kreiert werden.

Die Fertigkeiten und Techniken des NLP entstanden durch Beobachtung und Analyse der Verhaltensmuster von Experten aus diversen Bereichen, die vor allem mit professioneller Kommunikation zusammenhängen; unter anderem aus dem Bereich der Psychotherapie, der Wirtschaft, der Hypnose, des Rechtswesens und der Erziehung. Die Grundannahme, dass die Programme erfolgreicher Menschen ein Teil ihres Erfolgsgeheimnisses sind, führte zu der Erkenntnis, dass man sich durch entsprechende Umprogrammierung effektive Verhaltensweisen aneignen kann.

NLP bietet keine Patentrezepte oder Tricktechniken, die es nach Schema F möglich machen, von jetzt auf gleich ein anderer Mensch zu werden, es bietet jedoch eine Fülle von Ansatzpunkten und Methoden, um eingefahrene Gewohnheiten und Verhaltensmuster effektiv und nachhaltig zu verändern.

Verhaltensmuster oder Metaprogramme

Als Metaprogramme bezeichnet man die feststehenden Verhaltensmuster eines Menschen. Diese funktionieren zugleich als Filter für die für ihn typische Wahrnehmung seiner Umwelt. Folge: Zwei Menschen erleben dasselbe. Während das Erlebte aber für den einen Ansporn ist, etwas zu unternehmen, tritt bei dem anderen genau der gegenteilige Effekt ein, er reagiert verängstigt und gehemmt.

Ein weiterer interessanter Aspekt von Metaprogrammen ist, dass sie dafür sorgen, dass bestimmte Eindrücke aus der Umwelt schlicht ausgeblendet werden. Wir nehmen also nicht nur bestimmte Dinge auf eine ganz spezielle Art und Weise wahr und bewerten sie dementsprechend – wir nehmen auch manche Dinge überhaupt nicht wahr. Im Zusammenhang mit dem Gefühl des Verliebtseins kennen wir alle das Phänomen der rosaroten Brille. Hier werden durch das Ablaufen eines bestimmten Metaprogramms die Wahrnehmungen entsprechend gefiltert. Sie sehen eine bestimmte Person nur in den schönsten Farben. Alle Eindrücke, Wahrnehmungen und Erfahrungen, die diesem Metaprogramm widersprechen, werden unbewusst ausgeblendet.

Metaprogramme ermöglichen so recht verlässliche Aussagen über die zu erwartenden Reaktionen eines Menschen. Ohne dass Sie es wussten, haben Sie bestimmt schon die Metaprogramme Ihrer Mitmenschen erkannt, aber sie sich bislang vielleicht noch nicht gezielt zunutze gemacht. Metaprogramme funktionieren auf verschiedenen Ebenen und können je nach Kontext und Situation auch sehr unterschiedlich sein. Ein kleines Beispiel aus meinem Freundeskreis: Einer meiner Freunde ist Referent. Hält er Vorträge, legt er, immer wenn er nachdenken muss, den rechten Zeigefinger vor den Mund. Diese Denkerpose, welche bildlich verhindert, dass weitere Wörter aus seinem Mund kommen, fördert so körpersprachlich seinen Fokus und seine Konzentration.

Wunderbarer Nebeneffekt dieser Pose: Da für die Zuhörer der Zeigefinger eine Art »Pssst« darstellt, hören alle aufmerksam zu, ohne dass er dies einfordern müsste.

Wahrnehmen mit allen Sinnen

- Sehen – visuell

- Hören – auditiv

- Fühlen – kinästhetisch

- Riechen – olfaktorisch

- Schmecken – gustatorisch

Nach NLP findet unser Denken in verschiedenen Repräsentationssystemen statt: Der visuelle Typ sieht vornehmlich in Gedanken, der auditive Typ hört eher in Gedanken und der kinästhetische Typ fühlt mehr in Gedanken. Wie Ihr Gegenüber vornehmlich tickt, können Sie zumeist schon an seiner Sprache erkennen. Visuell orientierte Menschen sagen: »Das sieht gut aus«, für den auditiven Typ »hört sich etwas gut an«, der kinästhetische hingegen hat »meist ein gutes oder schlechtes Gefühl«.

Das Augenmustermodell

Das Augenmustermodell wurde 1979 entwickelt und soll darüber Aufschluss geben, in welchem Repräsentationssystem jemand gerade denkt.[6] Wandern die Augen nach oben, geht man von visuell orientierten Gedanken aus. Bleiben die Augen in der Mitte, also auf Ohrenhöhe, so denkt jemand auditiv, hört also in Gedanken. Wenn die Augen nach unten wandern, drehen sich die Gedanken um die Gefühlsebene, sind also kinästhetischer Natur. Während die Höhe der Pupille das Denksystem zeigt, soll gleichzeitig die Richtung der Augen Aufschluss darüber geben, ob ein Mensch gerade konstruiert, also eventuell lügt, oder sich exakt erinnert.

Meiner Erfahrung nach hat das Augenmustermodell aber keineswegs Anspruch auf Allgemeingültigkeit. Bei Linkshändern kann es genau umgekehrt sein, oder es mag überhaupt nicht zutreffen. Ich betrachte das Augenmustermodell lediglich als Beispiel einer erfolgreichen Kalibrierung, das in Hinblick auf eine Lügenerkennung vor allem in Zusammenhang mit bildhaften Erinnerungen durchaus erfolgversprechend sein kann.

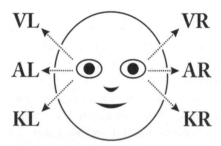

Schema der Augenbewegungsmuster

Erläuterungen der Abkürzungen:
VR = Visuell eRinnert,
VL = Visuell Lügt (also konstruiert)
AR = Auditiv eRinnert,
AL = Auditiv Lügt (also konstrulert)
KR = Kinästhetisch eRinnert
KL = Kinästhetisch Lügt

Um zu sehen, ob Sie mit dem Modell arbeiten können, müssen Sie Ihrem Gegenüber im Gespräch Fragen stellen, bei denen es sich etwas Bestimmtes vorstellen oder an etwas Spezielles erinnern soll.

Beispielsweise: »Wie sah deine Freundin beim ersten Date aus?« Sofern Ihr Gesprächspartner dem besagten Modell entspricht, werden die Augen nach oben rechts wandern.

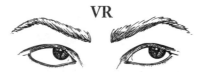

Bei der Aufforderung: »Stell dir mal vor, wie dein Auto aussehen würde, wenn es jemand über Nacht pinkfarben angemalt hätte«, müssten die Augen nach oben und links gehen.

Um die auditive Denkebene zu überprüfen, bitten Sie Ihre Testperson, im Geiste ihr Lieblingslied zu singen. Hierbei sollten die Augen auf mittlerer Höhe verbleiben und nach rechts wandern.

Nun bitten Sie Ihr Gegenüber, sich vorzustellen, wie das Lied klingen würde, wenn es Donald Duck singen würde. In dem Moment sollten die Augen auf derselben Höhe verbleiben und nur nach links wandern.

Wenn Sie fragen: »Wie hat sich dein erster Kuss angefühlt?«, sollten die Augen nach unten rechts wandern,

und wenn Sie sagen: »Stell dir vor, wie es sich anfühlen würde, von George Clooney geküsst zu werden«, müssten die Augen nach unten und links wandern.

Wie gesagt, es handelt sich lediglich um ein Modell. Auch wenn die beschriebenen Reaktionen nicht auf Ihr Gegenüber zutreffen sollten, könnten Sie beobachten, ob sich ein beständiges Muster der Augenbewegung herauskristallisiert und dann damit arbeiten. Auch dies ist wiederum nichts anderes als eine weitere Form der Kalibrierung.

Rapport herstellen und nutzen

Zu wissen, wie unser Gegenüber denkt, kann hilfreich sein, wenn es darum geht, einen sogenannten Rapport herzustellen. Dieser Begriff beschreibt eine unsichtbare Verbindung zwischen zwei Personen, zum Beispiel das Gefühl, miteinander auf der gleichen Wellenlänge zu sein. Rapport beschreibt auch eine Beziehung zwischen zwei Menschen, die durch gegenseitige Achtung und Vertrauen gekennzeichnet ist. Gelingt es, eine besondere Vertrauensbeziehung zu knüpfen, wird vieles möglich. Rapport kann jedoch nur hergestellt werden, wenn die Personen innerlich frei sind. Zeitdruck beispielsweise und aktuell belastende Probleme erschweren den themenübergreifenden Rapport deutlich. Deshalb kann es zum Beispiel in einem geschäftlichen Gespräch sehr hilfreich sein, nicht gleich in medias res zu gehen, sondern durch lockeres Plaudern den möglichen Stress und die Anspannung etwas wegzunehmen. Deutschlands bekanntestem und dienstältestem Konzertveranstalter Fritz Rau sagt man beispielsweise nach, er habe in Verhandlungsgesprächen stundenlang Geschichten erzählt, um dann schließlich im Nebensatz zu bemerken: »Wir machen es im Vertrag dann so wie besprochen«, und die Partner haben nur noch alles abgenickt, weil schon vorher Vertrauen aufgebaut worden war.

Rapport herzustellen heißt, für Empathie zu sorgen. Das wiederum bedeutet, Sie müssen sich in die Situation des anderen einfühlen. Die meisten Methoden, um Rapport zu schaffen, sind deshalb im Grunde Empathietechniken. Einige der Techniken, mit denen Sie auch Ihre Anziehungskraft anderen gegenüber erhöhen können, habe ich weiter oben schon vorgestellt (siehe Seite 155 f.).

Sofern durch Rapport eine Vertrauensgrundlage geschaffen wurde, kann diese auch als erste Stufe einer möglichen unbewussten Einflussnahme genutzt werden. Daher wird Rapport von den NLP-Kritikern gern als Manipulationsmethode bezeichnet. Diese Leute verkennen jedoch, dass ein gesunder Rapport durchaus von gegenseitigem Interesse sein kann, auch bei einem Verkaufsgespräch. Ein Kunde, der eine Kaffeemaschine kaufen möchte, betritt den Laden und sagt: »Sie haben Kaffeemaschinen im Schaufenster stehen, die toll aussehen. Ich würde mir gern eine aus der Nähe ansehen. Könnten Sie mir das Gerät bitte zeigen?« Dieser Kunde scheint aufgrund seiner Wortwahl visuell orientiert zu sein. Das Design der Maschinen spricht ihn besonders an. Er sucht also nicht nur eine gut funktionierende Maschine, sondern gleichzeitig ein dekoratives Accessoire für seine Küche.

Der Verkäufer, der jetzt als Erstes die Testergebnisse der Stiftung Warentest hervorholt und das tolle Preis-Leistungs-Verhältnis anpreist, verhält sich am Kundenwunsch vorbei. Er riskiert, ihn zu verlieren. Ist unser Verkäufer jedoch klug oder flexibel und empfiehlt dem Kunden ein funktionell akzeptables – wenn auch teures – Modell, das ein preisgekröntes Design hat, so kann er die Wahrscheinlichkeit des Verkaufsabschlusses beträchtlich erhöhen, weil er optimal auf die Wünsche und Vorstellungen des Kunden eingehen und diese erfüllen kann. Es entsteht somit eine Win-win-Situation.

So sehr es von Vorteil ist, wenn Sie sich flexibel auf Ihr Gegenüber einstellen, um Rapport herzustellen, so kann es sich umgekehrt nachteilig auswirken, wenn Menschen in verschiedenen Repräsentationssystemen denken. Häufig sind daraus resultierende Irritationen sogar in langjährigen Beziehungen zu beobachten.

Die Ehefrau vermisst, dass ihr Ehemann ihr nicht oft genug sagt, dass er sie liebt. Sie tickt auditiv und möchte diese Bestätigung gerne hören. Der Mann hingegen ist eher visuell ausgerichtet und zeigt seine Zuneigung durch Geschenke. Wäre dem Mann klar, in welchem Repräsentationssystem seine Frau denkt, könnte er viel Geld sparen und gleichzeitig mehr erreichen.[7]

Rapport ist als nonverbaler Aspekt von Kommunikation von großer Bedeutung. Er ist der gute Draht zu unserem Gesprächspartner. Mit empathischer Annäherung stellen wir diese unsichtbare Verbindung her. Rapport macht vieles möglich.

Matching oder wie man geschickt spiegelt

Wir sind geborene Imitatoren. Gesten, Mimik und Sprach-akzente übernehmen wir schnell und ohne dies zu bemer-ken. Wissenschaftliche Experimente zeigen, dass ein zehn-minütiges Gespräch mit jemandem, der dauernd mit seinem Fuß wackelt, bewirkt, dass sein Gegenüber auch bald damit beginnt oder, sofern er selber ein Wackelkandidat ist, sogar seine eigene Fußwackelrate mehr als verdoppelt.[8]

Wenn wir jemanden eine bestimmte Bewegung machen se-hen, werden in unseren Köpfen die gleichen Neuronen akti-viert, wie wenn wir die Bewegung selbst machen würden.[9] Das Spiegeln der Körpersprache kann demnach sehr effektiv sein, wenn es darum geht, auf unbewusster Ebene Rapport herzustellen. Dies lässt sich eindrucksvoll bei verliebten Paa-ren beobachten. Achten Sie mal darauf, wie sehr sich die Tur-teltäubchen einander angleichen.

Doch Vorsicht: Bei all diesen an sich tollen NLP-Techniken mag zu viel des Guten schnell das Gegenteil bewirken. Die Herausforderung ist immer, dass das Gegenüber nichts mit-bekommen darf. Subtil und unbemerkt eingesetzt, sind die Techniken meist wirkungsvoll, aber schon ein kleines biss-chen zu viel kann jeglichen Rapport zunichte und Sie sogar vor Ihrem Gegenüber geradezu lächerlich machen.

Sehr oft gelingt Rapport über ein indirektes Angleichen. Man übernimmt parallel ein Verhalten, allerdings nicht mit dem gleichen Körperteil, wie es der Partner tut. Sie passen beispielsweise Ihre Sprechgeschwindigkeit dem Atemrhyth-mus an. Oder Sie fangen an, in der Sprechgeschwindigkeit des Gesprächspartners sehr leicht – wirklich sehr leicht – nach vorn und nach hinten zu wippen usw. Sie könnten auch Ei-genheiten seiner Stimme – wie Rhythmus, Lautstärke, Tempo, Pausen und Intonationsmuster oder seine Satzmelodie – übernehmen. Mimische Komponenten lassen sich ebenso spiegeln wie etwa Augenbrauen-Hochziehen oder Naserümpfen. Gleiches gilt für Körperhaltungen wie den Kopf zur Seite zu neigen. Auch die Sprache lässt sich anpassen, indem Sie gezielt bestimmte Schlüsselwörter verwenden.

Alle Techniken, um Rapport herzustellen, auf einen Blick

- Benutzen Sie, wenn möglich, die Sprache Ihres Gegenübers und betonen Sie erkennbare Gemeinsamkeiten.
- Konzentrieren Sie sich auf seine Stärken statt auf seine Schwächen, suchen Sie etwas, wofür Sie ihn bewundern können.
- Machen Sie ehrliche und vor allem glaubwürdige Komplimente.
- Nutzen Sie die Magie der Berührung. Schon ein kurzes, beiläufiges, respektvolles Berühren an der Schulter oder am Oberarm hat große Macht. Übrigens: Auf diese Geste hin verdoppelt sich nahezu die Erfolgsquote im Bemühen, Frauen auf der Straße die private Telefonnummer zu entlocken.[10]

Reframing oder alles neu verpackt

Reframing ist eine weitere Technik des NLPs, die nichts anderes bedeutet, als die Fähigkeit, eine Situation anders wahrnehmen zu können. Einem mentalen Bild wird in der Vorstellung quasi ein neuer Rahmen verpasst. Kunstliebhaber wissen, wie sehr die Wirkung eines Gemäldes von seinem Rahmen bestimmt werden kann.

Es gibt verschiedene Arten des Reframings. Beim sogenannten Kontextreframing geht es darum, das Verhalten oder eine Eigenschaft, die Sie bei einer Person als negativ empfinden, in einen anderen Zusammenhang zu stellen. Dadurch soll erzielt werden, ein positives Gefühl für die als negativ empfundene Eigenschaft zu entwickeln.

Angenommen, ein Mann findet seine Freundin ein bisschen zu mütterlich oder zu kindlich, so sollte er versuchen, sich die Frau mit ihren gemeinsamen Kindern vorzustellen, die er gerne bald mit ihr haben möchte. Wahrscheinlich erscheint sie ihm dann in einem deutlich positiveren Licht.

Beim Inhaltsreframing bleibt der Kontext gleich, es wird jedoch versucht, das Verhalten neu zu interpretieren. Die ständigen Kontrollanrufe des Partners könnten somit ab jetzt nicht nur als Zeichen seiner Eifersucht, sondern auch als Beweis seiner Zuneigung gesehen werden.

Versuchen Sie, auch offensichtliche und unveränderliche negative Situationen möglichst positiv zu sehen. Manchmal ist es auch das beste Mittel, über verzwickte Situationen oder eine unglaubliche Verkettung unglücklicher Umstände einfach zu lachen. Wenn Sie das schaffen, sieht die Welt sofort anders aus.

Ängste einfach verschwinden lassen

Angst ist nicht per se etwas Negatives. Sie ist ein überlebenswichtiger Begleiter und warnt uns normalerweise zuverlässig vor Gefahren. Einige Ängste jedoch sind übertrieben und wirken wie eine Behinderung. Eine klassische Methode der Psychotherapie, um Ängste zu reduzieren, heißt Desensibilisierung, sprich, sich seiner Angst zu stellen. Dazu müssen Sie es nicht schaffen, die gefürchtete Spinne in die Hand zu nehmen oder auf einen Turm zu klettern, sondern es genügt schon, sich die Situation, in der man mit seiner Angst konfrontiert ist, plastisch vorzustellen. Angst ist messbar. Wenn Sie einen Pulsmesser tragen, können Sie feststellen, wie sich

Ihre Herzfrequenz in einer angstauslösenden Situation beschleunigt. Typische Begleiterscheinungen sind ein flacher Atem und gelegentliche Schweißausbrüche.

Angst erzeugt Furcht. Diese Emotion, genauso wie Ärger oder Niedergeschlagenheit, kann uns blockieren. Wir haben weiter vorne schon erfahren, dass es einfacher ist, das Denken, welches die Emotion hervorruft, zu ändern, als zu versuchen, die Emotion an sich unter Kontrolle zu bekommen. Aber gerade um Letzteres soll es hier gehen. Und es ist leichter, als Sie denken. Bilder, die wir uns in Gedanken vorstellen, haben ungeheure Kraft. Je nachdem, wie Sie diese Bilder betrachten, können Sie ihre emotionale Wirkung auf Sie steuern.

Machen Sie den Test. Schließen Sie Ihre Augen und denken Sie an ein wunderbares Erlebnis, einen tollen Moment, in dem Sie sich super gefühlt haben. Nun können Sie die emotionale Wirkung des Bildes verändern, indem Sie es in Gedanken bearbeiten. Stellen Sie sich vor, Sie hätten ein Graphikprogramm in Ihrem Kopf, mit dem Sie die Farbigkeit, die Größe und die Bildschärfe beeinflussen könnten. Wenn Sie das Bild größer, farbiger und schärfer stellen und in Gedanken heranzoomen, werden Sie die positiven Gefühle, die Sie mit dem Bild verbinden, verstärken können. Umgekehrt schwächen Sie negative Gefühle ab, wenn Sie die Größe reduzieren, Farbe und Schärfe wegnehmen oder das Bild grobpixelig schwarzweiß werden lassen. Auch wenn Sie Ihre subjektive Perspektive mit dem Blickwinkel eines objektiven Betrachters tauschen, wird ihre Emotion zusammen mit dem Bild schwinden und verblassen.

Nehmen wir zum Beispiel die in unserer Gesellschaft weitverbreitete Angst vor Spinnen. Da uns in unseren Breitengraden für gewöhnlich keine Giftspinnen über den Weg laufen, ist diese Angst also grundsätzlich unbegründet und kann daher bedenkenlos mit Hilfe folgender Übung abgestellt werden. Sie werden danach bestimmt nicht zum Spinnenfreund, aber es sollte Ihnen problemlos möglich sein, die Achtbeiner beim nächsten Zusammentreffen mit der Glas-Postkarten-Methode aus Ihrer Wohnung zu befördern und nicht beim ersten Anblick in Panik zu geraten. Sie können folgende Visualisierung gern allein, in Form einer Meditation oder gemeinsam mit einer zweiten Person durchführen:

Bevor Sie mit der Übung beginnen, rate ich Ihnen, sich Ihre Angst noch einmal ins Bewusstsein zu rufen und sich die negativen Gefühle zu verdeutlichen. Sie werden verblüfft sein, wie leicht und schnell Ihre Angst gleich verschwunden sein wird:

Abrakadabra – weg mit der Angst

Schließen Sie Ihre Augen und begeben Sie sich in einen Zustand tiefer Entspannung (siehe Einstieg zum Autogenen Training Seite 273). Stellen Sie sich vor, Sie sitzen allein in einem großen Kinosaal. Gleich werden Sie einen Film sehen, der Sie mit Ihrer Angst konfrontiert. Aber keine Angst, der Film läuft nur als wackelige Schwarzweiß-Projektion, ohne Ton und als kleines Bild in der Mitte der großen Leinwand ab.

Der Film beginnt, und Sie sehen sich selbst als Hauptdarsteller, wie Sie vor einer Tür stehen. Dahinter befindet sich ein Raum, in dem sich ein paar Krabbeltiere und Spinnen befinden. Die Spinnen sind klein und sitzen in ihren Netzen an der Decke. Sie sehen, wie Ihr Filmdouble die Tür öffnet und durch den Raum geht. Falls Sie sich irgendwann während des Films unwohl fühlen sollten, können Sie auch Ihren Sitzplatz im Kinosaal verlassen und sich in den Projektionsraum begeben, um von dort aus sicherer Entfernung durch eine Scheibe den Film weiterzuverfolgen.

Nachdem Ihr Double den Raum durchquert hat, verlässt es diesen durch die Tür auf der gegenüberliegenden Seite. Nun gehen Sie in den Projektorraum (falls Sie zuvor noch nicht dahin geflüchtet sind) und spulen den Film zurück. Stoppen Sie bei der Szene, in der Ihr Double vor der verschlossenen Tür steht. Vergrößern Sie das Bild und machen Sie es farbig. Denken Sie an eine Situation, in der Sie sich stark und mutig gefühlt haben. Wenn Ihr Double die Tür öffnet, werden Sie gleich sehen, dass sich der Raum dahinter verändert hat: Die Spinnen und das übrige Getier haben sich in lustige Comicfiguren verwandelt. Die Spinnen sind bunt, tragen Clownnasen und witzige Hüte und lächeln Sie freundlich mit einem Biene-Maja-Gesicht an. Überall hängen Luftschlangen und Konfetti, es duftet nach Popcorn und Zuckerwatte, und im Hintergrund spielt Gute-Laune-Musik. Beobachten Sie, wie Ihr Alter Ego den Raum durchquert. Achten Sie dabei auf Ihre Gefühle. Sie können sich wieder aus dem Projektorraum in Ihren Kinosessel begeben oder sogar in einer der vorderen Reihen Platz nehmen und beobachten, wie ihr Filmdouble ohne Furcht und mit Leichtigkeit den Raum passiert. Am Ende stoppen Sie den Film wieder.

Nun stehen Sie von Ihrem Sitzplatz auf und reichen Ihrem Hauptdarsteller durch die Leinwand Ihre Hand und gratulieren ihm zu seinem Erfolg. Wenn Sie dazu bereit sind (sonst können Sie die vorhergehenden Schritte beliebig oft wiederholen), steigen Sie in die Kinoleinwand und verschmelzen mit Ihrer Filmfigur. Jetzt sehen Sie alles aus der eigenen Perspektive und beobachten, wie der Film in hohem Tempo zurückgespult wird und Sie quasi rückwärts durch den lustigen Raum hindurch vor die Eingangstür katapultiert werden. Der Vorgang des Zurückspulens geht schnell und Sie sollten nun wieder vor der geschlossenen Tür stehen. Sobald Sie nun Ihre Augen öffnen, sollte die Angst verschwunden sein.

Ein anderer einfacher und doch sehr effektiver Trick gegen Angst besteht darin, sich die Angst vorzustellen, gleichzeitig aber über einen Kopfhörer Gute-Laune-Musik zu hören. Musik hat eine unglaubliche emotionale Kraft und wirkt direkt auf Ihr Unterbewusstsein. Während wir also unsere Angst empfinden und uns von Musik berieseln lassen, stellt unser Gehirn eine unbewusste Verknüpfung zwischen der Angst und der positiven emotionalen Wirkung der Musik her, und – Hokuspokus – die Angst verschwindet.

Kampfsportler haben diese mentale Technik perfektioniert und vermögen damit sogar, Angst in Mut und Kraft zu verwandeln. Mein persönlicher Songtipp für solche Einsätze stammt aus dem Soundtrack des Films »Top Gun« und hat den Titel: »Danger Zone«. Danach sind Sie mutig wie ein Honigdachs, versprochen!

Mit einem Swish ist alles weg

Richard Bandler[11] hat die sogenannte »Swish«-Technik entwickelt, mit deren Hilfe bleibende Änderungen bei festgefahrenen Gewohnheiten oder Verhaltensmustern erreicht werden können und die mir persönlich schon gute Dienste geleistet hat. Dabei werden zwei innere Bilder, das sogenannte Problembild mit dem unerwünschten Verhalten, gegen ein positives Bild, welches den gewünschten Zielzustand zeigt, blitzschnell gegeneinander ausgetauscht. Der Begriff »Swish« benennt das Geräusch des Zischens im Moment des Austauschens. Es gibt diverse Techniken, um die beiden Bilder auszutauschen. Ich möchte Ihnen hier eine einfache, sofort anwendbare Methode erklären.

Swish!

- Führen Sie sich ein Problem vor Augen, das Sie schon lange ärgert; Fingernägelkauen beispielsweise. Stellen Sie sich vor, dass Sie in Ihrer linken Hand ein Bild halten, auf welchem Sie nervös an Ihren Nägeln kauen. Beladen Sie dieses Bild mit negativen Gefühlen und spüren Sie, wie unwohl Sie sich dabei fühlen.
- In der rechten Hand haben Sie ein Bild, auf dem Sie lächelnd Ihre schönen, gepflegten und gar nicht angeknabberten Fingernägel bewundern. Sie stellen sich vor, wie Sie selbst in einer Stresssituation Ihre Fingernägel genüsslich betrachten können, ohne dabei dem Zwang zu erliegen, daran zu kauen. Dieses Bild sollte so positiv wie möglich aufgeladen sein.
- Die rechte Hand legen Sie nun hinter Ihren Kopf. Schauen Sie auf Ihre linke Hand und visualisieren Sie das dort befindliche Problembild für zwei Sekunden.
- Danach tauschen Sie blitzschnell die Hände. Also, legen Sie die linke hinter Ihren Kopf, die rechte vor Ihre Augen und genießen Sie für zwei Sekunden ein wunderbares Gefühl der Erleichterung.
- Dieses wiederholen Sie nun acht bis zehn Mal.
- Sie werden merken, dass der Anblick Ihrer rechten Hand, sprich das angenehme Bild, Ihnen genau das gute, bestärkende Gefühl vermitteln wird, das Ihnen die Kraft gibt, anders zu handeln. Das schnelle Abbrechen, schon nach zwei Sekunden, verstärkt das Ganze noch zusätzlich.

Der Swish ist universell einsetzbar und hilft sogar akut, wie etwa beim Lampenfieber oder bei Prüfungsangst. Er hält lange vor, da er in unserem Fall mit dem Anblick der Hand verknüpft ist, und die haben Sie ja, hoffe ich, stets dabei.

Den Anker setzen

Damit sind wir auch schon bei einem weiteren großartigen Werkzeug aus der mentalen Trickkiste: Der Technik des Anchoring, zu Deutsch, des Ankersetzens. Ich bin ihr über das »Method Acting« nach Lee Strasberg zum ersten Mal begegnet. Strasberg, der große Schauspiellehrer, gründete seine Methode auf den Erkenntnissen des Russen Konstantin Stanislawski. Es ging dabei darum, einem Schauspieler durch einen körperlichen Stimulus oder einen prägenden Sinneseindruck, quasi auf Knopfdruck, die Aktivierung von Erinnerungen und Erlebnissen zu ermöglichen. Der Unterricht der Schauspielschüler bestand daher zu einem großen Teil aus Entspannungs- und Erinnerungsübungen.

Um die Emotionen, glaubwürdig darstellen zu können und wiederholbar zu machen, trainieren viele Akteure ihr Gedächtnis auf eine besondere Art und Weise. Beim mentalen Durchleben emotionaler Situationen setzen sie gezielt solche körperlichen Gedächtnisanker, die sie später auf der Bühne beliebig oft reaktivieren können. Das berühmte Hundeexperiment zur klassischen Konditionierung nach Iwan Pawlow, dem weltbekannten russischen Mediziner und Physiologen, schaffte die grundlegende Erkenntnis zum Konditionieren solcher Reflexe. Pawlow hatte einem Hund Futter vorgesetzt und diese Handlung in Verbindung zu einem neutralen Reiz, dem Klang einer Glocke, gesetzt. Er wiederholte das Ganze mehrfach. Schon nach kurzer Übungszeit sonderte der Hund Speichel ab, auch wenn er nur die Glocke hörte. Er hatte den Glockenton so sehr mit der Fütterung verknüpft, dass auch ohne die Gabe von Futter der bloße Ton zum Auslösen der körperlichen Reaktion ausreichte.

> ### Setzen Sie Ihren Anker
>
> - Versetzen Sie sich in den mentalen Zustand, den Sie reproduzierbar machen möchten. Sobald die Intensität Ihres Wunschbilds groß genug ist, setzen Sie Ihren Anker, indem Sie es mit einem Stimulus verbinden.
> - Das kann jede beliebige Berührung sein, zum Beispiel das Einklemmen der Daumenspitze zwischen Zeige- und Mittelfinger einer Hand – so wie früher beim Nasewegzaubern.
> - Durch stetige Wiederholung muss Ihr Anker gefestigt werden.
> - Dann kann er in jeder Situation wieder abgerufen werden.

Das funktioniert. Ein guter Freund, der mit mir zusammen die Ausbildung zum Hypnosetherapeuten machte, war von einem Klienten um eine sehr außergewöhnliche Hilfestellung gebeten worden. Dieser wollte als Kandidat in einer Fernsehquizshow auftreten, in der man schnell, das heißt, per Druck auf einen Buzzer, Fragen beantworten musste. Die Allgemeinbildung des Kandidaten war sehr gut, aber seine Nervosität würde ihm im entscheidenden Moment einen Strich durch die Rechnung machen, so fürchtete er.

In einer Hypnosesitzung wurde folgender Anker erfolgreich gesetzt: Der Kandidat sollte im Moment tiefer Entspannung eine Fingerkrone bilden – die Spitzen von Mittel-, Zeigefinger und Daumen zusammendrücken und mit den anderen beiden Fingern eine Art Faust bilden. Auch nach der Hypnosesitzung war es ihm so möglich, wenn er die Finger in diese Stellung brachte, das Gefühl der Entspannung gezielt abrufen zu können. Wir, die von dieser »Präparation« des Kandidaten wussten, konnten die entsprechende Bewegung der Finger auch klar über den Fernsehschirm erkennen: Jedesmal, wenn der Kandidat kurz vor der nächsten Fragerunde stand, versetzte er sich mittels des verankerten Ablaufs in einen absolut ruhigen Zustand, der ihm hypnotisch suggeriert wurde.

Das Ergebnis: ein vollkommen entspannter Kandidat, der nicht am Abrufen seines Potentials gehindert wurde und der – halten Sie sich fest – 100 000 Euro Gewinnprämie mit nach Hause nahm!

Durch Konzentration und Vorstellungskraft können Sie selbst entsprechende Anker für sich kreieren. Sie müssen nur das entsprechende Gefühl möglichst intensiv empfinden und mit einer körperlichen Stimulation verknüpfen. Der Vorteil gegenüber einer direkten oder posthypnotischen Suggestion ist, dass ein Anker verlässlich und beliebig oft abrufbar ist und so vielseitiger eingesetzt werden kann.

Der kleine Anker für zwischendurch

Speichern Sie starke Gefühle, die Sie in besonderen Situationen des Alltags erleben, mit Hilfe eines Ankers ab und machen Sie diese so für sich wiederholbar. Wenn Sie sich also das nächste Mal eine Wellness-Massage gönnen, bilden Sie im Moment der größten Entspannung die oben beschriebene Fingerkrone. Oder drücken Sie mit Daumen und Zeigefinger fest ihr linkes Ohrläppchen, wenn Sie sich nach einem Erfolgserlebnis gut gelaunt und hochmotiviert fühlen. Sie werden so in die Lage versetzt, zumindest einen erheblichen Teil des besagten Gefühls auf Kommando erneut abrufbar zu machen. Und wenn Sie es durch den Anker statt auf Wolke neun nur bis auf Wolke sieben schaffen, find ich das auch okay. Ahoi!

Das Phänomen Hypnose

Eigentlich stand ich Techniken wie Hypnose oder Meditation eher skeptisch gegenüber und hielt es lange Zeit für abgespaceten Esoterikkram. Durch meine intensive Beschäftigung mit der Mentalmagie landete ich dann doch irgendwann in einem Hypnoseworkshop. Alles, was der Lehrer dort erzählte, war mir nicht neu und aus diversen Büchern hinreichend bekannt. Nach ein paar Stunden Instruktion hieß es dann plötzlich: »So das war's. Jetzt dürft ihr euer Können bei einer praktischen Übung unter Beweis stellen.«

Um dieser Aufforderung Taten folgen zu lassen, gingen wir in ein nahegelegenes Café. Doch niemand traute sich, jemanden der anwesenden Gäste zu fragen, ob er oder sie sich hypnotisieren lassen wolle. Schließlich dachte ich: »Okay, um allen zu beweisen, dass das Erlernte niemals ausreicht, jemanden blitzschnell in Hypnose zu versetzen, mache ich den Anfang.« Und tatsächlich konnte ich einen Gast dazu überreden, mein Versuchskaninchen zu sein.

»Wenn du die Augen öffnest, wird dein Name aus deinem Gedächtnis verschwunden sein, du wirst nicht mehr in der Lage sein, deinen Namen zu nennen«, lautete meine abschließende Formel nach dem Hypnoseversuch. Ich war mir immer noch hundertprozentig sicher, dass dies nie und nimmer funktionieren würde, als ich fragte: »Wie heißt du?«

Doch, was für ein Schock, er wusste es nicht. Auch nach mehrmaliger Aufforderung durch seine Freunde war es ihm nicht möglich, sich an seinen Namen zu erinnern. Ich war fassungslos! Zweifelsohne war ich verblüffter als meine Zuschauer, denen ich mich selbstbewusst als Hypnotiseur vorgestellt hatte und die natürlich erwartet hatten, dass mein angekündigtes Experiment gelingen würde. Skurrilerweise durfte ich mir diesen Umstand natürlich nicht anmerken lassen.

Heute blicke ich auf unzählige Hypnosen und Hunderte Rauchentwöhnungen zurück. Auch erfolgreichen Angst- und Schmerztherapien habe ich beigewohnt und weiß daher, welches ungeahnte und viel zu selten genutzte Potential in dieser Therapieform steckt. Nebenstehender Clip gibt Ihnen Einblicke in die faszinierende Welt der Hypnose.

Hypnose, was ist das?

Bis heute ist ungeklärt, ob Hypnose tatsächlich einen besonderen Zustand darstellt, in dem man Dinge erreichen kann, die sonst nicht erreichbar wären. Ich persönlich glaube das nicht. Aber das schränkt den Nutzen keinesfalls ein. Die für mich treffendste Definition des Wesens von Hypnose lautet: »Your mind is locked around a single idea« oder frei übersetzt: »Ihre Gedanken kreisen um einen bestimmten Punkt und sind auf eine bestimmte Idee fixiert.« Probieren Sie's.

Der Magnettest

- Falten sie Ihre Hände und ziehen Sie die Zeigefinger so weit auseinander, wie Sie können (siehe Abbildung).

- Nun konzentrieren Sie sich auf den Bereich zwischen Ihren Fingern und stellen sich vor, dass in Ihre Fingerkuppen kleine Magnete eingebaut sind.
- Sobald Sie sich die Wirkung der Magnete wirklich konkret vorstellen, werden Sie bemerken, wie sich die Finger tatsächlich anziehen und aufeinander zu bewegen. Dies geht nicht nur ein kleines Stück weit, wie man es vielleicht wegen der natürlichen Muskelspannung vermuten könnte, sondern bis zu dem Punkt, wo sich die Fingerspitzen tatsächlich berühren. Versuchen Sie es, jetzt!
- Wir gehen noch einen Schritt weiter. Legen Sie Ihre Hand flach vor sich auf den Tisch und stellen Sie sich vor, dass Sie fest daran klebt. Stellen Sie sich weiterhin vor, dass jeder Finger einzeln mit einem unsichtbaren Nagel festgenagelt wurde und Sie die Hand daher nicht hochheben können.
- Bleiben Sie bei dieser Vorstellung und versuchen Sie dennoch, langsam die Hand zu heben. Sie werden spüren, dass Ihnen das schwerfällt bzw. dass Sie einen großen Widerstand überwinden müssen.
- Gehen wir noch einen Schritt weiter. Stellen Sie sich nun vor, dass Sie, auch wenn Sie nun wirklich die Hand bewegen wollten, es einfach nicht könnten. Voilà! Jetzt wissen Sie, wie es sich anfühlt!

Dieser Widerstand fällt bei jedem unterschiedlich aus, je nachdem, wie gut die Hypnose sitzt. Übrigens, in Trance wird niemand vollkommen willenlos, denn Hypnose ist kein unnatürlicher Zustand. Sie ist ähnlich der Entspannung, wie wir sie tagtäglich für kurze Momente erleben, zum Beispiel beim Wegdriften während einer Zugfahrt oder während eines Konzerts oder kurz vor dem Einschlafen.

Daher braucht man, um Hypnose zu erleben, eigentlich nicht einmal einen Hypnotiseur. Der Begriff »Suggestion« bedeutet nichts anderes als »Vorschlag«. Und nichts anderes ist sie: ein Vorschlag, sich auf eine Idee einzulassen, sich etwas ganz intensiv vorzustellen. Somit geht die Hypnose viel mehr vom Hypnotisierten als vom Hypnotiseur aus, und der Erfolg hängt auch vom ihm ab. Autogenes Training, Yoga und andere Formen der Meditation sind artverwandt und beschreiben wie die Hypnose oder die Trance allgemein einen Zustand tiefer Entspannung.

Das Subjekt schläft nicht, auch wenn es manchmal den Anschein hat. Es nimmt alles wahr. Manche erklären hinterher, der Zustand sei so gewesen, als ob sie ein Gläschen zu viel getrunken hätten. In diesem Zustand verliert unser Bewusstsein seine dominierende Stellung, die Kritikfähigkeit nimmt ab, und der Hypnotiseur kann direkt mit dem Unterbewusstsein in Kontakt treten, um dort gegebenenfalls Eingaben oder Veränderungen vorzunehmen.

Wenn Sie sich das Unterbewusstsein als eine Art Betriebssystem des Menschen vorstellen, so bekommen Sie eine Ahnung davon, was schon kleine Veränderungen bewirken können, aber Sie wissen auch, dass man nichts anderes damit machen kann, als das, was das Betriebssystem vorgibt.

Hypnose mal ganz praktisch

Das für mich Faszinierendste an Hypnose ist: Obwohl sie so wenig braucht, vermag sie doch so viel zu bewirken. Ich möchte Ihnen hier keinen Schnellkurs in Hypnose geben, dafür ist dieses Taschenbuch mit Sicherheit nicht geeignet. Ich kann Ihnen jedoch einen kurzen Überblick liefern und zeigen, wie Sie sich selber blitzschnell und einfach das Rauchen abgewöhnen und Hypnose als Entspannungswerkzeug oder zur Motivation nutzen können.[12]

Kleine Warnungen zum Thema Hypnose

- Versuchen Sie niemals, jemanden zu hypnotisieren, der psychische Probleme hat oder Epileptiker ist.
- Probieren Sie es niemals mit Suggestionen, die dem Medium Schaden zufügen könnten, z. B.: »Du bekommst keine Luft.«
- Machen Sie keine Hypnose zu therapeutischem Zweck. Es sei denn, Sie sind entsprechend qualifiziert. Ausnahme: Rauchentwöhnung. Dabei kann nichts passieren, außer dass es nicht klappt.
- Stellen Sie sicher, dass nach der Hypnose alle für Demonstrationszwecke gegebenen Suggestionen, wie »Du weißt deinen Namen nicht mehr« oder »Du kannst deinen Arm nicht mehr bewegen«, wieder rückgängig gemacht werden und dass das Subjekt am Ende wieder voll da ist und das auch bestätigen kann.

Am Anfang ist die Induktion

Jede Hypnose beginnt mit der sogenannten Induktion, das heißt dem Herbeiführen des eigentlichen hypnotischen Zustands. Es gibt eine schier unglaublich große Fülle von Induktionstechniken, die man benutzen kann, und nahezu jeder professionelle Hypnotiseur hat seine persönliche Lieblingsvariante. Ich habe hier eine sehr einfache Variante für Sie ausgewählt. Nach diesem Prinzip erfolgte auch meine allererste Hypnoseinduktion, welche ich vor gefühlten 20 Jahren dem zehn Heftchen umfassenden Werk »Hypnose für Zauberkünstler«, so hieß es, glaube ich, entnommen habe und erfolgreich bei einer Gartenparty mit Schulfreunden einsetzte.

Hypnoseinduktion für Anfänger

- Sie benötigen ein glänzendes Objekt wie einen Kugelschreiber aus Metall oder eine silberne Münze. An dieser Stelle weine ich unserem geliebten Fünf-Markstück hinterher, aber eine Ein- oder Zwei-Euro-Münze tut es auch.

- Da das Subjekt sich entspannen können muss, empfiehlt sich eine ruhige, nicht zu hell beleuchtete Umgebung. Bei der ersten Hypnose empfehle ich immer, eine vertraute Person als Aufpasser mitzubringen. Das vermittelt dem Subjekt Sicherheit und macht es ihm leichter, sich völlig fallen zu lassen.

- Lassen Sie das Subjekt auf einem Stuhl Platz nehmen. Die Füße stehen parallel auf dem Boden, und die Hände liegen locker im Schoß.

- Lassen Sie keinen Zweifel daran aufkommen, dass Ihnen die Hypnose gelingen wird, denn die Erwartung des Subjekts ist Grundvoraussetzung dafür.

- Halten Sie nun den glänzenden Gegenstand in circa 20 Zentimetern Abstand leicht oberhalb der Augenhöhe vor das Gesicht des Subjekts. Bitten Sie es, diesen Punkt zu fixieren. Die Augenfixation wird nach einiger Zeit dazu führen, dass die Augenlider schwer werden.

- Der Hypnotiseur macht sich diese natürliche Reaktion zunutze, indem er sagt: »Du spürst, wie deine Augenlider schwerer und schwerer werden. Noch gelingt es dir, die Augen aufzuhalten, aber irgendwann sind die Lider so schwer, dass sie von selbst zufallen.«

- Wiederholen Sie die Suggestion ruhig und langsam, denn rhythmische Monotonie ist förderlich, um Trance zu erreichen.

- Sobald die Augen des Subjekts geschlossen sind, fahren Sie weiter fort mit der Vertiefung: »Die Augen bleiben geschlossen und du sinkst tiefer und tiefer in den Zustand der Entspannung. Mit jedem Atemzug, den du machst, lässt du weiter los und entspannst weiter und tiefer.«

- Sie können nun das Subjekt in Gedanken eine Treppe mit zehn Stufen hinuntersteigen lassen, wobei Sie langsam abwärts zählen und sagen: »Mit jeder Stufe entspannst du mehr und mehr ...«

Um festzustellen, wie tief sich das Subjekt in Trance befindet, und um zu testen, ob noch weitere Vertiefungen notwendig sind, gibt es diverse Möglichkeiten. Sie können zum Beispiel eine Suggestion erteilen und beobachten, ob und wie schnell das Subjekt darauf reagiert. Sagen Sie beispielsweise: »Je tiefer du entspannst, desto leichter wird dein linker Arm. Dieser wird von unsichtbaren Heliumballons nach oben gezogen, die mit einer Schnur um dein Handgelenk geknotet sind. Je tiefer du entspannst, desto leichter wird deine Hand und desto schneller kann sie nach oben gezogen werden.« Sie bemerken, Sie müssen im Zweifelsfall immer auf Wiederholungen setzen und darauf bestehen, dass die Wirkung irgendwann eintreten wird.

Das Tempo, wie schnell sich der Arm nach oben bewegt, und wann er das tut, sind verlässliche Indikatoren für den Grad und die Tiefe des Entspannungszustands. Achten Sie dabei auf Reaktionen des limbischen Systems, wie das Zucken der Muskulatur oder das Flackern der Augenlider, auch diese Signale geben einen Hinweis darüber, wann der Zustand eine gewisse Tiefe erreicht hat. Ab dann können Sie es mit einer Suggestion versuchen. Wie wäre es mit dem oben beschriebenen Beispiel, bei dem die Hand auf dem Tisch festklebt: Sagen Sie Ihrem Subjekt, dass es seine Hand flach auf den Tisch oder den Oberschenkel legen und sich vorstellen solle, sie sei dort festgeklebt. Schmücken Sie die Suggestion möglichst aus: »Jeder Finger deiner Hand ist wie mit Sekundenkleber festgeklebt, es ist dir unmöglich,

202

die Hand zu heben. Je mehr du es versuchst, desto unmöglicher wird es.«

Haben Sie und Ihr Subjekt alles richtig gemacht, wird es die Hand nicht mehr rühren können. Bei meinen Demonstrationen lege ich für gewöhnlich einen Geldschein direkt vor die Fingerspitzen des Subjekts und sage ihm, wenn es in der Lage sei, diesen zu nehmen, gehöre er ihm. Das hat schon zu grandiosen Situationen geführt. Wenn nämlich die umherstehenden Zuschauer das Subjekt ermunterten, nun doch endlich zuzugreifen und das Geld zu nehmen, das Subjekt aber mit verzweifeltem Gesichtsausdruck bedeutete, dass es ihm gerade unmöglich sei. Machen Sie dieses Experiment mit dem Geld aber bitte nur nach, wenn Sie sich ihrer Sache wirklich sicher sind, sonst könnte es für Sie teuer werden.

Richtig aufwecken nie vergessen

- Das Wake-up, das Zurückholen beziehungsweise Aufwecken des Subjekts, ist unerlässlich. Dabei müssen gesetzte Suggestionen wieder aufgelöst werden.
- »Alle Suggestionen, die ich dir gegeben habe, sind dir genommen.« Oder konkret: »Deine Hand ist wieder ganz normal zu führen und frei beweglich.«
- In der Regel gebe ich meinem Subjekt noch einige positive Suggestionen mit auf den Weg: »Du fühlst dich ausgeruht und bist so entspannt wie nach einem erholsamen Mittagsschlaf. Du bist motiviert, voller Energie und bereit für alle Aufgaben, die vor dir liegen.«
- Ich zähle dabei laut von eins bis fünf. Bei fünf soll das Subjekt die Augen öffnen.
- Das Subjekt soll während des Zählvorgangs tief aus- und einatmen, spüren, wie Energie seinen gesamten Körper durchströmt, und sich vorstellen, wie kaltes Wasser sein Gesicht erfrischt.

- Dosieren Sie die Energie, die Sie dem Medium wieder zurückgeben, bitte vorsichtig. Das heißt, nicht zu viel und nicht zu wenig. Ausdrücke wie »ausgeruht« und »entspannt« oder »voller Energie, wie nach einem erholsamen Schlaf« sind perfekt.

In Shanghai ist mir mit einer Hypnose einmal Folgendes passiert: Als eine junge Dame, die sich vor einem Discobesuch müde fühlte, hypnotisiert werden wollte, damit ich ihr reichlich Energie dafür suggeriere, wurde sie zum Leidwesen ihres Begleiters quasi zum tanzenden Derwisch, weil sie bis morgens sechs Uhr auf der Tanzfläche blieb. Das war dann doch zu viel des Guten.

Hypnose als Therapie

Mein Lehrer für Hypnosetherapie heißt Freddy Jaquin, und er arbeitet seit vielen Jahren höchst erfolgreich in Großbritannien. Sein Therapieansatz hat mich von Anfang an fasziniert, weil er einfach und dennoch von unglaublicher Wirksamkeit ist. »Jeder Mensch trägt die Lösung seines Problems bereits in sich«, ist sein Grundsatz. Der Hypnotiseur habe nur die Aufgabe, ihm dabei zu helfen, sie zu finden. Prinzipiell ermöglicht dieser Therapieansatz eine Hypnosebehandlung auch ohne dass der Patient dem Therapeuten sein Problem offenbart. Grandios. Im folgenden Beispiel »Raucherentwöhnung« werden Sie sein Vorgehen wiedererkennen. Seine Methode ist allerdings durchaus universell einsetzbar.

In 15 Minuten zum Nichtraucher[13]

Schon Hunderten von Rauchern habe ich in weniger als 15 Minuten das Rauchen abgewöhnt. Ehrlich. Sie können das sogar allein schaffen. Grundvoraussetzung: Sie müssen ernsthaft aufhören wollen. Durch Hypnose kann der Zwang »Ich muss jetzt unbedingt eine rauchen« verschwinden. Nicht mehr, aber auch nicht weniger.

Im Betriebssystem unseres Körpers wird dabei nicht etwa das Programm »Rauchen« gelöscht – dies würde eine wesentlich langwierigere und komplexere Prozedur verlangen, sondern das Programm »Rauchen« durch ein anderes Programm, von dem Sie selbst nicht wissen müssen, welches es sein wird, ersetzt, also quasi überschrieben.

Vor meiner Raucherentwöhnungshypnose mache ich immer einige Vorbemerkungen, die zwar nicht hundertprozentig wissenschaftlich fundiert, aber überzeugend sind und den Patienten das Aufhören erleichtern. Ich erkläre ihnen: Manche Suggestionen werden gezielt in die Welt gesetzt, um uns gewisse Dinge zu erschweren oder scheinbar unmöglich zu machen. Dazu zählt der Glaube, dass das Rauchen von Zigaretten körperlich süchtig mache und es daher schwerfalle aufzuhören. Zwar gibt es die sogenannte Nikotinsucht, die mit der Sucht nach Heroin vergleichbar ist, aber hierzu müssten sehr große Mengen aufgenommen werden, die weit über den üblichen Zigarettenkonsum hinausgehen. Gäbe es eine körperliche Abhängigkeit, wäre es unmöglich, dass ein Mensch – wie ein Bekannter von mir, der Dank meiner Hilfe aufhören konnte – am Tag 80 Zigaretten rauchte, aber nachts sieben Stunden durchschlafen könnte. Außerdem ist es ein typisches Zeichen echter Sucht, wenn man die Dosis immer weiter steigern muss. Die meisten Raucher aber bleiben über Jahre hinweg bei einer Menge.

So etwas wie Entzugserscheinungen gibt es auch nicht. Nervosität und Gewichtszunahme resultieren einfach aus dem Wegfallen einer Gewohnheit, die durch Ersatzhandlungen ausgeglichen werden muss. Zudem: Bei allen harten Drogen mit erwiesener körperlicher Abhängigkeit sind die verschiedenen Stadien des Entzugs mit ihren Begleiterscheinungen immer gleich und deren Abfolge vorhersagbar.

Fazit: Das größte Interesse daran, dass wir glauben, Rauchen mache abhängig, hat die Zigarettenindustrie. Sobald wir meinen zu wissen, dass es schwierig wird, aufzuhören, ist es das auch. Dass man an Gewicht zunimmt, wenn man auf Zigaretten verzichtet, muss auch nicht sein. Eine weitere negative Suggestion par excellence. Außerdem wird immer die beruhigende und entspannende Wirkung einer Zigarette gepriesen. Noch so ein Irrtum. Denn in Wirklichkeit ist die medizinische Wirkung von Nikotin eher mit der von Koffein vergleichbar. Und das regt bekanntlich den Kreislauf an. Warum aber empfindet der Raucher die Zigarettenpause dennoch als entspannenden Moment? Weil er sich eine Pause nimmt und abschaltet. Darüber hinaus inhaliert er den Zigarettenrauch, was nichts anderes ist als bewusstes, langes, tiefes Atmen wie beim Yoga.

Meine Botschaft an alle Raucher, die aufhören wollen, lautet deshalb: »Sie können jederzeit und ohne Nebenwirkungen aufhören. Es sind keinerlei Schwierigkeiten zu erwarten. Sie müssen es einfach nur wollen.« Wenn ich jetzt den Satz höre: »Ich will, aber ich schaffe es trotzdem nicht!«, dann frage ich nach: »Könntest du mit dem Rauchen aufhören, von jetzt auf gleich, wenn du wüsstest, dass das Leben eines geliebten Menschen davon abhinge?« Dies wird dann wie selbstverständlich bejaht. Seltsamerweise scheint uns das Wohl unserer Liebsten mehr am Herzen zu liegen als unsere eigene Gesundheit. Ich quittiere diese Erkenntnis stets mit einem freundlichen

»Also sehen Sie, Sie können ab heute Nichtraucher sein«, und beginne mit der eigentlichen Hypnose, mit der Induktion. Sobald sich das Subjekt (also Sie) in tiefer Trance befindet (wie das geht, habe ich auf Seite 201 f. beschrieben), spreche ich sein Unterbewusstsein an, und zwar den Teil, der dafür verantwortlich ist, dass die Person – ich duze und spreche sie mit Vornamen an – mit dem Rauchen angefangen hat. Das hilft dem Patienten, das Rauchen nicht als Makel seiner Persönlichkeit als Ganzes zu sehen, sondern als einzelne Fehlleistung eines separierbaren Teils seiner Persönlichkeit. Und vielleicht auch das noch nicht einmal. Er mag sogar von außen darauf schauen. Ich gehe grundsätzlich davon aus, dass jeder Impuls des Unterbewusstseins immer etwas Positives zum Ziel hat. In der Regel fangen junge Menschen an zu rauchen, weil sie sich erwachsen fühlen oder einfach dazugehören wollen. Diese positive Intention wird jedoch im Erwachsenenalter in der Regel nicht mehr durch das Rauchen erfüllt. Dieser Umstand hilft uns, wenn es darum geht, der ursprünglichen Absicht nun eine neue Tätigkeit zuzuweisen. Ich fordere also diesen Teil des Unterbewusstseins, der dafür verantwortlich war, mit dem Rauchen anzufangen, dazu auf, mit mir in Kontakt zu treten und mir dies durch ein Zeichen zu bestätigen. Solche Signale können ein Flackern der Augenlider, ein Nicken des Kopfes oder das Zucken eines Fingers sein. Sobald sich der Patient in Trance befindet, kommen diese Zeichen mit beeindruckender Deutlichkeit und völlig losgelöst vom Willen zutage. Meist können sich die Hypnotisierten später gar nicht daran erinnern und sind verblüfft, wenn ihnen davon berichtet wird.

Danach schicke ich den kreativen Teil des Unterbewusstseins auf die Suche nach einer Ersatztätigkeit für die weiterhin bestehende positive Intention. Ich sage: »Ich spreche nun mit dem kreativen Teil deines Unterbewusstseins, deinem Zentrum für Phantasie und neue Ideen. Ich möchte, dass dieser Teil nun auf die Suche nach einer anderen Tätigkeit geht, um die ursprüngliche positive Intention, die dem Rauchen zugrunde liegt, zu erfüllen. Wenn du eine andere derartige Tätigkeit gefunden hast, möchte ich, dass dies wieder durch ein deutliches unbewusstes Signal bestätigt wird.«

Sie merken, dass das Subjekt die Lösung quasi schon in sich trägt und diese nur noch ausfindig machen muss. Sobald wieder ein unbewusstes Signal der Bestätigung gesendet wird, erfolgt abschließend der sogenannte Eco-Check. Hierbei soll geprüft werden, ob die Ersatzverhaltensweise weder für die Person selbst noch für ihre Umwelt negative Konsequenzen hat. Hierzu sage ich dem Unterbewusstsein, es soll in einer Art Testlauf die neue Verhaltensweise durchspielen, und sofern sich keine negativen Effekte zeigen, mir durch ein klares unbewusstes Signal die Annahme bestätigen. Diese nachträgliche Überprüfung ist wichtig, da ja niemand will, dass der neue Nichtraucher plötzlich zunimmt oder sich ab sofort in einen unerträglichen Miesepeter verwandelt. Am Ende soll er ja glücklicher sein und langfristig auch gesünder werden. Dann kommt das oben beschriebene Wake-up und der Klient hat sich in einen hoffentlich glücklichen Nichtraucher verwandelt.

Die Macht der Beeinflussung

Sie, ja genau Sie, können Menschen durch simple Kleinigkeiten wie bloße Worte oder eine schlichte Information dazu bringen, etwas zu tun, das sie eigentlich gar nicht tun wollen. Klingt in dieser Absolutheit unglaublich, oder? Ist es aber gar nicht. Denn auch wenn Sie es nicht wahrhaben wollen, Sie werden selbst täglich genauso und ständig beeinflusst. Manchmal natürlich auch zu Ihrem Vorteil. Man sagt, dass sich der moderne Mensch der Informationsgesellschaft 400-mal pro Tag Beeinflussungen aller Art ausgesetzt sieht. Nicht bloß durch Werbung im Fernsehen, sondern durch alles Mögliche: durch einen verführerischen Duft, durch eindrucksvolle Worte, eine auffällige Farbe, durch heimliche Konditionierung, eine geschickte Inszenierung und so weiter.

Viele unserer vermeintlich freien Entscheidungen sind daher gar nicht so frei, wie wir denken. Ich möchte Ihnen bewusst machen, wie beeinflussbar wir alle sind. Und vor allem, wie Beeinflussungstechniken funktionieren – damit Sie sich in Zukunft erfolgreich gegen solche Beeinflussungen schützen können.

Beeinflussung fängt im Kleinen an. So können schon scheinbar unbedeutende Worte oder allein das Umstellen ihrer Reihenfolge eine verblüffende Wirkung erzeugen. Mich als Anwalt zum Beispiel faszinieren Suggestivfragen. Dazu ein Experiment: Zwei Versuchsgruppen wurde die Videoaufnahme eines leichten Verkehrsunfalls vorgespielt. Die danach von der jeweiligen Gruppe gewünschte Einschätzung der Geschwindigkeit des Unfallfahrzeugs wich erheblich von der jeweils anderen ab. Auf die Frage: »Mit welcher Geschwindigkeit touchierte das Fahrzeug das andere?«, lag die Antwort von Gruppe 1 im Durchschnitte bei 51,2 Kilometern in der Stunde. Gruppe 2 wurde jedoch gefragt: »Mit welcher Geschwindigkeit rammte das Fahrzeug das andere?«, und ihre Einschätzung lag deutlich höher – im Durchschnitt bei 64 Kilometern pro Stunde. Einige Befragte der Ramm-Gruppe gaben zudem an, Glassplitter am Unfallort gesehen zu haben, obwohl das Video nachweislich nichts Derartiges gezeigt hatte.

Die Ergebnisse dieser Studie haben in amerikanischen Gerichtssälen zu einem Verbot von Suggestivfragen geführt. Aber es gibt darüber hinaus noch eine Fülle von Worten

und Formulierungen, die eine beeinflussende Wirkung aus-
üben können. Auch wenn Sie damit zugegebenermaßen keine
Wunder vollbringen können, rate ich Ihnen, diese Zauberwörter keinesfalls zu unterschätzen. Die Wirkung der Worte
kann selbstverständlich durch eine entsprechende Körpersprache noch verstärkt werden.

Zauberwörter, Zauberwörter, Zauberwörter

Hier meine kleine Sammlung wirkungsvoller Zauberwörter:[14]

Das Begründungsprinzip »..., weil ...« oder »..., da ...«

Ebenso einfach wie effektiv ist die Technik, dass wir, wenn
wir jemanden um einen Gefallen bitten, immer einen Grund
angeben sollten. Der braucht nicht einmal logisch nachvollziehbar oder bedeutsam zu sein. Das bloße Hinzufügen einer
möglichen Begründung mit dem Wörtchen »weil« bewirkt
Erstaunliches, wie eine bereits 1978 durchgeführte Untersu-
chung zeigen konnte.[15] In dem Versuch wollte eine Person in
einer Schlange vor dem Kopiergerät vorgelassen werden, um
rasch einige Kopien machen zu können. Mit der Bitte: »Entschuldigen Sie, ich habe fünf Seiten zu kopieren, könnte ich
den Kopierer vor Ihnen benutzen?«, lag ihre Erfolgsquote
bei 60 Prozent. Nachdem jedoch noch ein Grund angegeben
wurde: »Könnten Sie mich bitte vorlassen, da ich sehr in Eile
bin«, schnellte die Quote auf 94 Prozent hoch.

Besonders interessant in diesem Zusammenhang ist jedoch
der Umstand, dass die Erfolgsquote nahezu gleich hoch blieb,
wenn statt der Eile eine andere völlig bedeutungslose Begründung vorgeschoben wurde. »Könnte ich den Kopierer benutzen, weil ich Kopien anfertigen muss?« Verblüffend. Die
Qualität der Begründung spielt demnach keine Rolle.[16]

Das Kommandoprinzip »... und ...«

Diese Technik bedeutet nichts anderes, als eine Aufforderung mit dem Wort »und« mit einer anderen zu verknüpfen. Das Prinzip dahinter: durch Überforderung Konfusion zu erzeugen. Denn bevor der Angesprochene überhaupt darüber nachdenken kann, ob er die erste Bitte erfüllen möchte, wird direkt eine zweite hinterhergeschoben. Unbewusst wird er oft den Weg des geringsten Widerstands gehen und beiden Bitten nachkommen. Beide sollten aber in etwa denselben Grad an Anforderung aufweisen:

- »Zieh deine Schuhe an und komm mit!«
- »Mach deine Hausaufgaben und sag mir Bescheid, wenn du fertig bist.«
- »Schnallen Sie sich an und klappen Sie die Tische hoch.«

Das angefügte »..., oder?«

Damit wird eine Ablehnung der gestellten Frage impliziert. In Gedanken wird Ihr Gegenüber den jeweiligen Satz nämlich mit den Worten »oder nicht?« vervollständigen. Zwielichtige Kartenspieler, die nach einem sogenannten Falschmischen verhindern möchten, dass der Mitspieler nochmals abheben will, formulieren: »Wollen Sie die Karten nochmals abheben, oder?« Der hungrige Tischnachbar versucht es damit: »Willst du den letzten Keks noch essen, oder?« Der Arbeitnehmer, der früher Feierabend machen möchte, sagt zu seinem Chef: »Sie haben doch nichts dagegen, dass ich heute früher Schluss mache, oder?«

(K)eine Wahl

Bei dieser rhetorischen Figur wird mit der Illusion der freien Wahl gespielt. Diese kann sich jedoch auf ein völlig unbedeutendes Detail beziehen, während die wichtige Entscheidung einfach als bereits getroffen unterstellt wird. Der Verkäufer erkundigt sich beispielsweise nicht: »Möchten Sie dieses Küchenmodell kaufen?«, sondern fragt: »Welcher Liefertermin würde Ihnen besser passen, Anfang oder Mitte des Monats?«[17] Wer hierauf antwortet, hat die Küche schon gekauft.

»Wie Sie sicher wissen, ...«

Mit dieser Formel suggeriert man, dass es sich um offensichtliche Informationen handelt, die nicht zu hinterfragen sind. Damit schüren Sie die Angst Ihres Gegenübers, sich als dumm zu outen, wenn ihm dieses Wissen fremd ist, und unterdrücken damit seinen möglichen Widerspruch. Logischerweise sollten Sie bei dieser Technik nur Fakten verwenden, die auf den ersten Blick auch glaubwürdig erscheinen. Also bitte nicht: »Wie Sie sicher wissen, wurden die Pyramiden von Aliens erbaut.« Hier müssten Sie dann doch mit Widerspruch rechnen.

Nicht ob, sondern wie

Anstatt zu fragen, ob jemand etwas überhaupt machen möchte, kann man das ganz frech unterstellen und direkt danach fragen, wie lange er dafür brauche oder wie gut es ihm gefalle. Die Mutter, die möchte, dass ihr Kind zügig die Hausaufgaben erledigt, fragt besser: »Wie lange brauchst du, um deine Hausaufgaben zu erledigen?« anstatt »Möchtest du deine Hausaufgaben machen?« Der Gastgeber, der seine gute Laune behalten will, klopft seinem Gast auf die Schulter und sagt: »Wie gut gefällt dir die Party?« Wollte er von ihm ehrlich hören, wie er tatsächlich den Abend findet, müsste er schon fragen: »Gefällt dir meine Party?« Aber wer will darauf schon eine ehrliche Antwort?

Ähnlich wirken positive Formulierungen mit impliziten Kommandos, wie sie von manchen Verkaufsprofis verwendet werden: »Ich sehe, Sie brauchen noch etwas Zeit, bevor Sie sich für den Kauf entscheiden.« Hierbei ist es keine

Frage mehr, ob der Kunde kauft, sondern nur noch wann. Dem Kunden wird damit eine bereits getroffene Entscheidung suggeriert.

Wir können diese Art der Formulierung auch nutzen, um eine bestimmte gewünschte Reaktion hervorzurufen und zu verstärken. Ich formuliere manchmal: »Wie erstaunt werden Sie sein, wenn ich jetzt Ihre Gedanken lese?« Hierdurch habe ich meine Zuschauer dahingehend konditioniert, dass sie in jedem Fall erstaunt sein werden und nicht erst überlegen, wie das wohl funktioniert haben könnte.

Nutzen Sie einige der oben genannten Zauberwörter und rhetorischen Figuren in Ihrem Alltag. Sie können dadurch nichts verlieren, jedoch Ihre Chancen auf die gewünschte Reaktion Ihres Gegenübers beträchtlich erhöhen.

Sie können die Wirkungen von Worten durch die entsprechende Körpersprache noch verstärken. Wenn Sie also mit Hilfe eines dieser Zauberwörter eine positive Antwort Ihres Gegenübers erreichen wollen, sollten Sie zusätzlich lächeln und freundlich mit dem Kopf nicken. Für den Fall, dass Sie eine negative Reaktion provozieren möchten, ist es hilfreich, mit den Schultern zu zucken und dezent mit dem Kopf zu schütteln.

Die Reihenfolge macht's

Sie alle (Achtung: Manipulation!) kennen das sogenannte Kontrastprinzip: Nachdem Sie etwas Schweres angehoben haben, erscheint Ihnen ein leichterer Gegenstand danach gleich viel leichter. Auf Süßes nach Salzigem reagieren wir ähnlich. Dies erklärt, warum auch erklärte Liebhaber trockener Weine bei den süßen Dessertweinen eine Ausnahme machen.

Manche Verkäufer nehmen vor dem Verkaufsabschluss daher eine strategische Kalibrierung des Kunden vor. Bevor es zum Beispiel um die Betonung der Qualitäten des eigenen Produktes geht, wird dem Kunden ein minderwertiger Konkurrenzartikel präsentiert. Oder wenn es darum geht, das Preisempfinden des Käufers zu beeinflussen, werden Verkäufer meist versuchen, dem Kunden zunächst etwas Hochpreisiges (etwa einen Anzug) zu verkaufen. Hat der Kunde sich für den Kauf entschieden, können erfolgreich weitere Artikel wie Hemd, Krawatte und Accessoires an den Mann gebracht werden, denn sie erscheinen jetzt im Vergleich viel preiswerter. Untersuchungen haben ergeben, dass Kunden in der Regel so höherwertiger einkaufen, als wenn Sie das teuerste Stück zum Schluss ausgesucht hätten.[18]

Auf den ersten Blick äußerst simpel, aber hocheffektiv, ist folgende Anwendung des Kontrastprinzips, bei der, wie beim Handeln auf einem orientalischen Basar, der eigentlichen Bitte zunächst ein größerer Wunsch vorangestellt wird.[19] Bei der Frage, ob sie bereit seien, für einen Tag ehrenamtlich für zwei Stunden in einer Gesundheitseinrichtung zu arbeiten, erklärten sich lediglich 29 Prozent der Befragten damit einverstanden. Wurde dieser Frage jedoch eine weitaus größere Anfrage vorangestellt, nämlich, ob sie bereit seien, für zwei Stunden pro Woche für einen Zeitraum von mindestens zwei Jahren umsonst zu arbeiten, stimmten 76 Prozent – nachdem sie die erste abgelehnt hatten – der ursprünglich ohnehin beabsichtigten Anfrage zu. Erstaunlicherweise reichte die Beeinflussung auch noch weiter: Nur 50 Prozent der Freiwilligen der ersten Gruppe erschienen zu ihrem Dienst, wohingegen von der ursprünglich »überforderten Gruppe« sogar 85 Prozent ihre Zusage erfüllten.

Dieses verrückte Ergebnis bestätigt sich auch, wenn der Verkäufer mit einem überteuerten Preis die Verhandlung begonnen hat. Befragungen ergaben, dass Versuchspersonen, die mit dieser Taktik zu einem Abschluss genötigt wurden, sich nicht manipuliert fühlten, sondern im Gegenteil sich den Erfolg des Runterhandelns selbst zuschrieben. Am Ende war der manipulierte Käufer glücklicher mit seinem Kauf, als der nicht manipulierte Kunde, der womöglich insgesamt weniger gezahlt hat.[20]

Auch bei einem Vorstellungs- oder Bewerbungsgespräch kann die Reihenfolge, in der Sie Ihre persönlichen Stärken und Schwächen präsentieren, maßgeblichen Einfluss auf die Wahrnehmung Ihres Gegenübers haben. Wer sich aufgrund der Tatsache, dass der erste Eindruck entscheidend ist, die Schwächen bis zum Schluss aufspart, der irrt allerdings. Zwar ist es wichtig, sofort einen guten Eindruck zu machen, aber man sollte relativ früh auch mit den Schwächen herausrücken.[21] Legt man sie erst am Schluss offen auf den Tisch, ist das der letzte Eindruck, an den sich ein potentieller neuer Arbeitgeber später bei der Kandidatenauswahl vielleicht am besten erinnern wird. Auch bei meiner anwaltlichen Tätigkeit ist es meist geschickt, relativ am Anfang die schwachen Argumente in der Beweisführung abzuhandeln, dadurch gewinnt man schon früh an Glaubwürdigkeit, kann sich aber das Beste bis zum Schluss aufheben.[22]

Achten Sie auf die Reihenfolge, in der Sie Informationen präsentieren oder wie diese präsentiert werden. Es kann sich lohnen, eine Schwäche eher früher als später einzugestehen.

215

Wenn Sie gern einmal wieder mit Ihrer vielbeschäftigten Freundin etwas Zeit verbringen möchten, und sei es nur eine halbe Stunde, dann fragen Sie sie doch, ob sie sich einen Nachmittag für Sie freinehmen könne. Falls Sie darauf eingeht, herzlichen Glückwunsch! Wenn nicht, haben Sie Ihre Chance, wenigstens eine halbe Stunde ihrer kostbaren Zeit zugestanden zu bekommen, mit dieser Herangehensweise wesentlich erhöht.

Beeinflussung durch unbewusste Überzeugungen

Nehmen wir zwei Beispiele für solche automatischen Entscheidungen durch die eigenen Überzeugungen. Bei vielen Menschen ist tief im Inneren die Gleichung »teuer = gut« verankert. Daher greifen solche Menschen bei zwei vergleichbaren Produkten oftmals zu dem teureren, jedenfalls wenn sie ihrem automatischen Instinkt folgen. Gleiches gilt, wenn ein Produkt als rar oder selten gilt. So schmecken Kekse aus einer fast leeren Dose deutlich besser, als wenn diese bis zum Rand gefüllt ist.[23]

In unregelmäßigen Abständen treffe ich mich mit Freunden zu einer gemeinsamen Weinprobe. Jeder bringt dazu einen Wein aus seinem Keller mit. Neben einigen günstigen No-Name-Weinen befindet sich auch der eine oder andere besonders edle und kostbare Tropfen darunter. Die Namen der Weine werden notiert, alle Flaschen komplett in Alufolie verpackt, so dass kein verräterisches Etikett mehr zu erkennen ist. Die Flaschenreihe wird dann von verschiedenen Personen »gemischt« und in einer Linie auf den Tisch gestellt. Nun werden die Gläser auf dem Tisch – jeder hat so viele wie Weine zur Verfügung stehen – in der Reihenfolge der Flaschen gefüllt. Sie bemerken, bei dieser Variante der Blindverkostung werden sogar sämtliche Manipulationsmöglichkeiten für ein bestimmtes Mitglied der Gruppe ausgeschaltet. Nun darf jeder die Weine nach Belieben verkosten und sich Notizen machen. Ich kann Ihnen versichern, obwohl die meisten Teilnehmer wirklich über ein gutes Näschen und ein großes Maß an Weinsachverstand verfügen, kommt es regelmäßig zu großen Überraschungen. Nicht selten schafft es einer der No-Name-Weine, die seltenen und teureren Hochkaräter vom Thron zu stoßen. Manchmal merkt man sogar, wie sich das eigene Geschmacksempfinden ändert, sobald die Alufolie entfernt wird und man feststellt, dass der teuerste Wein bei der eigenen Preisvergabe auf dem letzten Platz gelandet ist. Auch ich habe mich dann schon bei dem Gedanken ertappt: »Stimmt, so schlecht ist der gar nicht, gerade diese Note macht ihn eigentlich so besonders ...« Irgendwie scheint hier die Beeinflussung durch die tief verankerte Gleichung »teuer oder selten = gut« sogar nachträglich das gefällte Urteil beeinflussen zu können.

Wenn Sie die Überzeugungen und Vorstellungen Ihrer Mitmenschen kennen, können Sie durch geschicktes Auslösen dieser Mechanismen – »Oh, dieser Wein ist aber extrem selten« – Einfluss auf sie nehmen.

Die psychologischen Prinzipien, die sich hinter den verschiedensten Beeinflussungstechniken verbergen, bewirken oftmals, dass wir automatisch und blind zu etwas »Ja!« sagen, ohne überhaupt darüber nachgedacht zu haben. Der Umstand, dass mit Hilfe dieser Tricks unser großartiger Denkapparat überlistet und kurzzeitig ausgeschaltet werden kann, macht diese Techniken zu diabolischen Waffen. Doch wie kann ich mich davor schützen?

Den Grund, warum Beeinflussungstechniken überhaupt funktionieren, haben wir bereits kennengelernt. Unser Gehirn muss, um effektiv arbeiten zu können, permanent Annahmen bilden, diese und viele darauf aufbauenden Entscheidungen werden quasi im Schnellverfahren getroffen. Nur dadurch können Sie Ihre Prozessorgeschwindigkeit derartig erhöhen, dass Sie den Anforderungen des täglichen Lebens gerecht werden. Sie haben einfach nicht die Zeit und die Kapazität, alles um Sie herum wahrzunehmen und zu analysieren. Stattdessen müssen Sie sich auf Ihre durch Erfahrung geprägten und erprobten Faustregeln verlassen.

Im NLP, dem Neurolinguistischen Programmieren, haben wir den Begriff »Programme« für unsere Denk- und Entscheidungsprozesse bereits kennengelernt (siehe Seite 177 ff.). Viele dieser Programme sind unbewusst in uns verankert und generieren, wenn sie ausgelöst werden, quasi automatische Entscheidungen.

Das kleine Einmaleins der Beeinflussung

Nachfolgend finden Sie eine kleine Zusammenstellung häufiger und wirksamer Beeinflussungstechniken:

Konfusion und Überraschung

Die bewusste Platzierung verwirrender Fakten zur Erzeugung von Konfusion und Überforderung ist ein beliebtes und starkes Instrument zur unbewussten Beeinflussung. So platzieren manche Politiker im mittleren Teil ihrer Rede ganz gezielt verwirrende und unverständliche Informationen. Auch wenn am Anfang alles noch verständlich schien, so kommt dadurch der Moment, in dem die Zuhörer – falls Sie bis dahin noch nicht eingeschlafen sind – nicht mehr folgen können. Sie werden mit Zahlen und Fakten bombardiert und verstehen plötzlich nur noch Bahnhof. Am Ende jedoch, wenn der Redner seine Schlussfolgerungen zieht, wird die Rede wieder klar und verständlich. Diese Abfolge bewirkt, dass wir uns mental automatisch an das klammern, was wir verstehen, und im Freudentaumel, wieder mitzukommen, unbewusst dazu neigen, die wieder verständlichen Schlussfolgerungen kritiklos anzunehmen und automatisch zuzustimmen. Ganz nach dem Motto: »Oh ja danke, jetzt hab ich es endlich verstanden, was du meinst, und ich finde das wirklich richtig gut.«

Gleiches gilt für Überraschungsmomente. Diese erzeugen eine kurzzeitige Verwirrung und machen dadurch unser Gehirn verwundbar für Beeinflussung.[24] Ich erinnere mich noch gut daran, als ich, jemand, der normalerweise nie irgendwelche Haustürgeschäfte abschließt, einmal eine Premiummitgliedschaft bei einem Hilfsdienst unterschrieb. Bitte verstehen Sie mich nicht falsch: Ich habe überhaupt nichts gegen die Förderung solcher wirklich sinnvollen Institutionen, aber an diesem Beispiel möchte ich Ihnen erklären, wie und warum es in jenem Fall zu einer erfolgreichen Beeinflussung kam.

Im Auftrag der Organisation waren an diesem Tag zwei junge Männer unterwegs, von denen sich einer als Frau in volkstümlicher Tracht verkleidet hatte und mich mit einem freundlichen »Grüß Gott« begrüßte. Da gerade keine Faschingszeit war, konnte er ganz mit dem Verblüffungsmoment rechnen. Während meine Gedanken noch um die Frage kreisten: »Was soll das hier?«, hatte ich irgendwie schon unterschrieben. Mir wurde die Beeinflussung aber erst bewusst, als ich im Nachhinein von meinem Vater erfuhr – der, wie Sie später noch lesen werden, ein Meister im Kampf gegen jede Art von Beeinflussung durch seine Mitmenschen ist –, dass er

einige Tage später bei demselben Gespann auch das Anmel-
deformular unterschrieben hatte. Also, wenn Ihnen Ihr Auto-
verkäufer demnächst in einem Dirndl gegenübertritt, hat er
entweder eine grundlegende Persönlichkeitsänderung vollzogen oder dieses Buch gelesen.

Ebenfalls zur Kategorie »Überraschungstechnik« kann
man die klassische Draufpackstrategie zählen, die Ihnen hinreichend von diversen Teleshopping-Sendern oder vom Ham-
burger Fischmarkt bekannt sein dürfte. Hierbei verblüfft der
Verkäufer den Interessenten, indem er solange zusätzliche
Stücke oder Accessoires hinzupackt – oder den Preis stetig
senkt –, dass Sie irgendwann das Gefühl haben, zuschlagen
zu müssen, ohne dass Sie überhaupt je das Produkt haben
kaufen wollen.[25]

Den Fuß in der Tür haben

Eine der ersten bahnbrechenden Studien zum Thema »Beeinflussung« stammt aus dem Jahr 1966 und beweist, dass schon
ein Fuß in der Tür große Wirkung haben kann: Bei einem Experiment ging es darum, Versuchspersonen zu überreden, ein
großes Schild mit der Aufschrift: »Fahren Sie vorsichtig!«,
im Vorgarten aufzustellen. Obwohl dieses Ansinnen grundsätzlich im Wohngebiet als sinnvoll betrachtet werden kann,
lehnten fast alle angesprochenen Personen die Anfrage ab.
In einem erneuten Versuch mit anderen Testpersonen baten
die Wissenschaftler lediglich darum, ein kleines Schild mit
einer Länge von circa acht Zentimetern und derselben Aufschrift im Garten platzieren zu dürfen. Und siehe da: Dieser
Bitte kamen fast alle angesprochenen Personen nach. Vier-
zehn Tage später jedoch riefen die Forscher erneut an und
fragten, ob sie die kleinen Schilder durch ein großes Plakat

ersetzen könnten. In diesem Fall akzeptierten 76 Prozent der Versuchspersonen das Ansinnen.[26]

Das Prinzip, das hinter dieser Beeinflussungsmethode steckt, lässt sich auf zahlreiche Lebensbereiche übertragen, getreu dem Motto, wenn man erst mal damit angefangen hat, läuft es fast wie von selbst.

Dazu trägt mit großer Sicherheit auch das Prinzip der Konsistenz bei, das bedeutet, dass wir immer danach streben, spätere Entscheidungen in Einklang mit den vorhergehenden zu bringen. Darin kann sogar eine Art Rechtfertigung vor uns selber gesehen werden. Sie erinnern sich noch an das Konfabulieren bei den vertauschten Fotos? So waren beispielsweise die Spieler einer Pferdewette unmittelbar nach Platzierung ihres Tipps plötzlich vom Sieg überzeugt, obwohl sie kurz zuvor noch große Zweifel hegten.[27] Dies mag auch das Phänomen erklären, weshalb die Käufer eines teureren Artikels selten – weil wohl ungern – vorhandene Fehler und Schwächen des Produkts eingestehen wollen. Dadurch kann man seine vielleicht unvernünftige Entscheidung im Nachhinein rechtfertigen. Folgendes trickreiche Vorgehen verdeutlicht auf eindrucksvolle Weise die Wirkung sowohl der Fuß-in-der-Tür-Strategie als auch des Konsistenzprinzips[28]: Eine Frau wird auf der Straße von einem jungen Mann angesprochen, der vorgibt, einen Wettbewerb gewinnen zu müssen, bei dem es darum gehe, von jungen hübschen Frauen einen Kuss zu bekommen. Nach kurzem Zögern kommt sie der Bitte nach, woraufhin der junge Mann mit seinem tatsächlichen Anliegen herausrückt. Den Fuß hat er ja nun schon in der Tür: Bei dem Wettbewerb gehe es nicht ums Küssen, erklärt er weiter, sondern um den Verkauf von Zeitschriftenabonnements, und ob sie nicht Interesse an einem der angebotenen Magazine habe? Es scheint nur logisch und konsequent zu sein, dass die Angesprochene nun die Verpflichtung verspürt, einem Mann, dem sie gerade eben einen Kuss gegeben hatte, auch noch mit der Annahme eines Abonnements auszuhelfen.

Nur ein kleines Zugeständnis kann nach dem Konsistenzprinzip große Wirkung zeigen. Prüfen Sie immer rechtzeitig und sachlich abwägend, ob Sie etwas wirklich wollen oder nicht, auch wenn es sich scheinbar nur um eine Kleinigkeit handelt.

Soziale Beeinflussung

Das Prinzip der Gegenseitigkeit ist tief in uns verankert. Denn wenn wir jemandem einen Gefallen schulden, handeln wir danach, auch wenn wir uns dessen manchmal gar nicht bewusst sind. Studien zeigen eindrucksvoll, dass schon ein kleiner Gefallen große Wirkung haben kann. So bewirkt beispielsweise das unaufgeforderte Mitbringen einer Cola durch den Versuchsleiter, dass ihm eine Testperson im Anschluss daran eine deutlich höhere Anzahl an Lotterietickets abkauft, als wenn eine solche Gefälligkeit dem Kaufangebot nicht vorausgegangen ist.[29] Das Verblüffende dabei ist, dass selbst wenn Sie den Gefallen gar nicht gewollt haben, dieser Sie dennoch beeinflussen kann.

Ebenso werden Sie durch Empathie oder Sympathie mit dem Gegenüber beeinflusst. Ich erzähle Ihnen sicher kein Geheimnis, wenn ich Ihnen sage, dass es schwerer fällt, einem Freund oder jemand Vertrautem eine Bitte abzuschlagen als einem Menschen, mit dem man nichts verbindet. Oftmals genügt schon das Erwähnen des Namens von jemandem, der einem sympathisch ist, und das Ganze wird quasi zur Empfehlung und führt zum Erfolg. Übrigens ein klassisches Prinzip höchst erfolgreicher Strukturvertriebe von Versicherungen und Vermögensanlagen.

In Studien konnte man zeigen, dass Kunden eher Versicherungen von Vertretern kaufen, die ihnen in Hinblick auf Religion, politische oder persönliche Ansichten, Alter und Gewohnheiten ähnlich sind.[30] Damit könnte sich auch erklären, weshalb in manchen Verkaufsschulungen den Verkäufern die Technik des Spiegelns (siehe Seite 185) beigebracht wird, um auf diese Weise Rapport (siehe Seite 182 ff.) herzustellen.[31] Es geht noch einen Schritt weiter: Wenn auf unbewusster Ebene Rapport hergestellt werden konnte, besteht im nächsten Schritt die Möglichkeit, mittels Pacing und Leading die Kontrolle zu übernehmen.

Pacing & Leading

Bei dieser Technik nutzen Sie einen bestimmten Umstand des Rapports aus, nämlich den, dass Ihr Gegenüber immer unbewusst dazu tendiert, Sie zu imitieren. Haben Sie einmal Rapport hergestellt, können Sie ab dann versuchen, die ausgewählte Person durch das Vormachen bestimmter Handlungen nach Ihrem Willen zu lenken. Zum besseren Verständnis ein Beispiel: Sie kennen vielleicht das Spiel, bei dem die Mitspieler im Kreis um eine Person herum sitzen und versuchen müssen, diese ohne Worte zum Lachen zu bringen. Wenn Sie dies durch Grinsen oder Grimassen schaffen wollen, dann müssen Sie schon ein ziemlich guter Mimikakrobat sein. Das Geheimnis, mit dem Sie dieses Spiel tatsächlich gewinnen können, liegt vielmehr darin, sich auf die Person in der Mitte einzustellen und deren womöglich ernsten Gesichtsausdruck zunächst einmal zu übernehmen, sprich zu spiegeln. Auf diese Weise holen Sie sie emotional quasi dort ab, wo sie steht. Sie stellen also durch Matching Rapport her und können nun versuchen, langsam durch den Anflug eines leichten Lächelns auf Ihrem Gesicht die Führung zu übernehmen, sprich zu leaden. Falls Sie das im richtigen Rhythmus tun und ein tolles Wechselspiel entwickeln, werden Sie Ihr Ziel erreichen.

So war es auch bei mir, als ich vor vielen Jahren auf einem kleinen Zauberkongress einmal in der Mitte saß. Ich war ziemlich gut damals. Die Reihe der Um-mich-herum-Sitzenden war fast durch, und keiner der Kollegen hatte es trotz größter Anstrengungen geschafft, mir auch nur ein kleines Lächeln abzuringen. Doch dann geschah es: Ich brach urplötzlich in schallendes Gelächter aus und konnte mich noch minutenlang danach nicht beruhigen. Was war geschehen? Der Letzte in der Reihe hatte meinen ernsten Gesichtsausdruck gespiegelt und versuchte, mich ganz langsam durch sein süffisantes Lächeln zu knacken. Ich versuchte eine Weile, mich nach Kräften dagegen zu wehren, doch er schaffte es schließlich durch ein gezielt platziertes Überraschungsmoment, mich komplett aus der Bahn zu werfen. Der Zaubererkollege ließ plötzlich aus seiner Armbeuge ein kleines rotes Seidentuch erscheinen. Ich sehe dieses rote Tuchknäuel noch heute vor meinem geistigen Auge. Quasi in Zeitlupe schwebte es aus dem Versteck in der Armbeuge in seine Hand. Die Sache kam für mich völlig unerwartet und sah derartig bescheuert aus, dass ich meinen Schutz nicht länger aufrechterhalten konnte.

Kleine Flirt-Hilfe

Eine tolle Möglichkeit, Pacing- und Leading-Techniken einzusetzen, stellt eine Flirtsituation dar.

• Falls Sie auf einer Party oder in einem Restaurant eine Person interessant finden, platzieren Sie sich gezielt am Rand ihres Sichtfelds, aber dennoch so, dass Sie sich gegenseitig wahrnehmen können.

• Vermeiden Sie direkten Blickkontakt und betrachten Sie Ihr Gegenüber lediglich aus dem Augenwinkel.

• Nun suchen Sie sich einen Aspekt, den Sie spiegeln möchten, und beginnen Sie das Spiel.

• Versuchen Sie, dabei mit Spaß und Leichtigkeit vorzugehen.

• Nehmen Sie die gleiche Körperhaltung ein wie Ihr Flirtpartner, schmunzeln Sie mit, wenn Ihr Gegenüber lacht, trinken Sie im selben Moment aus Ihrem Glas, wenn sie oder er das tut. Sie sollten Empathie für die Person in dieser bestimmten Situation entwickeln und versuchen, sie insoweit zu imitieren, dass Sie sich genauso fühlen wie sie.

• Irgendwann, wenn Sie den Eindruck haben, dass eine unsichtbare Verbindung, ein Rapport, zwischen Ihnen hergestellt ist, sollten Sie die Führung übernehmen und den Status quo auf die Probe stellen.

• Wenn Sie jetzt an Ihrem Glas nippen, sollte die ausgewählte Person Ihnen folgen und es Ihnen gleich tun.

• Spätestens jetzt, also nach dieser vielversprechenden Bestätigung, sollte man jedoch den Mut aufbringen und die auserwählte Person ansprechen, denn sonst wäre der ganze wunderbare NLP-Hokuspokus umsonst gewesen.

Beeinflussen durch aktives Zuhören

Durch aktives Zuhören kann nicht nur Empathie erzeugt und die Qualität der Kommunikation verbessert werden, es führt sogar noch einen Schritt weiter: »Durch Zuhören können wir jemanden mit den Ohren überreden.«[32] Mit wenigen gezielten Nachfragen etwa können Sie andere Menschen von Ihrer Sicht der Dinge überzeugen. Diese Form des Überzeugens gleicht einer Inception, das heißt, dem Einpflanzen eines fremden Gedankens – bekannt aus dem gleichnamigen Film – und wirkt, da der Betroffene den Gedanken ja für seinen eigenen hält, viel stärker und nachhaltiger als eine mühevolle Überzeugung durch ein langwieriges Wortgefecht. So können schon wenige, aber richtig platzierte Formeln wie » ... meinst du wirklich?« oder » ... hast du dir das auch gut überlegt?« Großes bewirken. Schon die interessierte Nachfrage »Das wurde so gesagt?« kann einem Gesprächspartner die elegante Möglichkeit bieten, den Standpunkt zu wechseln, ohne ihn als Lügner zu bezichtigen.

Der Einfluss von Autorität und Konformität, das heißt, der Einfluss unseres sozialen Umfelds, ja sogar wildfremder Menschen um uns herum, ist zudem enorm. Denn alle Menschen lassen sich am stärksten durch das Verhalten anderer beeinflussen. Wen wundert's.

Verrückte Welt

Höchst interessant ist auch der Umstand, dass Opfer und Erniedrigungen uns manchmal stärker anziehen als abstoßen.[33] Warum das so ist, erscheint rätselhaft, mag aber wohl damit zusammenhängen, dass wir normalerweise solche negativen Aspekte nur dann hinnehmen, wenn bereits eine starke

Bindung besteht. Auch wenn eine solche Bindung noch nicht existiert, kann die unbewusste Vorstellung, dass diese gewöhnlich in einer solchen Situation besteht, eine Bindungswirkung suggerieren und unbewusst auslösen. Dies erklärt auch, auf welche Weise manche Organisationen, wie Sekten oder einige Burschenschaften, eine starke emotionale Bindung ihrer Mitglieder gerade erst durch erniedrigende Aufnahmerituale und dann durch hohe Abgaben sicherstellen.

Dies ist auch ein Grund, warum wir unseren Expartnern hinterhertrauern und es der neuen Liebe manchmal schwer machen, unser ganzes Herz zu erobern. Wir haben einfach noch nicht genug in die neue Beziehung investiert. Eine solche Erkenntnis eröffnet uns die, wie ich finde, geniale Chance, uns selbst auszutricksen: Kaufen Sie Ihrem neuen Partner teure Geschenke oder machen Sie etwas für ihn, was Ihnen Zeit und Mühe abverlangt. Zum einen wird er oder sie sich wahrscheinlich darüber freuen, zum anderen erreichen Sie eine nachhaltige Stärkung Ihrer Bindung zu ihm oder ihr und können so leichter vom Vorgänger loslassen.

Nutzen Sie Ihr Wissen, um die bindende Wirkung vom Sich-Opfern und Sich-Erniedrigen auszulösen. Tricksen Sie sich selber aus, indem Sie Zeit, Mühe, Fleiß und Arbeit oder auch Geld investieren, um sich dahingehend zu beeinflussen, noch mehr von der Sache überzeugt zu sein.

Beeinflussung von außen lauert überall

Die äußeren Umstände könnten bei Ihrem ersten Rendezvous darauf Einfluss nehmen, dass Ihr Gegenüber Sie attraktiver empfindet als unter anderen Umständen. Führen

Sie beispielsweise gemeinsam eine aufregende Tätigkeit aus, so schreibt Ihre Begleitung seine dadurch ausgelöste höhere Herzfrequenz unbewusst auch Ihrer Anwesenheit zu. Da Herzklopfen ein Zeichen für Verliebtheit ist, wirkt jemand auf uns plötzlich attraktiver als es unter anderen Umständen möglicherweise der Fall wäre. Eine ideale Aktion für das erste Date ist beispielsweise ein großes Volksfest mit Geister- und Achterbahn[34] zu besuchen oder eine halsbrecherische Mountainbiketour zu unternehmen. Ist Ihnen das alles zu laut und zu schnell, kann ich Ihnen für den Kinobesuch beim ersten Date nur empfehlen, keine Kinokarten für einen romantischen Film zu kaufen, sondern Ihre Liebste oder Ihren Liebsten in spe mit einem actiongeladenen Thriller zu überraschen.[35] Natürlich nur im Dienste der Wissenschaft, versteht sich.

Machen Sie sich die beeinflussende Wirkung externer Umstände klar und verlegen Sie Ihre Vorhaben an die richtigen magischen Orte.

Beeinflussungen abwehren

Vielleicht werden Sie sich wundern, weshalb dieser mir eigentlich so wichtige Abschnitt über die Abwehr von Manipulationen letztlich weniger als 20 Zeilen umfasst. Nun ja, das beste Mittel gegen Beeinflussungen ist es, sich der Beeinflussungen bewusst zu werden. Durch Kenntnis der Methoden sollte es Ihnen in Zukunft leichter fallen, sie sofort auszumachen. Getreu dem Motto: Beeinflussung erkannt, Gefahr gebannt. Ein Freund von mir hat es neulich treffend formuliert: »Sobald ich mir bewusst werde, dass ich beeinflusst werden soll, schalte ich sofort um auf Gegenangriff.«

 Eine besondere und hervorragende Maßnahme zur Abwehr von Beeinflussungsangriffen möchte ich Ihnen jedoch nicht vorenthalten. Sie ist ganz einfach umzusetzen: Seien Sie immer von Ihrer Sache hundertprozentig überzeugt.

Mein Vater wurde katholisch erzogen und ist bis heute ein frommer Christ. Aus diesem Grund wunderte ich mich, warum er die Mormonen, die regelmäßig an unserer Haustür klingelten, immer auf Gespräche ins Haus bat. Irgendwann saßen wir nach einem solchen Zusammentreffen am Mittagstisch, und er erklärte resigniert, dass er beim nächsten Mal kein so langes Gespräch mit ihnen mehr führen werde: »Das bringt nichts!«, sagte er. »Die lassen sich einfach nicht überzeugen.« Wir brachen in schallendes Gelächter aus, weil er allen Ernstes wohl geglaubt hatte, Missionare missionieren zu können.

5. Kapitel
Wunderwaffe Gedächtnis

Manche glauben, ein gutes Gedächtnis hänge in erster Linie von angeborenen intellektuellen Fähigkeiten ab, sei uns also in die Wiege gelegt, dies ist jedoch nur sehr bedingt der Fall. Klar gibt es so etwas wie Prädispositionen, wie die Wissenschaftler sagen, also Menschen, die mit einem sehr hohen IQ geboren werden. Wenn diese aber aus ihrem Potential nichts machen oder machen können, werden sie es sicher weniger weit bringen, als jemand, der zwar von der Natur mit weniger beschenkt wurde, aber alles aus den ihm gegebenen Möglichkeiten herausholt. Wir befinden uns also nicht im Klammergriff der Gene, sondern haben die Chance, unsere Gedächtnisleistung enorm zu steigern.

Ein tolles Gedächtnis hängt in erster Linie nicht nur von der Hardware ab, sondern auch von der Software, die sich durch Training zur Perfektion bringen lässt. Die Weltmeister in Sachen Gedächtnisleistung beweisen das. Sie sind in der Lage, sich schier endlose Zahlenkombinationen einzuprägen. Übrigens: Der aktuelle Weltrekord wird von dem Chinesen Wang Feng gehalten und liegt bei 2280 Dezimalziffern in einer Stunde. Unglaublich, zumal der Psychologe George A. Miller 1956 herausgefunden hat, dass sich unser Kurzzeitgedächtnis gleichzeitig nur etwa sieben Dinge merken kann.[1] Möglich wird diese beeindruckende Leistung allein durch kreatives Denken in Verbindung mit einem speziellen Merksystem.

Wir können uns also nicht auf der Annahme ausruhen, kein Talent zu haben. Wir alle haben gigantisches Lernpotential. Mit den richtigen Arbeitsmethoden und -techniken werden wir an unser Ziel kommen. Machen Sie den Test:

Versuchen Sie sich die folgenden 20 Wörter nach einmaligem zügigem Durchlesen einzuprägen:

1. Leiter

2. Polizeiauto

3. Kaugummi

4. Schneeball

5. Flasche

6. Handy

7. Fußball

8. 50-Euro-Schein

9. Bohrmaschine

10. Luftschlangen

11. CD

12. Haarspray

13. Buch

14. Motorrad

15. Kuh

16. Hubschrauber

17. Rubik-Würfel

18. Blumenstrauß

19. Klebestift

20. Kopfhörer

Nun legen Sie bitte das Buch beiseite, holen Sie sich Stift und Papier und versuchen Sie nach einer kurzen Pause, alle Wörter zu notieren, an die Sie sich erinnern können. Wie viele haben Sie geschafft? Falls Sie mehr als die Hälfte rekapitulieren konnten, haben Sie mit ziemlicher Sicherheit – ob nun bewusst oder unbewusst – eine besondere Merktechnik verwendet. Haben Sie hingegen weniger als die Hälfte im Kopf behalten können: Glückwunsch, Sie sind vollkommen normal. Aber warten Sie nur ab: Sie werden erstaunt sein, wie einfach, schnell und effektiv Sie nach dem Lesen dieses Kapitels in der Lage sein werden, sich alle Begriffe blitzschnell und fehlerfrei einzuprägen.

Ein gutes Gedächtnis hat in erster Linie nichts mit angeborener Intelligenz zu tun. Jeder kann es trainieren. Mit Hilfe von Mnemotechniken können Sie Ihre Lernfähigkeit verbessern und bald wahrlich erstaunliche Gedächtniskunststücke vollbringen.

Wer lernen kann, ist klar im Vorteil

Wir lernen unser ganzes Leben lang. So weit, so selbstverständlich. Ich persönlich kann – so meine ich jedenfalls – relativ schnell lernen und glaube, dass Lernfähigkeit und Fleiß wichtiger sind als jeder Intelligenzquotient. Daher möchte Ihnen einige meiner bewährten Tipps und Tricks für effektives Lernen vorstellen. Nachdem ich mich nun schon eine Weile mit Lerntechniken beschäftigt habe, weiß ich, dass ich vieles immer schon intuitiv richtig gemacht habe. Über die Methoden dahinter erfuhr ich erst viel später etwas. Die Wissenschaft, insbesondere die Gehirnforschung, hat mittlerweile großartige Erkenntnisse gewonnen. Kein Wunder: Da Lernen so wichtig ist, wird seit Jahrhunderten darüber philosophiert und nachgedacht, wie das wohl vonstatten geht und wie man stetig besser werden kann.

Was bleibt hängen?

Über den geschätzten Umfang, was ein Mensch tatsächlich im Kopf behalten kann, gibt es in der Wissenschaft unterschiedliche Auffassungen. Grob kann man von folgenden Erfahrungswerten ausgehen:

Wir behalten etwa
- 10 Prozent von dem, was wir lesen.
- 20 Prozent, von dem, was wir hören.
- 30 Prozent, von dem, was wir sehen.
- 50 Prozent, von dem, was wir hören und sehen.
- 70 Prozent, von dem, was wir selbst gesagt haben.
- 90 Prozent, von dem, was wir selbst ausprobieren und ausführen.

Auch wenn diese Zahlen wohl nicht als Ergebnis einer wirklich tragfähigen wissenschaftlichen Studie gelesen werden dürfen, sondern eher als grobe Richtwerte zu verstehen sind, decken sie sich sicher – zumindest in weiten Teilen – mit Ihren Alltagserfahrungen.

Egal wie Sie nun lernen oder was Sie lernen oder sich merken wollen, Lernfortschritte verlaufen nie linear, sprich kontinuierlich. Vielmehr lassen sich vier Phasen eines normalen Lernverlaufs feststellen, die zwar individuell unterschiedlich lange dauern, aber dennoch bei fast allen Menschen sukzessive aufeinanderfolgen. Die erste Phase steht unter dem

Motto: »Aller Anfang ist schwer.« Dann folgt die zweite mit schnellen Fortschritten. Die dritte Phase ist durch einen scheinbaren Stillstand ohne sichtbare Fortschritte gekennzeichnet. Ab jetzt ist das sogenannte Lernplateau erreicht – ein wunderbares Fremdwort, mit dessen Erreichen Sie Ihre nächste Lernpause begründen können. Die vierte Phase beginnt – bei entsprechendem Bemühen – mit Überwindung des Lernplateaus und zeichnet sich durch weitere deutliche Fortschritte aus. Phase drei und vier wechseln sich im Weiteren stets ab, bis irgendwann – abhängig von dem, was gelernt werden soll – eine Grenze des Möglichen erreicht ist. Schwer zu sagen, ob es die gibt, aber man definiert sie einfach.

Wichtig ist: Stagnation in der frühen Phase hat nichts zu sagen. Es ist immer noch mehr drin. Erinnern Sie sich noch an die Textzeile aus dem Lied von Jimmy Cliff, die ich eingangs zitierte? »You can get it, if you really want – but you must try, try and try ...«

Produktives Lernen braucht allerdings Pausen. Zeit, um den Stoff sacken zu lassen. Daher sind überschaubare Lernblöcke wichtig. Je nach Typ empfehlen sich Zeitspannen zwischen 15 und 40 Minuten, um den Leistungsabfall des Gehirns in den Arbeitsphasen zu verringern. Planen Sie also gezielt Unterbrechungen ein, in denen das Gelernte einwirken kann.

Fleiß und Ausdauer sind beim Lernen mindestens genauso wichtig wie die richtige Aufteilung des Lernstoffs und entsprechende Unterbrechungen. Das Lernen verläuft in Phasen, das bedeutet, es gibt Hochs und Tiefs. Beim Gefühl von Stagnation daher: nicht aufgeben, sondern weiterarbeiten, bis der Knoten platzt.

Welcher Lerntyp sind Sie?

Um es direkt vorwegzunehmen, nicht jeder lernt gleich. Ich selbst benutze eine Lerntypenbeschreibung, die auch Ihnen helfen könnte, sich in Bezug auf Ihr Lernverhalten kennenzulernen und zu verstehen. Denn nur wenn Sie sich darüber klar werden, wie Sie ticken, können Sie Ihre optimale Lernsituation schaffen und Ihre Lernstrategien entwickeln.

1975 veröffentlichte Frederic Vester, der eigentlich Biochemiker ist, ein Buch mit dem Titel »Denken, Lernen, Vergessen«,[2] das sehr bald zum Bestseller wurde. Darin unterscheidet er im Wesentlichen drei verschiedene Lerntypen: den auditiven, den visuellen und den haptischen Typ. Einen vierten Typus, den verbal-abstrakten, werden wir zur besseren Handhabung hier vernachlässigen. Die drei Lerntypen nach Vester unterscheiden sich jeweils in der Art, wie sie neue Informationen am besten – im Sinne von schnell und nachhaltig – aufnehmen können.

Ich persönlich kann das, was mir erzählt wird, schnell und gut behalten. Folglich bin ich ein auditiver Lerntyp, und es kam mir entgegen, dass in meiner Schule und an meiner Universität die meiste Zeit mehr oder weniger passiv den Vorlesungen gelauscht werden musste. Ich hatte großes Glück, weil ich meine Lernbegabung schon in der Grundschule erkannt hatte und daher früh davon profitieren konnte. Vor dem Einschlafen hatte mir mein Vater damals regelmäßig aus der Kinderbibel vorgelesen und nach kürzester Zeit konnte ich das komplette Werk so gut wie auswendig. Im Alter von etwa sechs Jahren bewarb ich mich sogar bei »Wetten, dass …?«, damals noch von Frank Elstner moderiert. Meine Wette: Ich wollte anhand von drei beliebigen zusammenhängenden Sätzen die jeweilige Bibelstelle exakt angeben. Da es jedoch zu dieser Zeit noch keine speziellen

Kinderwetten gab, bekam ich eine freundliche Absage. Auch Hörspielkassetten konnte ich binnen kürzester Zeit nachsprechen. Ich bin sogar heute noch in der Lage, die oben beschriebene Wette auf Die-Drei-???-Kassetten bis zur Folge 39 zu übertragen und die entsprechenden Sätze den richtigen Stellen zuzuordnen.

Die Tatsache, dass ich mein Gedächtnis gut nutzen konnte, war auch der Schlüssel zu meinen ersten Bühnenerfolgen. Ich war der einzige Viertklässler, der in kürzester Zeit die Hauptrolle in einem Stück fehlerfrei – und nur mit Hilfe eines Mikrophons und meines Kassettenrekorders – auswendig lernen konnte. Auch in der Oberstufe und in der Studienzeit haben mir mein Walkman und mein Aufnahmegerät unschätzbare Dienste geleistet. Allerdings sind nicht alle Menschen so gestrickt wie ich. Ehrlich gesagt ist es nicht einmal die Mehrheit. Und deshalb muss man wohl feststellen, dass der hierzulande immer noch vorkommende Frontalunterricht an den Bedürfnissen der meisten Lernenden vorbeigeht.

Vielleicht gehören Sie ja eher zum visuellen Typus, der Dinge und Funktionszusammenhänge sehen muss, um sie wirklich gedanklich erfassen zu können? Eventuell sind Sie aber auch der haptische Typ, der Dinge am besten begreift, wenn er sie tatsächlich be-*greift*? Solche Menschen lernen besonders gut durch praktisches Arbeiten, durch projektbezogenes Experimentieren. Haben Sie sich in einem dieser Lerntypen schon wiedergefunden? Wenn ja, kennen Sie nun Ihren bevorzugten Eingangskanal und haben bereits jetzt einen ersten Ansatzpunkt zur Förderung Ihres Lernvermögens gefunden. Nutzen Sie das daraus resultierende Wissen, indem Sie sich Ihre optimale Lernsituation schaffen.

Finden Sie heraus, welcher Lerntyp Sie sind, nutzen Sie Ihren persönlichen Eingangskanal zum Wissen und richten Sie Ihre Lernsituation dementsprechend aus.

Auf allen Kanälen funken

Eine Information kann am besten im Gehirn verankert werden, wenn bei ihrer Speicherung möglichst viele Verknüpfungen hergestellt wurden. Das weiß die Wissenschaft mittlerweile gesichert. Die Synapsen in möglichst vielen Bereichen des Gehirns müssen mit der neuen Information verbunden werden. Für Sie bedeutet dies zum Beispiel, dass Sie zwar immer Ihren typischen Eingangskanal einsetzen sollten, aber zusätzlich auch noch möglichst viele der anderen Kanäle. Es wäre also gut, wenn Sie etwas zu Lernendes nicht nur sehen könnten – beispielsweise beim Lesen –, sondern zusätzlich den Inhalt hörten und im Idealfall auch noch ein Objekt sehen, anfassen, betrachten oder eventuell sogar riechen könnten. Denn jeder zusätzliche Kanal verstärkt die Verankerung in Ihrem Gehirn, weil zu weiteren Synapsen Verbindungen hergestellt werden können.

Der Weg zum Speichern einer Information führt vom Ultrakurzzeit- über das Kurzzeitgedächtnis und schließlich zum Langzeitgedächtnis. Einmal dort angekommen, speichert unser Langzeitgedächtnis die betreffende Information quasi unbegrenzt. Diese mag für Sie ohne entsprechende Techniken vielleicht nicht immer abrufbar sein – aber sie ist da. Vielleicht sind Sie auch manchmal erstaunt, welche Details, die 50 Jahre und mehr zurückliegen, Ihren Großeltern im Gedächtnis geblieben sind. Kennen Sie auch dieses Es-liegt-mir-auf-der-Zunge-Gefühl? Genau das sind solche Details. Sie sind zwar im Langzeitgedächtnis abgespeichert, aber Abrufen ist im Moment nicht möglich. Verzwickte Sache. Aber auch dagegen kann man etwas machen, wie ich Ihnen weiter unten gleich verraten werde.

Neben dem von Ihnen bevorzugten Eingangskanal
sollten Sie es mit weiteren versuchen.
Es gilt: Je mehr es sind, desto besser.

Vom Trampelpfad zur Autobahn

Auch wenn unsere Gedanken nicht als etwas Materielles gelten können, ist das Netzwerk unseres Gehirns und die Verschaltung von Nervenzellen etwas sehr Konkretes, ja Stoffliches. Das Gehirn wächst beim Lernen in dem Sinne, dass neue Verbindungen zwischen Neuronen hergestellt werden. Diese Bahnung bedeutet, dass im übertragenen Sinne vorhandene Straßen breiter ausgebaut und neue errichtet werden. Aus einem gewundenen Trampelpfad wird eine gerade Schnellstraße mit vielen Verästelungen und Kreuzungen. Gedanken – und auch Erinnerungen – sind elektrische Ströme, die im Gehirn in einem grandiosen Netzwerk von Neuronen hin- und herflitzen. Je fester die Verbindung zwischen zwei Arealen wird, desto direkter, ungehinderter und schneller wird auch der Informationsverkehr verlaufen.

Die Kraft der Vorstellung

Grundlage jeden mentalen Trainings ist die Annahme, dass allein die Vorstellung von Bewegung zu nachweisbaren Muskelreaktionen und Bewegungsimpulsen führt.[3] Tätigkeiten können also auch geübt werden, ohne dass sie ausgeführt werden müssen.[4] Die bloße Kraft der Vorstellung kann zum Erreichen von Perfektion entscheidend beitragen. Wissenschaftliche Experimente haben gezeigt, dass bei Sportlern mentales Training allein schon ausreicht, um stärker und schneller zu werden.[5] Mentales Muskeltraining bewirkt zwar kein echtes Muskelwachstum, allerdings werden die Nervenbahnen, die zur Aktivierung und Ausführung der Bewegungen benötigt werden, besser ausgebaut, so dass die Übertragungsgeschwindigkeit in den Muskeln deutlich gesteigert wird und deutlich bessere Leistungen erreicht werden.[6]

Noch einen Schritt weiter geht im Kampfsport die bewährte Technik des Schattenboxens. Hier werden die Bewegungen nicht nur mental, sondern auch real, jedoch ohne Gegner ausgeführt, um Bewegungsabläufe zu verinnerlichen und sie durch ständige Wiederholung zu automatisieren. Rennfahrer gehen ihren Kurs vorab in Gedanken durch, und Fußballspieler, die einen Elfmeter schießen müssen, haben den Ball gedanklich in den Sekunden vor dem Schuss schon präzise im Tor versenkt. Beim Vorbereiten eines Vortrags gilt dasselbe: Je besser Sie sich mental auf die Situation einstellen, vom Redeaufbau bis hin zur Körperhaltung, desto souveräner können Sie später vor Publikum punkten. Na, kommt Ihnen das irgendwie bekannt vor? (siehe Seite 134 ff.)

Die Anknüpfung neu zu lernender Informationen an bereits vorhandene passiert in aller Regel durch Assoziation, sprich Eselsbrücken. Selbst jemand, dem die lateinische Sprache völlig fremd ist, wird sich die Vokabel »pendere« (hängen) in Verbindung mit einem schwingenden Pendel leicht merken können.

Eine echte Verarbeitung von Informationen beginnt stets damit, die Inhalte bewusst aufzunehmen und sie auch am Ende wiedergeben zu können. Aufschreiben, darüber reden, systematisieren sind die Zauberwörter beim Lernen. Darüber hinaus spielt natürlich die persönliche Bedeutung eine Rolle. Es ist klar, dass Sie etwas besser – im Sinne von schneller und anhaltender – lernen können, wenn es Sie konkret auf irgendeine Art und Weise betrifft. Suchen Sie nach solchen persönlichen Anknüpfungspunkten. Fragen Sie sich beispielsweise, wie und wo Sie das Gelernte praktisch verwerten könnten. Skurrile Fakten aus der Rubrik »Unnützes Wissen« zum Beispiel eignen sich hervorragend, um einen Vortrag oder eine Diskussion aufzulockern. Oder wussten Sie etwa, dass die Fingernägel im Leben eines Menschen durchschnittlich 28 Meter wachsen?

Bewusst aufnehmen, regelmäßig rekapitulieren, anwenden, aufschreiben, darüber reden, systematisieren, den persönlichen Bezug suchen – und die Verankerung im Gedächtnis klappt ganz von selbst.

Mnemotechniken oder die Kunst der Assoziation

Bilder sorgen beim Lernen für Nachhaltigkeit. Wie kann man das einsetzen?

Anknüpfungspunkte für Assoziationen

- **Sensualität.** Die gewählte Assoziation sollte möglichst viele Sinne ansprechen. Sehen, hören, riechen, schmecken und tasten Sie. Sie merken sich etwas, das einen bildlichen Eindruck hervorruft besser, wenn Sie zugleich ein Geräusch, einen Geruch oder ein Gefühl für das Erinnerte im Kopf haben.
- **Bewegung.** Bringen Sie Schwung in Ihre Assoziationen. Stellen Sie sich lieber dynamisch bewegte statt statische Bilder vor. Animieren Sie beispielsweise ein Wort oder einen Gegenstand gedanklich: Lassen Sie ihn auf charakteristische Weise fliegen, hüpfen, rotieren, durch die Gegend wackeln.
- **Anbindung.** Verknüpfen Sie Ihre Assoziation mit einem Objekt aus Ihrem persönlichen Umfeld, das sich nicht verändern kann. Binden Sie also Neues an Altes und Bekanntes. Knüpfen Sie die Zahnpasta, deren Einkauf Sie nicht vergessen wollen, an die Haustür, die Sie davor passieren müssen. Lassen Sie sie auf Ihrem Sessel Trampolin springen, auf der Schlüsselablage Schlittschuh laufen oder gedanklich die Zeiger Ihrer Uhr ersetzen.
- **Humor und Phantasie.** Sie haben es wahrscheinlich schon gemerkt: Je komischer, lächerlicher, absurder, surrealer eine Assoziation ist, desto besser werden Sie diese im Gedächtnis behalten. Einen schlichten Müllbeutel werden Sie möglicherweise vergessen. Wenn Sie sich aber vorstellen, dass dieser Müllbeutel Arme und Beine hätte und auf Ihrem Schreibtisch Polka tanzte, während er mit sächsischem Akzent jodelte, werden Sie ihn sicher in Erinnerung behalten.

- **Zahlen und Abfolgen.** Bei manchen Menschen wird die Merkfähigkeit durch Systematisierungen und Ordnung gesteigert. Eine festgelegte Anzahl, Reihenfolgen oder das Durchnummerieren von Fakten können also helfen, festzustellen, ob etwas vergessen wurde.
- **Übertreibung.** Machen Sie Ihre Assoziation zu einer möglichst außergewöhnlichen. Groß, grell, farbig, grotesk oder zahlreich, was Sie gerade schön finden. Wie einprägsam ist eine normale Tiefkühlpizza in Ihrer Küche im Vergleich zu einer zwei Meter großen Riesenpizza im Garten – oder im Vergleich zu einem Berg von Hunderten Pizzas, der zusammenfällt und anschließend Ihre Küche unter sich begräbt?
- **Positives.** Wählen Sie angenehme oder auch lustige Assoziationen, da unangenehme unbewusst blockierend wirken könnten. Das ist als eine Art Schutzmechanismus zu sehen, weil jeder das Negative gern umgehen will. Eine lustig aussehende Karotte als Cartoon, die auf Ihrer Schulter sitzt und Ihnen Witze erzählt, ist besser geeignet als das mentale Bild einer ekligen, verschimmelten Möhre, die Ihnen Schaudern verursacht. Auch wenn beides vielleicht genügend absurd ist, um einprägsam zu sein, ist der Effekt der positiven Assoziation der bessere.

Die Loci-Methode

Die besten mnemotechnischen Methoden benutzen natürlich die Gedächtniskünstler. Eine ist die sogenannte Loci-Methode, nach dem lateinischen Wort für »Ort« benannt. Kurz gesagt geht es bei ihr darum, eine Liste von Informationen – Worten oder Dingen – mit bestimmten Plätzen zu verknüpfen. Eine Anzahl von beispielsweise 10, 15 oder gar 20 wahllos zusammengestellten Objekten im Kopf zu behalten, ist für den Ungeübten ohne Hilfen praktisch unmöglich. Legen Sie diese Objekte nun aber mental an bestimmten Stellen ab, die Sie sicher in der Reihenfolge gedanklich abgehen können, so müssen Sie nur den Weg von einem dieser Orte zum nächsten abschreiten, und Sie können sich die dort verankerten Gegenstände ansehen. So werden Sie es schaffen.

Die Loci-Technik lässt sich beispielsweise mit Ihrer Wohnung oder mit dem Weg dorthin verknüpfen. Wenn Sie morgens aufstehen, machen Sie vielleicht als Erstes den Wecker auf Ihrem Nachttisch aus. Vor oder hinter Ihrem Wecker legen Sie gedanklich den ersten Gegenstand ab, den Sie sich merken möchten. Nehmen wir an, dass Sie als Nächstes die Beine aus dem Bett schwingen, um in Ihre Pantoffeln zu schlüpfen – in denen natürlich der zweite Gegenstand steckt. An der Türklinke, die Sie drücken, um ins Bad zu gelangen, hängt das dritte Objekt, und auf dem Toilettendeckel, den Sie gleich öffnen werden, liegt der vierte. So geht es immer weiter, exakt Ihrem Ritual folgend.

Die gewählten Fixpunkte sind durch Ihre tägliche Routine bereits fest verankert. Sie werden sie also sicher nicht vergessen oder einen von ihnen auslassen. Und wenn die Informationen, die Sie sich merken wollen, gut mit diesen Fixpunkten verknüpft wurden, so werden Sie sie beim erneuten gedanklichen Abgehen der Strecke alle wiederfinden. Sollten Sie auf Ordnung Wert legen und viele feste Größen in Ihrem Leben haben, so ist das die richtige Technik für Sie.

Oder sind Sie anders gestrickt? Und finden sich nicht wieder? Dann passt vielleicht die folgende Variante. Hier geht es um die Anbindung an bestimmte Körperteile. Klingt merkwürdig. Ist es auch, funktioniert aber dennoch hervorragend.

Die Körperroute[7]

Beginnen Sie mit der Nummerierung bestimmter Körperteile, von unten nach oben. Das sollten Sie sich recht schnell merken können:

1 sind die Füße. Klar, die sind ja auch ganz unten. Einmal trampeln bitte!

2 eine Station weiter oben die Knie. Zweimal zusammenklatschen bitte!

3 ist nun ... unser Po. Ja, da wären Alternativen denkbar – aber bleiben wir dabei: 3 = Po. Bitte anspannen!

4 liegt eine weitere Etage höher und auf der anderen Seite: der Bauch. Jetzt mal eben aufblähen!

5 nennen wir einmal die Mitte unserer Zehnerreihe und denken dabei an das Herz. Fühlen Sie es schlagen!

6 sind für uns die Hände. Winken Sie mal mit beiden!

7 nennen wir den Mund. Einmal kauen bitte!

8 nehmen wir für die Nase. Schniefen Sie mal eben!

9 sind dann die Augen. Bitte blinzeln!

Und **10** sind die Haare. Wenn Sie was zum Schütteln oder Wuscheln haben – bitte sehr!

Natürlich hätten Sie auf dem Weg von unten nach oben auch andere Stationen wählen können, entscheidend ist nur, dass Sie sich Ihre Reihenfolge merken können. Noch einmal kurz zur Wiederholung:

1	Füße	6	Hände
2	Knie	7	Mund
3	Po	8	Nase
4	Bauch	9	Augen
5	Herz	10	Haare

Sitzt das? Vielleicht schließen Sie einmal kurz die Augen und gehen zur Kontrolle die Liste gedanklich in beide Richtungen nochmals durch – von 1 bis 10, also von unten nach oben, und einmal umgekehrt bitte. Machen Sie ruhig die passenden Bewegungen dazu. Also bitte noch einmal – jetzt! Alles klar? Gut! Dann werden wir nun, wie bei jeder Variante der Loci-Technik, unsere einzelnen Körperpositionen mit Informationen aufladen. Stellen Sie sich bitte folgende absurde Szenarien möglichst bildlich vor:

Bei **1** piekst Ihnen eine winzige Freiheitsstatue mit ihrer Fackel in den Zeh. Bei **2** klemmen Sie sich nun gedanklich ein Reiskorn zwischen Ihre Knie. Den Po bei **3** assoziieren wir mit einem Sumōringer, der Ihnen im Kampf sein Hinterteil zustreckt. Ihr Bauch als Nummer **4** war auch schon mal schlanker, jetzt erinnert er an einen Elefanten. Nehmen wir an, dass Ihnen bei der **5** ganz warm ums Herz würde, wenn Sie an einen Porsche denken – vielleicht schlägt es bei Ihnen für etwas anderes, aber stellen Sie es sich dennoch vor: Ihr Herz schlüge für diesen Wagen. Mit der Hand bei der **6** winkt Ihnen huldvoll die Queen – und vielleicht dürfen Sie ihr sogar einen Handkuss geben. Die **7** war der Mund – und der brennt Ihnen nun nach einem hochprozentigen Wodka richtig. Dies lässt Ihre Nase (Nummer **8**) plötzlich sprießen und wachsen wie ein Baguette – oh Gott! Ihre Augen als Nummer **9** erblicken eine Sambatänzerin und beginnen hin und her zu rollen, weil sie gar nicht wissen, wohin sie zuerst schauen sollen. Dabei stehen Ihnen die Haare zu Berge wie ungekochte Spaghetti – Nummer **10**. Kurze Rekapitulation:

1 Füße – die Freiheitsstatue sticht Ihnen in den Zeh.
2 Knie – klemmen ein Reiskorn ein.
3 Po – der halbnackte Sumōringer.
4 Bauch – dick wie ein Elefant.
5 Herz – schlägt für einen Porsche.

245

6 Hände – die Queen winkt huldvoll.
7 Mund – brennt vom Wodka.
8 Nase – lang wie ein Baguette.
9 Augen – sehen die Sambatänzerin.
10 Haare – Spaghettihaare – wie hübsch.

Machen Sie den Test, aber ohne zu schummeln. Was taten
die Knie? Die Hände? Die Augen? Schließen Sie doch jetzt
noch einmal die Augen und gehen Sie für eine letzte Wiederholung die Nummern 1 bis 10 mit den zugehörigen Körper-
teilen und den entsprechenden Bildern bzw. Szenen durch.
Bitte, jetzt!

Und? Hat es funktioniert? Ich gehe davon aus, dass dies
für Sie relativ problemlos war. Und ich klopfe Ihnen hiermit
verbal auf die Schulter. Denn Sie haben in diesem Moment
nicht etwa (nur) eine Liste wahlloser bildlicher Assoziationen auswendig gelernt. Weit gefehlt! Was Sie jetzt wissen und
korrekt auflisten können, sind nach der World Economic Da-
tabase des IWF vom April 2010 die Länder mit dem weltweit
größten Bruttoinlandsprodukt in absteigender Reihenfolge.
Hätten Sie jemals gedacht, dass Sie sich das so leicht merken
können? Oder glauben Sie mir etwa nicht? Dann schauen Sie
sich doch einmal das an:

1 – Fuß – Freiheitsstatue – USA
2 – Knie – Reiskorn – China
3 – Po – Sumōringer – Japan
4 – Bauch – Elefant – Indien
5 – Herz – Porsche – Deutschland
6 – Hand – Queen – Großbritannien
7 – Mund – Wodka – Russland
8 – Nase – Baguette – Frankreich
9 – Augen – Sambatänzerin – Brasilien
10 – Haare – Spaghetti – Italien

Nutzen Sie Ihren Gedankenpalast, um an den Orten in Ihrer Vorstellung Informationen zu platzieren und zuverlässig wieder abrufen zu können.

Die Geschichtentechnik

Die richtige Wahl für die chaotischen Kreativen unter Ihnen. Bei diesem mnemotechnischen Verfahren werden Objekte, Vokabeln, Zahlen oder Fakten einfach zu einer zusammenhängenden Geschichte verbunden. Dabei gilt wieder: Absurditäten sind einprägsamer als das Normale. Folgendes Beispiel eines animierten Einkaufszettels verdeutlicht die Methode.

Stellen Sie sich folgende Szene bildlich vor: Ein *Geldautomat* spuckt im hohen Bogen *Bananen* aus, die im Flug eine Fahne aus *Toilettenpapier* hinter sich herziehen. Dieses ist so mit *Zahnpasta* vollgeschmiert, dass es an der Seite eines *Müllbeutels* kleben bleibt wie ein *Pflaster*. Nur wenn man es in *Milch* einweicht, lässt es sich mittels einer *Tiefkühlpizza* wieder abkratzen und auf einer *Karotte* wieder aufwickeln, was ein interessantes *Foto* abgäbe.

Wenn Sie den Ablauf der Story im Kopf haben, haben Sie auch die betreffenden Gegenstände memoriert – sogar in der richtigen Reihenfolge. Ihre Geschichte kann ruhig merkwürdig sein, sollte aber in sich logisch bleiben.

Bei der Anker-Technik – nicht zu verwechseln mit dem Anchoring – (siehe Seite 193), werden abstrakte Einzelinformationen mit einem Bild, Spruch oder Begriff verknüpft. Hierzu einige Beispiele: Nehmen wir an, Ihre PIN-Nummer wäre 2893. Auf den ersten Blick eine unauffällige Ziffernkombination. Es ist Ihnen aber sicher klar, dass wenn 2 nicht 8 geben, sie nach 9 Monaten bereits 3 sind, richtig? Natürlich ist das Finden solcher Anker für manche Zahlenkombinationen einfacher als für andere – aber möglich ist es immer. Überdies bieten bestimmte Ziffern aus sich heraus assoziative Anknüpfungspunkte, weil sie traditionell damit verbunden werden. Dies können ebenso gut 7 Zwerge – oder Berge – wie 10 Gebote sein.

Auch eine Kombination aus der Geschichten- und Anker-Technik kann sinnvoll sein, wenn man Zahlenfolgen mit entsprechenden Wortassoziationen zu einer Story verbindet. Hierzu lassen sich beispielsweise auch die Zahlen 0 bis 9 gemäß der Ziffernform mit optisch ähnlichen Dingen verknüpfen und so ordnen. Demnach lässt sich die 0 natürlich leicht als Loch, Tunnel oder Ähnliches sehen, die 2 als schwimmender Schwan oder die 8 als Schneemann.

Erfinden Sie verrückte Geschichten oder
verbinden Sie Informationen miteinander zu einer Gedankenkette.
In dem Spiel: »Ich packe meinen Koffer ...«
werden Sie so mit Sicherheit nie wieder verlieren.

Das Bild-Zahlen-System

Folgendes System ist eine großartige Hilfe und wird von Zauberkünstlern für die Vorführung des sogenannten Riesengedächtnisses verwendet. Um es zu erklären, möchte ich auf den Eingangstest dieses Kapitels zurückkommen. Erinnern Sie sich an die 20 Wörter, die Sie zu Beginn des Kapitels auswendig lernen sollten? Das gelang Ihnen beim ersten Versuch ja nur mäßig. Versuchen Sie jetzt noch mal die Begriffe zusammenzubekommen. Höchstwahrscheinlich haben Sie über die Lektüre weitere Begriffe vergessen. Hier zur Erinnerung noch einmal die vollständige Liste:

Leiter, Polizeiauto, Kaugummi, Schneeball, Flasche, Handy, Fußball, 50-Euro-Schein, Bohrmaschine, Luftschlangen, CD, Haarspray, Buch, Motorrad, Kuh, Hubschrauber, Rubik-Würfel, Blumenstrauß, Klebestift, Kopfhörer. Na, wie viele davon haben Sie noch im Kopf behalten?

Ich hatte Ihnen ja versprochen, dass Sie sich diese – und jede gleichartige Liste genauso – zukünftig blitzschnell und fehlerfrei werden einprägen können. Wenn Sie mögen, können Sie mit diesem System sogar beim nächsten Geburtstag glänzen und Ihr Riesengedächtnis eindrucksvoll unter Beweis stellen. Sie müssen dazu nur ein einziges Mal das untenstehende System auswendig lernen – und das geht aufgrund seiner Struktur sehr einfach. Es handelt sich um ein Assoziationssystem, bei dem einzelne Nummern feststehenden Symbolen zugeordnet sind.[8]

Aufgrund der optischen oder inhaltlichen Ähnlichkeiten oder inhaltlichen Zusammenhänge der Ziffern mit den assoziierten Gegenständen lassen sich diese Verbindungen sehr leicht merken. Nachdem Sie dieses System einmal verinnerlicht haben, können Sie schon fast auftreten und Ihr neues »Riesengedächtnis« unter Beweis stellen. Das Einzige, das Sie tun müssen, ist die genannten Begriffe mit den zuvor gelernten Zahlenbildern zu verknüpfen. Ich werde Ihnen weiter unten konkrete Beispiele dazu nennen, doch jetzt geht es erstmal ans Auswendiglernen folgender Bilder:

Leuchtturm – sieht aus wie die Ziffer 1.

Schwan – sieht aus wie die Ziffer 2.

Dreirad – hat 3 Räder.

Tisch – hat 4 Beine.

Hand – hat 5 Finger.

Sex – ähm …

Sense – sieht aus wie die Ziffer 7.

Schneemann – sieht aus wie die Ziffer 8.

Ballon – sieht aus wie die Ziffer 9.

Trompete – sieht aus wie die Ziffer 10.

Fußball – 11 Spieler sind eine Mannschaft.

Uhr mit Zeigern – mit 12 Stunden.

Schwarze Katze – beides Symbole für Aberglauben.

Windmühle – optische Ähnlichkeit mit der Zahl 14.

Ofen – optische Ähnlichkeit mit der Zahl 15.

Jungfrau – mit 16 sind viele noch Jungfrau.

Harfe – optische Ähnlichkeit mit der Zahl 17.

Besen sieht aus wie eine 1, Schneemann = 8.

Luftballon – der Stab bildet mit dem Ballon eine 19.

Zwei 0 steht für 20.

Verknüpfen Sie die zu merkenden Gegenstände mit den memorisierten Zahlwörtern. Denken Sie dabei an die Kriterien zur Gestaltung solcher mentalen Bilder. Noch einmal: Je origineller und absurder die Verknüpfungen sind, desto besser lassen sie sich merken:

1. Leuchtturm – Leiter. Ein Handwerker wurde zur Lampenreparatur gerufen und steht nun mit seiner viel zu kurzen Leiter vor dem riesigen Leuchtturm.

2. Schwan – Polizeiauto. Die Polizei hat einen Schwan wegen Untreue verhaftet – diese Tiere leben eigentlich streng monogam –, und der sitzt nun auf der Rückbank des Polizeiautos.

3. Dreirad – Kaugummi. Das Kind hat seinen Kaugummi auf den Sitz des Dreirads geklebt. Wehe dem, der sich als nächstes draufsetzt.

4. Tisch – Schneeball. Ein Schneeball ist durchs Fenster direkt auf die Mitte des Küchentischs geflogen und schmilzt dort vor sich hin.

5. Hand – Flasche. Eine Flasche wird mit dem Flaschenhals nach unten zeigend auf der Handinnenfläche balanciert.

6. Sex – Handy. Hier bietet sich die Verknüpfung mit Telefonsex an. Aus dem Handy ist eine laszive Frauenstimme zu vernehmen: »Bleib dran!«

7. Sense – Fußball. Man kann die Sense als Hockeyschläger verwenden und damit eine neue Art von gefährlichem Fußballspiel kreieren; diese Spielform dürfte vor allem bei den Engländern beliebt werden.

8. Schneemann – 50-Euro-Schein. Der Schneemann hat einen gerollten 50-Euro-Schein als Nase im Gesicht.

9. Schlüssel – Bohrmaschine. Ein Dieb hat eine neue Form von Dietrich erfunden, bei dem ein Schlüssel statt eines Bohrkopfs in die Bohrmaschine eingespannt wird.

10. Trompete – Luftschlangen. Im Inneren der Trompete be-

finden sich Luftschlangen, die beim ersten Ton herausge-
blasen werden, Helau!

11. Fußball – CD. Die neueste Erfindung ist ein Fußball mit
    eingebautem CD-Spieler, das Ventil ist der Auswurfknopf.

12. Uhr – Haarspray. Meine Küchenuhr hat Haare bekom-
    men, die ich ihr zur Igelfrisur hochgestylt habe.

13. Schwarze Katze – Buch. Meine Katze wohnt seit Neues-
    tem in einer Buchhöhle.

14. Windmühle – Motorrad. Die Abgase meines Motorrads
    treiben mit Standgas die Windmühle an.

15. Ofen – Kuh. Bayern versuchen, am Oktoberfest einen
    ganzen Ochsen in den Ofen zu schieben

16. Jungfrau – Hubschrauber. Die Jungfrau sitzt auf der
    Loreley und wartet auf ihre Rettung durch einen Hub-
    schrauber.

17. Harfe – Rubik-Würfel. Der Weltmeister im Rubik-Wür-
    fel-Verdrehen macht das mit den Füßen und kann gleich-
    zeitig dabei Harfe spielen.

18. Schneemann mit Besen – Blumenstrauß. Der Schnee-
    mann fegt einen Blumenstrauß weg.

19. Ballon – Klebestift. Ein Idiot versucht, einen kaputten
    Ballon mit einem Klebestift zu flicken.

20. WC – Kopfhörer. Der neueste Hit sind Kopfhöreran-
    schlüsse auf öffentlichen WCs, da läuft passenderweise:
    »It's raining men, Hallelujah.«

Alle anderen Assoziationen sind natürlich auch möglich,
solange Ihre bildhaften, mentalen Verknüpfungen den angesprochenen Kriterien genügen, werden Sie beim Abrufen des
einen stets auch das andere rekapitulieren können. Das Tolle
ist, dass Sie die Gegenstände wirklich schnell auswendig lernen können und danach in der Lage sind, diese auch rückwärts oder nach Zahlenabfrage perfekt aufzusagen.

 Einmal eingeprägt, werden Sie das Bild-Zahlen-System niemals mehr vergessen. Sie sind in der Lage, auf Knopfdruck Ihr phantastisches Riesengedächtnis Freunden und Bekannten unter Beweis zu stellen.

Namen merken

Kaum etwas fällt so schwer. Oftmals erkennen Sie jemanden am Gesicht, aber der dazu passende Name will Ihnen partout nicht einfallen. Der Grund dafür mag sein, dass unser Gehirn die Information für Namen und Gesichter in unterschiedlichen Regionen speichert und diese Verknüpfung jedes Mal erneut hergestellt werden muss, wenn sie nicht noch vorhanden, sprich »gebahnt« ist – so der Fachbegriff. Sehen wir eine Person für einen längeren Zeitraum nicht mehr, ist es logisch, dass diese Verknüpfung nicht sonderlich ausgeprägt ist und daher schwierig wiederherzustellen sein wird. Der bloße Vorgang »Wiedererkennen eines bekannten Gesichts« ist demnach gedächtnisphysiologisch einfacher als der Prozess »Erinnern an den konkret damit verbundenen Namen«.

Dennoch ist es wohl offensichtlich, dass ein gutes Namensgedächtnis für uns von großem Vorteil sein kann. Die meisten Menschen schätzen es, mit ihrem Namen angesprochen zu werden. Der Klang des eigenen Namens erweckt das Gefühl der Vertrautheit, manchmal hat es auch etwas Schmeichelhaftes. So gesehen kann das Ansprechen des Gegenübers mit seinem Namen hilfreich sein, um Rapport herzustellen. Beachten Sie in jedem Fall, dass es beim Rapport im Allgemeinen, aber auch bei der namentlichen Ansprache im Besonderen, immer auf die vorsichtige Dosierung ankommt. Verwenden Sie einen Namen also in angemessenem Maße und übertreiben Sie nie. Das wirkt dann schnell albern und aufdringlich. Wenn Sie damit jedoch dezent Verbindlichkeit betonen, kann das dem Betreffenden durchaus schmeicheln. Oder im richtigen Moment eingesetzt auch für eine positive Überraschung bei ihm sorgen. Denn die meisten reagieren mit Freude, wenn jemand, an dessen Namen man sich möglicherweise selbst nicht erinnert, einen plötzlich mit Namen anspricht.

Stellen Sie sich einmal vor, Sie wären Gast auf einem großen Fest, bei dem sich die Leute untereinander kaum kennen. Sie wissen, dass Sie im nächsten Jahr wieder dort sein werden. Wie wäre es, wenn Sie sich alle Namen der Gäste – ohne jede Mnemotechnik – nach nur einmaligem Vorstellen merken könnten? Klingt unmöglich – oder?

Mein amerikanischer Kollege Paul Harris hat dazu eine verrückte Idee entwickelt, die ich Ihnen gern als Beispiel für einen witzigen, kreativen Denkansatz vorstellen möchte: Paul schlug vor, sich jedem männlichen Partygast mit demselben Vornamen vorzustellen. Wenn sich also jemand mit »Hallo, ich heiße Peter« vorstellt, antwortet Paul überrascht: »Das ist ja toll, ich heiße auch Peter.« Durch die Verblüffung stellte Paul sicher, dass sich Peter sein Gesicht und seinen Namen – es war ja offensichtlich derselbe wie sein eigener – merken würde. Würde Paul Peter einige Jahre später wieder begegnen, so würde Peter ihn voraussichtlich mit »Hallo, Peter« begrüßen, so dass Paul nur noch mit »Hallo, Peter« zu antworten bräuchte und so den Eindruck – erinnern Sie sich an den Zieleffekt – in vollem Umfang erreicht hätte. Er hatte sich Peters Namen tatsächlich perfekt merken können.[9]

Ich gebe zu, diese kuriose Idee ist nett, aber nicht wirklich praxistauglich. Wie wäre es stattdessen mit dieser wirkungsvollen Methode: Wenn Sie sich einen Namen merken wollen, sollten Sie zunächst bei der Vorstellung genau hinhören, also Ihre Aufmerksamkeit nur darauf richten. Ich weiß, das klingt simpel, ist es aber keineswegs. Denn wenn Sie jemandem vorgestellt werden, werden Sie zumeist derartig mit Eindrücken überflutet – wie fühlt sich der Händedruck an, ist die Mimik der Person freundlich usw.? –, dass Sie den Namen manchmal nur beiläufig registrieren und gleich wieder vergessen. So geht es mir jedenfalls regelmäßig. Sie können und müssen sich jedoch zwingen, dagegenzuarbeiten.

Im zweiten Schritt durchsuchen Sie Ihr Gedächtnis nämlich danach, ob Sie jemanden mit demselben oder einem ähnlichen Namen kennen, und versuchen, etwas Typisches an dieser Ihnen bekannten Person mit Ihrem Gegenüber in Verbindung zu bringen. Mich könnten Sie sich bei der Vorstellung beispielsweise in einem Nikolauskostüm mit einem Ei als Weihnachtsgeschenk vorstellen. Sie könnten aber auch den Namen in ein anderes, ähnlich klingendes gegebenenfalls zusammengesetztes Wort verwandeln. In etwa so: Ich hatte neulich in Dubai einen Herrn mit dem Namen Cubero auf der Bühne, in meinen Gedanken assoziierte ich den Herrn mit einem dieser Erotikwürfel – Cube ist das englische Wort für Würfel und Ero steht für Erotik –, manche Leute sollen diese Würfel zum Aufpeppen ihres Liebeslebens verwenden, aber fragen Sie mich bitte nicht, wo ich solche Würfel gesehen habe … Es scheint für mich jedoch ein einprägsames Erlebnis gewesen zu sein, sonst hätte ich mich wohl nicht jetzt in diesem Moment daran erinnert.

Des Weiteren ist es gut, wenn Sie sich etwas Besonderes an der Person, am besten in deren Gesicht, suchen und einprägen. Damit sind wir erneut bei den assoziativen Verknüpfungen – gemerkt? Kleidung oder Schmuck eignen sich hierfür nur bedingt, da Sie die Person bei anderer Gelegenheit wohl nicht wiedererkennen würden. Wie ein Karikaturist müssen Sie nach etwas Typischem, Unveränderbarem suchen, das sich für die Übertreibung anbietet. Jegliche Besonderheiten, was Frisur, Augen, Ohren, Bartwuchs, Falten, Statur und Körperhaltung angeht, eignen sich als Merkpunkte für Ihre Assoziationen, die Sie in gewohnter Weise mit dem Namen verbinden wollen. Herr Cubero war der Chef des gastgebenden Unternehmens, was man auch an seiner athletischen stattlichen Statur und seiner Körpersprache erkennen konnte, wenn man nur genau hinsah. Damit war klar, dass er die Würfel zu einem verheißungsvollen Event »Cube – Ero« in seiner Hand hielt. Kleiner Tipp: Sie könnten sich schon fertige Merkbilder für gebräuchliche Namen vorab zurechtlegen. So könnten Sie sich beispielsweise Georg als »gehenden Ork« vorstellen. Sie werden beim Erstellen solcher Namenslisten viel Spaß haben.

Lern-, Merk- und Erinnerungshilfen aus dem Unterbewusstsein

Wenn es um das Thema »Gedächtnistraining« geht, kann uns unser Unterbewusstsein mal wieder wertvolle Dienste leisten. Sie können sich Ihr Gedächtnis wie die Schichten eines Bergwerkes vorstellen. Denke ich über bestimmte Dinge gerade häufiger nach, scheinen mir die Zusammenhänge höher, hin zur Oberfläche, angesiedelt zu sein und sind daher schneller und besser abrufbar. Beim Priming (siehe Seite 143) kann man diese Tatsache ja so wunderbar nutzen. Wissen Sie noch?

Eines ist schon komisch: Wir wissen, dass wir den Namen einer Person im Kopf haben – doch er will uns dennoch im Moment gerade nicht einfallen. Wir können ihn nicht ausgraben. Wenn ich aber Menschen in Hypnose ihren eigenen Namen oder eine Zahl vergessen lasse und sie trotz wiederholten Nachfragens nicht in der Lage sind, die geforderte Information zu geben, berichten sie im Nachhinein immer, dass es sich für sie genauso angefühlt hat, wie die Situation, in der einem etwas auf der Zunge liegt, es einem aber partout nicht einfallen will. In der Psychologie nennt man das Phänomen des Beschäftigens mit dem eigenen Denkprozess »Metakognition«. Ich werde Ihnen verraten, wie Sie diesen Es-liegt-mir-auf-der-Zunge-Effekt überwinden können.

Lernen im Kontext

Es gibt einige erfolgversprechende Methoden, wie man seiner Erinnerung auf die Sprünge helfen kann. Für gewöhnlich versucht man, sich auf das gesuchte Wort zu fokussieren, was jedoch selten weiterhilft. Besser ist es, sich auf den Kontext und all das zu konzentrieren, was auch nur vage damit zusammenhängt. Wenn Sie zum Beispiel nach dem Namen des Leadsängers einer Gruppe suchen, hilft es, sich vorzustellen, wo und wann Sie das Lied zuletzt gehört haben, sich an das Musikvideo zu erinnern und auch daran, wie Sie mit Freunden darüber sprachen. Grund: Das Gehirn speichert Informationen immer in ganzen Zusammenhängen. Wie wir bereits beim Priming feststellen konnten, kommen durch Aufrufen von Informationen auch die damit zusammenhängenden Informationen wieder aus den Tiefen näher an die Oberfläche. Manchmal wissen wir so nur den ersten Buchstaben eines Worts oder haben einen ungefähren Klang des Begriffs im Kopf. Jetzt kann es helfen, sich ähnlich klingende Wörter zu denken oder auszusprechen.[10] Sie erkennen hieran, dass die assoziative Verknüpfung von Informationen mit anderen Gedächtnisinhalten – wie ich Sie Ihnen als bewusst inszeniert im Rahmen der Mnemotechniken vorgestellt habe – nicht nur beim Verankern von Informationen hilft, sondern natürlich auch beim Abrufen oder sich daran Erinnern. In dem Mo-

258

ment, an dem mehrere Informationen durch synaptische Verknüpfungen oder Bahnung miteinander verbunden werden, triggert die Erinnerung an einen Teilaspekt automatisch die anderen. Sie kennen dieses Phänomen natürlich. Sie nehmen beispielsweise irgendwo einen Geruch wahr, und sofort haben Sie eine komplexe Erinnerung im Kopf – an irgendeinen bestimmten Menschen oder auch an eine Situation. Oder Sie hören irgendeine Musik, die Ihnen sofort deutlich mehr Sachen ins Gedächtnis zurückruft als nur den Namen des Musikstücks oder den des Interpreten.

Eben das können Sie sich zum gezielten Erinnern zunutze machen. Triggern und aktivieren Sie damit andere Gehirnregionen, die mit der verschütteten Information verknüpft sind. Das kann einmal virtuell geschehen. Sie denken bewusst nicht an das Gesuchte, sondern an verknüpfte Aspekte. Oder Sie gehen an den Ort, an dem Sie den gesuchten Gedanken das letzte Mal hatten. Vielleicht ist das eine bestimmte Stelle in Ihrem Wohnzimmer. Auch dies ist etwas, das Ihnen bestimmt bekannt vorkommt: Ihnen wird am Telefon etwas erklärt, das Sie sich notieren möchten. Sie legen auf, gehen zu Ihrem Schreibtisch, um Ihre Notiz zu machen. Plötzlich ist die Nachricht verschwunden. Sie gehen wieder zum Telefon, um noch einmal nachzufragen – und schwupp –, kaum haben Sie die Hand auf den Hörer gelegt, ist sie wieder da. Die alte Position hat die Information erneut getriggert.

Das Lernumfeld

Ich habe mir eigens zum Lernen und kreativen Arbeiten einen kleinen Raum, abseits vom Chaos meines Schreibtischs, eingerichtet. Dort habe ich meine Ruhe, alles liegt an seinem Platz, und ich kann ihn so verlassen, wie ich möchte. Somit wird meine Erwartung, wenn ich wieder dorthin komme, nie enttäuscht. Alles liegt an seinem Platz, und ich erinnere mich – ganz nach der Loci-Methode – bei allem, was ich sehe und wo auch immer ich mich hinsetze, an jene Dinge, mit denen ich mich an derselben Stelle zuletzt beschäftigte. Nur so kann ich an mehreren Baustellen zugleich arbeiten, ohne mich zu verzetteln. Sie merken, zwischen Lernen und kreativem Arbeiten bestehen zahlreiche Parallelen.

Eine gute Möglichkeit, seinen Kopf möglichst schnell auf eine konzentrierte Phase des Lernens umzustellen, besteht also im Festlegen auf einen festen Lern- bzw. Arbeitsplatz. Dieser sollte so beschaffen sein, dass man sich dort wohlfühlt, aber gleichzeitig nicht zu sehr abgelenkt werden kann. Viele Schüler oder Studenten behaupten beispielsweise steif und fest, dass sie bei Musik am besten lernen könnten – und für manche mag das sogar stimmen –, jedenfalls, wenn es sich um Instrumentalstücke handelt. Für andere wird die Beschallung unbewusst eher eine angenehme, willkommene Ablenkung sein, weil sie eigentlich nicht wirklich lernen wollen. Nur weil Sie an etwas gewöhnt sind, heißt das noch lange nicht, dass es auch gut und hilfreich ist. Möglicherweise hindert Sie genau diese Gewohnheit am Weiterkommen. Denken Sie doch einmal darüber nach und stellen Sie Ihre Lerngewohnheiten unvoreingenommen auf den Prüfstand.

Dazu gehört zum Beispiel auch die Antwort auf die Frage, ob Sie in der Stunde, in der Sie lernen oder arbeiten, wirklich Ihr Telefon oder Handy in Hörweite haben müssen. Ist das unverzichtbar – oder nicht doch eher eine mehr oder weniger willkommene und unbewusst gesuchte Ablenkung? Und wie sieht es mit dem E-Mail-Programm Ihres Computers auf dem Schreibtisch aus? Erwarten Sie in dieser Stunde wirklich so wichtige Mails, dass Sie sie sofort lesen und beantworten müssten? Wie echt ist solche Dringlichkeit wirklich?

Zurück zum Lernplatz. Gehen wir davon aus, Sie hätten einen solchen Lernplatz, an dem Sie sich wohlfühlten und nicht unnötig abgelenkt würden. Vorteil: Es gibt dafür sachlich, physiologisch und psychologisch günstige Aspekte. Die Verbindung dieses Lernplatzes – der auch wirklich in erster Linie dazu dient – mit Ihrer Gewohnheit, ihn auch als solchen zu benutzen, wird Körper und Kopf automatisch auf das Ziel hin konditionieren. Alles wird sofort auf Lern- und Aufnahmebereitschaft eingestellt werden, sobald Sie sich an einen solchen Platz setzen. Das ist derselbe Effekt, der Sie beim Anblick eines Bettes oder eines gemütlichen Sofas spontan müde werden lässt.

Konditionieren Sie sich doch lieber auf die angenehme Atmosphäre Ihres Lernplatzes, und er wird automatisch Ihre Eingangskanäle für Sie öffnen. Das diesen Reaktionen zugrunde liegende Prinzip beruht auf der bereits erwähnten klassischen Konditionierung nach Iwan Pawlow. Die Werbung liebt sie auch: Produkte bringt sie für uns in Verbindung mit spezifischen Reizen, die positive Gefühle in uns auslösen. So verbinden wir diese weißen Nasch-Kügelchen – ich meine die ganz ohne Schokolade – mit Sommer, Sonne und Urlaubsgefühl.

Das bedeutet jedoch keinesfalls, dass Sie an anderen Orten nicht gut lernen könnten. Für einen auditiven Lerntypen kann beispielsweise eine Vertiefung mit Hilfe eines MP3-Players beim Spazierengehen an der frischen Luft hervorragend geeignet sein. Der Sauerstoff tut dann noch sein Übriges, wie Sie weiter unten gleich sehen werden. Nur sollten solche Verfahren wirklich als sinnvolle Ergänzungen zum Vertiefen und Verinnerlichen von Inhalten gesehen werden und nicht etwa als schlechter Ersatz für das konzentrierte Arbeiten an Ihrem Lernplatz dienen.

Sehen Sie das Gelernte immer im Kontext mit anderen Aspekten. Nutzen Sie das gezielt, um die Erinnerungen abzuspeichern und später wieder abzurufen. Richten Sie sich einen guten Lernplatz ein und konditionieren Sie sich darauf. Steigern Sie Ihr Lerntempo, indem Sie äußere und interne Störungen beseitigen.

Wissen, komm raus! Ich weiß, dass du da bist

Prüfungen haben für viele Leute so ihre Tücken. Denn was nützt Ihnen das größte Wissen, wenn es im entscheidenden Moment nicht abrufbar ist? Obwohl böse Zungen behaupten, ich hätte mir meine guten Noten einfach gezaubert, war die Grundlage stets eine gewissenhafte Vorbereitung in Verbindung mit meiner persönlichen Erfolgsstrategie.

Der Gedanke an eine Prüfung jagt mir auch heute noch ein gesundes Maß an Angst und Respekt ein, dadurch bin ich zum Lernen motiviert. Die Angst hält aber nur immer bis zum Vorabend der Prüfung. Spätestens kurz bevor ich mich ins Bett lege, ändere ich meine Einstellung um hundert Prozent. Ab jetzt ist es mir quasi egal, wie erfolgreich die Prüfung verlaufen wird. Natürlich will ich es immer noch gut machen, aber wenn es nicht gelingt, ist es mir egal. Ab jetzt gilt: Das Lernen war die Pflicht, die Prüfung ist die Kür. Getreu dem Motto: »Just do it« oder getreu einem Songtext von Bela B. von den Ärzten »Du bist immer dann am besten, wenn's dir eigentlich egal ist«.

Diese Haltung gipfelte darin, dass ich einmal am Vorabend der Prüfung zu meinem zweiten juristischen Staatsexamen einen Auftritt im Frankfurter Japan Tower angenommen hatte. Der damalige Vorstand einer großen deutschen Bank erwähnte diesen außergewöhnlichen Umstand sogar stolz in seiner Ankündigung. Ich glaube, dies war der einzige Moment in meiner Karriere, in dem auf meine Anmoderation kein Applaus folgte. Stattdessen lag eine unheimliche Stille über dem Publikum, und ich konnte die Gedanken der Zuschauer förmlich hören: »Entweder lügt der Vorstand, oder der Typ spinnt! Was macht der hier? Junge, geh nach Hause und schlaf dich aus!« Ich kann Ihnen jedoch heute versichern, sowohl der Auftritt als auch die Prüfung sind fabelhaft verlaufen.

Meine persönliche Lernerfolgsformel lautet: Ziel definieren – Wille beweisen – Fokus setzen – Konzentration – ausreichend Übung – optimale Vorbereitung.
Dann zielen und loslassen. Ganz so wie beim Bogenschießen.

> *Tipps und Tricks, die mentale Lernpower zu steigern*
>
> Die Masse unseres Gehirns macht (bei den meisten Menschen jedenfalls) nur zwei Prozent unseres Körpergewichts aus, es verbraucht aber 20 Prozent der Energie. Diese wird in Form von Glukose über den Blutkreislauf geliefert. Ein hoher Blutzuckergehalt hat daher große Auswirkungen auf unser Gedächtnis. So können wir insbesondere den Lerneffekt durch eine optimale Glukoseversorgung enorm steigern. Gleiches gilt für frischen Sauerstoff, obwohl dieser Effekt nur bis zu fünf Minuten anhält.[11] Lernen an der frischen Luft (länger als fünf Minuten), tiefe Atemzüge sowie ein Traubenzucker zwischendurch sind also höchst empfehlenswert.
> Des Weiteren gilt: viel trinken. Unser Gehirn besteht zu etwa 85 Prozent aus Wasser, der Rest des Körpers nur zu circa 67 Prozent. Das

Gehirn beginnt bei zu geringer Flüssigkeitszufuhr zu schrumpfen. Mediziner gehen sogar davon aus, dass dieser Effekt für etwa zehn Prozent aller Alzheimer-Erkrankungen verantwortlich ist. Also Prost, aber bitte nur Wasser und keinen Alkohol trinken, sonst bekommen Sie zwar nicht Alzheimer, aber Ihre Gehirnzellen werden durch das Korsakow-Syndrom – Sie merken, ich versorge Sie gerne mit Fachausdrücken – zerstört, was mindestens genauso übel ist.

Gestalten Sie Ihre Lernsituation optimal und ausgerichtet an Ihrem Lerntypus. Achten Sie auch auf die eigentlich selbstverständlichen Dinge wie Schlaf, Ernährung, frische Luft und Bewegung.

Meine besten Lernmittel auf einen Blick

- Gehen Sie offen und zuversichtlich ans Werk und vermeiden Sie Negativsätze wie: »Das kann ich sowieso nicht.«
- Erinnern Sie sich an Ihre positiven Lern- und Erfolgserlebnisse.
- Richten Sie sich einen Lernplatz ein und gestalten Sie ihn so, dass Sie sich wohlfühlen und nicht abgelenkt werden.
- Der erste Schritt zum Erfolg ist, anzufangen.
- Nutzen Sie die Kraft der Nur-mal-fünf-Minuten-Herangehensweise (siehe Seite 92).
- Setzen Sie sich der Ermahnung der Personen aus, die es wissen müssen und die Ihnen wichtig sind. Und führen Sie sich auch die Konsequenz eines eventuellen Scheiterns vor Augen.

- Motivieren Sie sich selbst, indem Sie sich immer wieder Ihr Ziel und den möglichen Erfolg vor Augen führen.
- Planen Sie Ihre Lernschritte.
- Belohnen Sie sich selbst für pflichtgemäß absolvierte Sequenzen.
- Setzen Sie Ihre Arbeitszeiten inklusive der Pausen vorher fest.
- Aktivieren Sie Ihr Vorwissen und stellen Sie persönliche Beziehungen zum Thema her.
- Nutzen Sie möglichst viele Lernkanäle: übers Sehen, Hören, Lesen oder direktes Handhaben.
- Wiederholen Sie neu Gelerntes regelmäßig, um es auch sicher im Langzeitgedächtnis speichern zu können.

6. Kapitel
Das Geheimnis dauerhafter Stärke

Früher dachte ich, man könne unbegrenzt Vollgas geben. Denn wenn's mal läuft, dann läuft's. Das ist prinzipiell auch richtig, aber auch wieder nicht: Irgendwann, zwischen Klausuren, Auftritten und Zauberwettbewerben, wachte ich eines Morgens auf und hatte das Gefühl, einen Pfropfen im Ohr zu haben. Das war, wie sich herausstellen sollte, ein leichter Hörsturz, dessen Symptome dank umgehender Behandlung auch glücklicherweise bald wieder verschwanden. Obwohl ich mich nach meinem subjektiven Eindruck überhaupt nicht gestresst gefühlt hatte, hatte mir mein Körper ein Alarmsignal gesendet und eine etwas ruhigere Gangart eingefordert. Wie ich heute weiß, zu Recht.

Das menschliche Herz pumpt jeden Tag bis zu 10 000 Liter Blut durch die Blutgefäße des Körpers. Es liefert 24 Stunden am Tag so viel Energie, dass man damit 20 Tonnen Kohle auf eine ein Meter hohe Plattform schaufeln könnte.[1] Diese Leistung vollbringt es ein ganzes Leben lang. Beim bisher ältesten Menschen der Welt – jedenfalls soweit wir das wissen –, der Französin Jeanne Louise Calment, waren dies stolze 122 Jahre, 5 Monate und 14 Tage. Die unglaubliche Leistung kann das Herz vollbringen, weil es nicht ununterbrochen arbeitet, sondern nach jeder Kontraktion eine Ruhepause einlegt. Bei einer normalen durchschnittlichen Pulsfrequenz von circa 70 Schlägen pro Minute arbeitet das Herz nur neun von insgesamt 24 Stunden. Die Ruhephasen machen pro Tag also ganze 15 Stunden aus. Wenn es darum geht, zu erfahren, wie man es schafft, über einen langen Zeitraum konstante Höchstleistung zu erbringen, so können wir viel von unserem Herzen lernen.

Regenerationsphasen einplanen

Pausen sind unerlässlich, sonst kann es leicht zum Gefühl des Ausgebranntseins und zu einem Burn-out kommen. Wie die Regenerationsphasen aussehen, ist dabei höchst individuell. Es soll Menschen geben, die beim Autorennen entspannen können, wenn sie selbst Fahrer sind, versteht sich. Sie erinnern sich, das sind solche Typen mit niedriger Erregbarkeitsschwelle und hoher Aktivierbarkeit (siehe Seite 34 f.). Für andere gibt es auch wesentlich unspektakulärere Entspannungsmethoden.

Mir fällt es beispielsweise schwer, bei Nichtstun zu entspannen. Daher sind für mich monotone Bewegungsabläufe wie Joggen oder Schwimmen ideal, um abschalten zu können. Aber auch Autogenes Training ist für mich wunderbar geeignet, da es – wie wir weiter unten sehen werden – eine aktive Form der Entspannung darstellt.

Die Palette der Entspannungstechniken ist groß und reicht von Meditation bis hin zum Leistungssport. Aber einfach schlafen tut's auch. Persönlichkeiten wie Thomas Alva Edison, Leonardo da Vinci oder Winston Churchill pflegten den sogenannten polyphasischen Schlaf, bei dem der gesamte Schlafbedarf auf mindestens drei Schlafeinheiten am Tag aufgeteilt wird. Damit soll es möglich sein, statt mit den üblichen sieben Stunden im extremen Fall mit lediglich zwei Stunden Schlaf pro Tag auszukommen, ohne dabei müde oder erschöpft zu sein. Für kurzzeitige Höchstleistung – und für manche Individuen – kann diese Technik vielleicht sinnvoll sein, auf lange Sicht und bei den meisten Menschen scheint ein gesundes Maß von sechs bis acht Stunden an durchgehendem Nachtschlaf jedoch unverzichtbar. Übrigens: Gesundes Essen und ausreichend trinken gehören auch zu einer guten Regeneration. Das klingt selbstverständlich, aber selbst ich vergesse manchmal, wenn ich so richtig von meiner Arbeit gefangengenommen bin, Zeit und Raum um mich herum und verbringe Stunden, ohne etwas zu essen und zu trinken. Ich verspüre in diesem Flow-Zustand (siehe Seite 93) zwar keinen Hunger oder Durst, aber die daraus entstehenden körperlichen Defizite machen sich natürlich irgendwann bemerkbar, indem ich durch plötzlichen Konzentrationsabbau aus dem Flow herausgerissen werde. Genauso wichtig wie das leibliche Wohl ist eine aktive Freizeitplanung und das bewusste Genießen der freien Zeit.

Atemtechniken nutzen

Atmen ist etwas, das wir von Geburt an können, und wenn wir es richtig tun, kann es entscheidend zur Entspannung beitragen. Auch seelische und körperliche Beschwerden lassen sich durch richtige Atmung verbessern. Die Sauerstoffversorgung und der Stoffwechsel werden dabei optimiert. Das ist wichtig, da ein großer Teil der Abfallprodukte unseres Stoffwechsels und Giftstoffe über die Atmung ausgeschieden werden.

Atem- und Herzrhythmus sind miteinander gekoppelt. Je gleichmäßiger, entspannter und ruhiger die Atmung ist, desto günstiger ist es auch um die Herzfrequenz bestellt.

Die meisten Menschen gewöhnen sich im Lauf des Lebens jedoch eine falsche Atemweise an. Sie atmen flach und hastig in ihren Brustkorb hinein, und statt immer vollständig auszuatmen, wird auf halber Strecke schon wieder Luft geholt. Bei dieser sogenannten Brustatmung kommt der wichtigste Atemmuskel überhaupt, das Zwerchfell, nicht zum Einsatz und das, obwohl es bis zu zwei Dritteln zum gesamten Atemvolumen beiträgt. Bei richtiger Vollatmung sollte sich auch der Bauch im Atemrhythmus vor- und zurückbewegen. Daran können Sie dann das erfolgreiche Atmen erkennen.

Welche Kraft der Atem entstehen lassen kann, zeigt sich eindrucksvoll beim Gewichtheben. Die meisten halten, wenn sie etwas Schweres heben sollen, automatisch die Luft an. Profis hingegen zeigen, dass man viel mehr Kilos stemmen kann, wenn man im Moment der Belastung ausatmet. Auch in einen Schmerz hineinatmen kann helfen, diesen zu lindern. Diese Atemtechnik lehren Hebammen Schwangere, damit diese den Geburtsschmerz besser durchstehen können.

Nicht nur körperlich kann man die Atmung beeinflussen, auch Gedanken können die Atmung – wie alle anderen körperlichen Vorgänge auch – steuern. Durch Konzentration können Sie Ihren Atem lenken und ruhiger werden. Umgekehrt wird Ihr ruhiger Atem Ihr Denken beeinflussen können.

Ein kleiner Atemtest

- Versuchen Sie bewusst und ruhig zu atmen. Nun denken Sie bitte an eine bestimmte Situation zurück, in der Sie sich über etwas besonders geärgert haben.
- Rufen Sie sich diese Situation ganz plastisch ins Gedächtnis zurück.
- Sie werden merken, solange Sie Ihre Atmung ruhig und gleichmäßig halten, ist es beinahe unmöglich, sich über etwas aufzuregen.

Beim Yoga ist eine tiefe und bewusste Atmung ein zentraler Aspekt. Das Einatmen wird hier als »Aufnehmen« und das Ausatmen als »Loslassen« verstanden. Eine solche Visualisierung kann Ihnen helfen, zu der angestrebten Vollatmung zu gelangen. Im nächsten Schritt soll versucht werden, in einem speziellen Rhythmus zu atmen. Beim vierfachen Atemen lautet die Abfolge: 4-2-4-2.

Entspannen Sie sich durch Vierfach-Atmung

Zunächst müssen Sie die Atemkomponenten einzeln üben und schließlich zu einer Vollatmung kombinieren.

- **Brustatmung.** Hierbei wird nur die obere Lunge mit Sauerstoff gefüllt. Beim Ein- und Ausatmen hebt und senkt sich der Brustkorb. Das ist die Atmung, die Sie wahrscheinlich immer benutzen.
- **Bauchatmung.** Atmen Sie komplett aus und versuchen Sie, nur den unteren Teil Ihrer Lungen mit Sauerstoff zu füllen. Achten Sie darauf, dass sich beim Einatmen nur Ihr Bauch wölbt und keine Bewegung des Brustkorbs stattfindet.
- **Vollatmung.** Atmen Sie zunächst in den Bauch, so dass der untere Bereich der Lunge gefüllt wird, um direkt im Anschluss den oberen Bereich durch Brustatmung mit frischem Sauerstoff zu versorgen. Beim Ausatmen sollten Sie darauf achten, die Lungen komplett zu entleeren.
- **Die Vierfach-Atmung.** Im nächsten Schritt sollten Sie probieren, in einem speziellen Rhythmus zu atmen. Die Abfolge ist vier, zwei, vier, zwei. Der Vorgang des Einatmens sollte demnach vier Sekunden dauern; danach wird die Luft für zwei Sekunden in den Lungen belassen. Es folgt ein komplettes Ausatmen für vier Sekunden. Anschließend warten Sie zwei Sekunden, bevor Sie wieder auf gleiche Weise mit dem Einatmen beginnen.

Energie durch Atmen

Die Kraft des Atmens ist äußerst vielseitig und kann statt der Entspannung auch anregende Wirkung haben.

Das kann zum Beispiel durch folgende Übung erreicht werden: Atmen Sie in drei schnell aufeinanderfolgenden Atemzügen durch die Nase ein, so als ob Sie die Luft in Ihrer Lunge übereinander stapeln wollten. Dann atmen Sie langsam durch den halbgeöffneten Mund wieder aus, bis sich Ihre Lunge ganz entleert hat. Am Ende des Ausatmens wird der Bauch dabei kurz eingezogen. Wiederholen Sie diese Übung zwei- bis dreimal hintereinander.

Nach der Lehre des Pranayama, der Jahrtausende alten Yogischen Kunst des Atmens, hat die Atmung durch die verschiedenen Nasenlöcher unterschiedliche körperliche Auswirkungen. Wer durch das linke Nasenloch atmet, der wird ruhig und entspannt, wohingegen die Atmung durch das rechte eher anregt und aktiv macht. Manche Yogis können mental steuern, durch welches Nasenloch die Atmung erfolgen soll. Da ich jedoch – so wie die meisten meiner Leser möglicherweise auch – kein erfahrener Yogi bin, gibt es einen einfachen Trick, um diesen Effekt zu erzielen: Halten Sie sich einfach ein Nasenloch zu. Sollten Sie abends zur Ruhe kommen wollen, drücken Sie das rechte Nasenloch zu oder legen sich entsprechend auf die rechte Seite und atmen Sie gleichmäßig weiter. Sollten Sie beim Autofahren müde werden, halten Sie sich das linke Nasenloch zu. Schon nach weniger als fünf Minuten werden Sie sich sichtlich fitter fühlen. Viel Erfolg!

> *Die Sitali-Pranayama-Übung*
>
> Die sogenannte kühle Atmung wirkt stark entgiftend und hilft bei verschiedenen Krankheiten. Und so geht's:
> - Strecken Sie Ihre Zunge heraus, rollen Sie sie zu einem U. Ich hoffe, Sie gehören zu den Menschen, die genetisch dazu in der Lage sind.
> - Atmen Sie nun nur durch den Mund ein und aus. Sie werden den kühlenden Effekt der Atemtechnik nach wenigen Atemzügen verspüren.
> - Und keine Angst. Es ist völlig normal, dass Sie nach ein bis zwei Minuten eine Art metallischen Geschmack im Mund haben.

Es gibt eine Fülle von Atemtechniken, deren Wirkung wissenschaftlich bewiesen ist. Warum sie allerdings wirken – und ob manche der Techniken auch durch damit verbundene Suggestionen erfolgreich sind –, soll dahingestellt bleiben. Hauptsache, es hilft.

Wenn Sie Angst haben oder unter Druck stehen, dann achten Sie auf Ihre Atmung. Sie werden merken, dass sie kurz und flach ist. Versuchen Sie nun nichts weiter, als ab sofort lang und tief zu atmen. Tendenziell sollten Sie versuchen, etwas länger aus- als einzuatmen, so atmen Sie Ihre Anspannung einfach weg.

Autogenes Training oder Runterkommen auf Kommando

Eine zeitintensivere, aber auch tiefere Form der Entspannung bieten Meditation oder Autogenes Training. Obwohl es sich bei beiden Techniken um völlig unterschiedliche Schulen handelt, finden sich dennoch viele Gemeinsamkeiten. Ich persönlich bevorzuge für mich das Autogene Training, habe allerdings bei meiner persönlichen Variante kleine meditative Elemente in die Abfolge integriert. Die Methode ermöglicht es mir, quasi auf Knopfdruck entspannen zu können.

Das Autogene Training ist eine Entspannungstechnik, die auf Autosuggestion basiert und die vom Berliner Psychiater Johannes Heinrich Schultz auf Grundlage seiner Hypnoseforschungen entwickelt wurde.[2] Letztendlich stellt es eine Form von Selbsthypnose dar. Schultz hatte festgestellt, dass viele seiner Patienten in der Lage waren, sich allein mit Hilfe ihrer Vorstellungskraft in einen tiefen Entspannungszustand zu versetzen, und dass die bloße Vorstellung von der Wärme in der Hand tatsächlich dazu führte, dass die Oberflächentemperatur des Körpers an der entsprechenden Stelle messbar anstieg.

Mein Autogenes Training

• Um das Einschlafen während des Autogenen Trainings zu verhindern, empfiehlt sich eine entspannte aufrechte Sitzposition. Eine ruhige Umgebung ohne Ablenkungen ist – zumindest in der Übungsphase – empfehlenswert. Eine Sitzung sollte mindestens zehn Minuten dauern, am Anfang wird sicher mehr Zeit benötigt, um den gewünschten Entspannungseffekt zu erreichen.

• Zu Beginn steht wieder die Fokussierung auf den Atem. Hierbei sollten Sie zunächst Ihren Atemfluss lediglich beobachten und noch keinen speziellen Rhythmus vorgeben. Die bloße Konzentration darauf wird in der Regel schon dazu führen, dass er von selbst ruhiger und gleichmäßiger wird.

• Sie beobachten dann Ihre Gedanken, wie sie wie Wolken vor Ihrem geistigen Auge vorbeiziehen.

- Halten Sie keine Gedanken fest, sondern lassen Sie sie einfach ziehen.

- Versuchen Sie, alles loszulassen. Entspannen Sie, indem Sie diese Sequenz stetig wiederholen.

- Sie können während der gesamten Entspannungsübung ein Mantra sprechen – eine kurze formelhafte Wiederholung, die zur monotonen Beschäftigung des Gehirns führt. Sie können hierzu auch eine allgemeine Entspannungs- und Ruheformel verwenden, wie: »Ich bin ruhig, gelöst und entspannt.«

- Und nun sagen Sie sich in Gedanken: »Mein Atem wird ruhig und gleichmäßig. Ich atme ein und aus, ein und aus …« Wiederholen Sie die Formel so lange, bis der gewünschte Effekt eintritt. Wenn Sie total aufgedreht sind, kann es helfen, beim Ausatmen einen Ton wie »Om« auszustoßen.

- Im nächsten Schritt geht es um das bewusste Spüren von Schwere in Armen und Beinen, und zwar nacheinander. Später werden Sie die Schwere auch gleichzeitig erspüren können. Jetzt sprechen Sie in Gedanken: »Meine rechte Hand wird schwer, ganz schwer.«

- Nach sechs- bis siebenmaliger Wiederholung sollten Sie den erwünschten Effekt deutlich spüren. Weiten Sie dieses Gefühl nun schrittweise auf beide Arme und Beine aus.

- Im nächsten Schritt kommt durch folgende Formel das Empfinden der Wärme hinzu: »Meine rechte Hand wird warm.«

- Wiederholen Sie sie, bis Sie den Temperaturanstieg bemerken. Danach können Sie diesen Effekt schrittweise auf die übrigen Körperteile ausweiten. Verstärken Sie ihn weiter, indem Sie alles zusammen wiederholen: »Meine Arme und Beine sind schwer und warm.«

- Im weiteren Verlauf kann das Wärmeempfinden auch mit folgender Gedankenformulierung auf den Bauch ausgeweitet werden: »Mein Bauch wird von Wärme durchströmt.«

- Sie könnten sich auch vorstellen, dass Ihr Atem nicht durch Ihre Nase, sondern durch den Punkt an der Stirn – direkt zwischen Ihren Augen –, den die Inder das dritte Auge nennen, in Ihren Körper gelangt. Das hat einen kühlenden Effekt fürs Gehirn und wird durch folgende Formel unterstützt: »Die Stirn ist angenehm kühl.«

Menschen, die unter Kopfschmerzen leiden, sollten vor der Durchführung der letzten Übung Ihren Arzt befragen. Gleiches gilt für Herzpatienten, falls Sie nachfolgende Formel nutzen möchten, bei der sich Ihr Pulsschlag merklich verlangsamen wird. Sprechen Sie dabei den Satz: »Mein Herz schlägt ruhig und kräftig.« Dieser Teil des Autogenen Trainings fühlte sich für mich so unheimlich an, dass ich meist darauf verzichtete. Sie können es aber gerne versuchen.

Der Entspannung ein Ende bereiten

Wichtig ist das korrekte Beenden der Entspannungsphase. Und zwar entsprechend dem bereits bekannten Wake-up aus der Hypnose. Sagen Sie sich in Gedanken: »Wenn ich gleich nach dem dritten Atemzug die Augen öffne, werde ich mich ausgeruht, frisch und entspannt fühlen.«

- Atmen Sie tief ein und aus. Stellen Sie sich dabei vor, wie Energie von den Füßen hinauf Ihren ganzen Körper durchströmt.

- Spannen Sie alle Muskeln in den Armen und Beinen fest an und ballen Sie dabei die Hände kräftig zu Fäusten, atmen Sie ruckartig tief ein und reißen Sie gleichzeitig die Augen auf, wobei die Muskelspannung schlagartig aufgelöst wird.

- Sie können das Autogene Training auch vor dem Schlafengehen als Einschlafhilfe nutzen, dann sollten Sie allerdings auf das Wake-up verzichten.

Autogenes Training steigert die Konzentrationsfähigkeit und kann gezielt für das Setzen eigener Suggestionen benutzt werden. Beispielsweise zur Motivation mit den in Gedanken gesprochenen Worten: »Ich bin voller Energie und hoch motiviert, ich weiß dass ich mein Ziel erreichen werde«, oder zur Beruhigung: »Ich bleibe in der Prüfungssituation ruhig und gelassen.«
Nur ein bisschen Übung und Geduld sind erforderlich, dann ermöglicht es Ihnen Autogenes Training sogar, mit offenen Augen und bei unruhiger Umgebung und trotz Ablenkungen auf Knopfdruck herunterfahren zu können.

Selbsthypnose mit externer Induktionstechnik

Da sich das Autogene Training der sogenannten internen Induktionstechnik bedient, möchte ich Ihnen der Vollständigkeit halber noch eine weitere Form der Selbsthypnose mittels externer Induktionstechnik vorstellen. Es handelt sich hierbei um die traditionelle Methode der Hypnose-Einleitung mit Hilfe einer besonderen Lesetechnik.

Ich möchte Ihnen einen Satz vorgeben, den Sie bitte mit dieser Technik lesen sollten. Interessant ist, dass ein Entspannungszustand – und mehr wollen wir damit nicht erreichen – nach etwa 15 bis 20 gelesenen Wörtern erreicht werden kann. Ich möchte Sie nun bitten, eine entspannte Haltung einzunehmen. Lesen Sie den unten fett gedruckten Text ganz langsam und halblaut vor.

- Nehmen Sie sich für jedes Wort drei Sekunden Zeit.
- Dann folgt eine Pause von drei Sekunden, in der Sie bitte die Augen schließen.
- Danach schauen Sie auf das nächste Wort im Satz, gefolgt von einer erneuten Pause von drei Sekunden usw.

Es ist also entscheidend, nach jedem über drei Sekunden gedehnten Wort die Augen für weitere drei Sekunden zu schließen, sich zu entspannen und danach das nächste Wort zu lesen.

Sobald Sie merken, dass Sie müde werden oder sich bereits vollkommen entspannen können – das wäre das Ziel –, lassen Sie das alles zu und genießen Sie das Gefühl. Es wird sich schneller einstellen, als Sie denken.

**Dein Verstand erlaubt, dass
du loslassen kannst.
Loslassen auch von der Mühe, die es braucht, um
um bewusst alles um dich herum wahrzunehmen
und zeitgleich absolut entspannen zu können.**

Indem Sie diese Zeilen gelesen und das Experiment durchgeführt haben, konnten Sie hoffentlich extrem gut entspannen und einige Minuten abschalten. Übrigens eignet sich die Technik des besonderen Lesens auch, um abends leichter einzuschlafen.

Ist Ihnen eigentlich etwas aufgefallen während des Lesens? Ich habe bewusst im zweiten Satz zweimal hintereinander »um« verwendet. Selbst den Kennern der besonderen Lesetechnik fällt dies meist gar nicht auf. Was ansonsten im Deutschunterricht als unmöglich gelten würde, ist hier eine Konfusion, die in der Hypnose hilft. Das Unterbewusstsein ist irritiert, wenn es eine Wiederholung registriert, und es entsteht automatisch der Eindruck, schon sehr tief entspannt zu sein, was es dankend annimmt und Sie dafür mit noch mehr Ruhesignalen an Ihr Gehirn belohnt. Das klappt allerdings immer nur dann, wenn Sie es möchten.

Übrigens ist diese Methode – man nimmt die Wortdopplung dann weg – auch hervorragend geeignet, um sich vor ei-

277

nem Auftritt oder einem Vortrag zu entspannen oder Lampenfieber zu bekämpfen. Dann sollten Sie allerdings dabei Ihre Augen offen lassen. Nicht dass die Show oder die Prüfung noch ohne Sie anfängt.

7. Kapitel
Werden Sie zum Magier Ihres Lebens

Anstelle eines Schlusswortes möchte ich Ihnen noch einige persönliche Alltagsstrategien aus meiner mentalen Werkzeugkiste mit auf den Weg geben. Es sind Techniken, die mir schon oft im Leben auch abseits von Bühne und Show weitergeholfen haben. Hier die Top Seven, meine persönlichen Favoriten, mit denen ich mich selbst beeinflussen oder austricksen kann, um glücklicher, erfolgreicher, gesünder, kreativer, smarter, gelassener und geduldiger zu werden.

1. Zaubere dich glücklicher

Wie wir gesehen haben, sind wir in der Lage, durch gezielte Pflege der Gedanken unser Glücksempfinden maßgeblich zu beeinflussen. Die tägliche Gedankenpflege sollte daher mindestens so wichtig sein wie das Zähneputzen, also sollten Sie mindestens zweimal drei Minuten am Tag dafür einplanen. Neben den oben bereits vorgestellten Techniken habe ich noch eine schöne und sehr effektive Methode der Gedankenpflege für Sie. Da unser Unterbewusstsein ja besonders stark auf Bilder reagiert, habe ich mir in Gedanken einen Film mit den persönlichen Highlights meines bisherigen Lebens zusammengestellt. Ein »Best Of« mit den schönsten und emotionalsten Momenten, unterlegt – wie bei Hollywood-Blockbustern – mit aufbauender Musik. Wann immer ich Lust dazu habe oder wenn ich ein bisschen Aufmunterung vertragen könnte, lasse ich diesen Film vor meinem geistigen Auge ablaufen und fühle mich gleich wieder gestärkt. Alles

Material, das Sie zu einer solchen Filmproduktion benötigen, steckt bereits in Ihnen. Sie müssen es nur aus Ihren Erinnerungen hervorholen und zu Ihrem persönlichen Best-Of-Film zusammenfügen. Das Tollste dabei ist, Sie können den Steifen beliebig oft abspielen und genießen, völlig kostenlos, wo und wann immer Sie wollen!

2. Zaubere dich erfolgreicher

Wenn ich mit der Entwicklung eines neuen Kunststückes beschäftigt bin, kann es sein, dass mich die Arbeit völlig gefangennimmt und ich dabei Zeit und Raum um mich vergesse. Der Chicagoer Psychologieprofessor Mihaly Ciskszentmihalyi, einer der bekanntesten Glücksforscher unserer Zeit, bezeichnet diesen von ihm bereits 1975 beschriebenen Flow-Zustand als eine Art Trance. Wer den Flow erlebt, der wird von seiner Aufgabe völlig absorbiert, geht förmlich in dieser auf und vollbringt mühelos Höchstleistung. Das ist Zauberei!

Medizinisch lässt sich dieses Phänomen folgendermaßen erklären: Wenn ein Mensch aktiv wird, produziert er in seinem Gehirn sogenannte Neurotransmitter, um seine Aktivität steuern zu können. Je tatkräftiger ein Mensch ist, umso mehr dieser biochemischen Substanzen werden ausgeschüttet. Die meisten Neurotransmitter haben eine ähnliche Wirkung wie Glückshormone, deswegen fühlen sich aktive Menschen auch in hohem Alter noch vitaler und glücklicher, als manch ein träger Jungspund.

Jede Tätigkeit, nicht nur die sportliche, kann unabhängig von oder gerade wegen der mit ihr verbundenen Anstrengung glücklich machen. Eine wichtige Voraussetzung, um dabei dann in den Flow-Zustand zu gelangen, ist, dass wir mit

Spaß und Begeisterung bei der Sache sind. Dies gelingt jedoch nur, wenn sich die Anforderungen an uns und unsere Fähigkeiten die Waage halten. Wir dürfen weder unter- noch überfordert sein. Die Kunst besteht also darin, die Messlatte einerseits so anzuheben, dass wir unsere Leistung steigern und uns gefordert fühlen, aber andererseits nicht so hoch zu legen, dass es für uns unmöglich ist, eine Aufgabe zu erfüllen. Durch das Setzen und Erreichen von Zwischenzielen haben wir kleine Erfolgserlebnisse. So angespornt können wir durch die schrittweise Steigerung der Anforderungen das perfekte Maß austarieren. Erfolg und Zufriedenheit kommen dann ganz von selbst.

3. Zaubere dich gesünder

Ich persönlich bin sehr abergläubisch, aber nur bezogen auf die positiven Aspekte. Das heißt, ich glaube an alles, was gut ist und mir Glück bringt. Wenn mir eine schwarze Katze über den Weg läuft, verbinde ich damit keine negativen Erwartungen, falls mir jedoch ein Schornsteinfeger begegnet, so glaube ich fest an die glücksbringende Wirkung.

Ich weiß natürlich, dass das Humbug ist, und einige von Ihnen werden jetzt sicherlich einwenden, wer an das Gute glaubt, muss auch mit dem Bösen rechnen. Doch genau hier wird deutlich, dass ich mit meinem Denken meine Wirklichkeit kreieren kann und den Aberglauben nur nutze, um mein Denken in die richtige, positive Richtung zu lenken. Ein solches Vorgehen kann sogar heilen. Ich glaube daher auch an die Homöopathie und die Kraft des eigenen Willens zur Selbstheilung, jedoch nur – und das ist mir äußerst wichtig – als sinnvolle Ergänzung zu einer schulmedizinischen Behandlung.

Wenn Sie sich krank oder elend fühlen, können Sie Ihren Glauben einsetzen, um die Selbstheilungskräfte Ihres Körpers zu aktivieren. Sozusagen als Ihren persönlichen mentalen Placebo-Effekt. Unser Körper verfügt von Natur aus über eine große Anzahl der unglaublichsten Reparatursysteme. Unbemerkt von unserem Bewusstsein arbeitet unser Immunsystem 24 Stunden täglich – und das unser ganzes Leben lang. Unser Körper befindet sich also in einem permanenten Wandlungs- und Erneuerungsprozess. Obwohl sich diese Prozesse zum Großteil automatisch und unbemerkt vollziehen, können wir ihre Qualität und Effizienz beeinflussen. Die Psychoneuroimmunologie beschäftigt sich mit diesem Zusammenspiel und zeigt, wie Gedanken und Emotionen Hormonausschüttungen verändern und damit durch die Produktion von beispielsweise Cortisol und Adrenalin direkt das Immunsystem beeinflussen können. In Studien konnte gezeigt werden, dass der Placebo-Effekt sich nicht nur im Kopf abspielt, sondern tatsächlich physiologische Veränderungen bewirkt.[1] Leider gibt es noch kein Patentrezept dafür, wie man am besten den Kampf gegen eine Krankheit mental aufnimmt.

Wissenschaftliche Studien beweisen, dass spirituelle Heilsitzungen oder Methoden wie Reiki Wirksamkeit besitzen, selbst dann, wenn die Behandlungen lediglich von Schauspielern durchgeführt werden.[2] Zusätzliche Komponenten wie Vertrauen und Sympathie zum behandelnden Heiler, Körperkontakt, ja sogar Spezialeffekte wie das von philippinischen Wunderheilern vorgetäuschte sichtbare Entfernen eines Geschwürs, sowie der Glaube und die positive Erwartungshaltung des Patienten können sich zu einem mehrdimensionalen Placebo-Effekt addieren, dessen Wirkung weit über eine Scheinmedikation hinausgeht.[3]

Der Nobelpreisträger Niels Bohr soll ein Hufeisen über seiner Tür hängen gehabt haben. Als er gefragt wurde, ob er an diesen Glücksbringer glaube, soll er gesagt haben, nein, aber man habe ihm gesagt, es würde auch helfen, wenn man nicht daran glaubt. Selbst wenn Sie skeptisch sind, glauben Sie ruhig ein bisschen an die Wirksamkeit von Homöopathie, Wundermittelchen und Glücksbringern.

Da Sie selbst entscheiden können, was Sie glauben, können Sie sich mit der Methode selbst manipulieren. Ja, Sie haben richtig gehört, ich rufe hier zum Aberglauben auf, aber nur, um die dahinterstehende suggestive Wirkung zu nutzen, frei nach dem Motto: Der Glaube an die Wirksamkeit einer Handlung ist der Grund ihrer Wirksamkeit.

Aber bitte: Trotz allen Glaubens an mentale Selbstheilungskräfte, bei schweren oder ungeklärten Erkrankungen fragen Sie bitte immer Ihren Arzt und Apotheker!

4. Zaubere dich kreativer

Ich verrate Ihnen eine besondere Technik, wie Sie Ihre Träume und die kreative Kraft des Unterbewusstseins nutzen können. Hierfür möchte ich einen besonderen Bewusstseinszustand, das sogenannte Hypnagogische Stadium, nutzen.[4] Dieser Zustand bezeichnet die mentale Übergangsphase unseres Bewusstseins vom Wach- in den Schlafzustand.

In dieser Phase des Einschlafens kommt es oft zu skurrilen Gedanken oder sogar Halluzinationen, zum Beispiel glaubt man zu hören, wie sein Name gerufen wird oder man schreckt auf und ist felsenfest davon überzeugt, eine Spinne im Bett gesehen zu haben.

Nun ist es möglich, diesen Zustand mit allen Bildern bewusst zu erleben und effektiv zu nutzen. Zahlreiche Künstler und Wissenschaftler bezeichnen das Hypnagogische Stadium als kreative Goldgrube des Unterbewusstseins. Salvador Dalí benutzte diese Technik, um sich zu seinen bizarren Phantasiegemälden inspirieren zu lassen. Man sagt, er habe sich antrainiert, auf einem Stuhl zu schlafen, wobei sein Kinn von einem Löffel gehalten wurde. Der Ellenbogen des Arms, welcher den Löffel hielt, war auf die Armlehne des Stuhls gestützt. Im Moment des Einschlafens entspannten sich seine Muskeln, der Löffel fiel herunter und das Kinn kippte nach vorn, so dass er aufwachte. Dies geschah häufig in der Phase des hypnagogischen Traums oder während einer Vision, die er sogleich zu malen begann.[5]

Ich erlebe und nutze diesen Zustand häufig, wenn ich am Vorabend einen Auftritt hatte, spät ins Bett gekommen bin und aus Termingründen einen sehr frühen Flug zurück nach Hause nehmen muss. Der übernächtigte Zustand in Verbindung mit dem monotonen Dröhnen der Flugzeugmotoren eignet sich hervorragend, um in den hypnagogischen Zustand zu kommen, der mich schon häufig inspiriert hat.

Hypnagonia

Sie können gezielt trainieren, Hypnagogie zu erzeugen. Hier eine praktische Anleitung,[6] wie Sie den Zustand erreichen und Ihr Unterbewusstsein zur Problemlösung einsetzen können:

1. Legen Sie sich aufs Bett oder setzen Sie sich in einen bequemen Sessel mit Armlehnen. Legen Sie Stift und Papier in Reichweite zurecht.

2. Winkeln Sie die Ellenbogen auf dem Bett oder der Armlehne so an, dass sie senkrecht im 90-Grad-Winkel nach oben gegen die Decke zeigen. Die Handgelenke können je nach Bequemlichkeitsempfinden abgeknickt werden.

3. Konzentrieren Sie sich auf das Problem, das Sie lösen möchten.

4. Erlauben Sie sich grundsätzlich auch einzuschlafen. Bleiben Sie aber immer auf das Problem fixiert.

5. Warten Sie, bis Sie durch das Herunterfallen Ihres Unterarms wieder aufgeweckt werden. Dies wird automatisch dann passieren, wenn Sie kurz davor sind, in tieferen Schlaf zu fallen.

6. Notieren Sie sich sofort Ihre Gedanken.

5. Zaubere dich smarter

Wenn ich sehr konzentriert über eine Sache nachdenke und mir das Für und Wider deutlich machen möchte, führe ich oft einen Dialog mit mir selbst.

Selbstgespräche sind keinesfalls ein Zeichen von geistiger Verwirrtheit; diese Form der Kommunikation ist vielmehr ein essentieller Bestandteil unseres Denkprozesses. Dabei spielt es keine Rolle, ob die Wörter laut ausgesprochen oder nur in Gedanken gesagt werden. Grund für die effektivitätssteigernde Wirkung der Sprache ist die Vernetzung der verschiedenen Bereiche unseres Gehirns, die dabei in Gang gesetzt wird, insbesondere bei der Planung anspruchsvoller Aufgaben. Dies erklärt auch, weshalb wir bei schwierigen Herausforderungen plötzlich »laut denken«.

Bei Entscheidungsprozessen halte ich das mentale Wechselspiel verschiedener Gedanken für eines der wichtigsten Werkzeuge in meiner mentalen Trickkiste. Im Zwiegespräch mit mir selbst stelle ich für mich die unterschiedlichen Positionen gegenüber. Ich vergegenwärtige mir alle negativen Konsequenzen, die eine bestimmte Handlungsweise mit sich bringen würde. Besonders, wenn ich unentschlossen oder zögerlich bin, kann ich mich damit zum Handeln bringen und meinen Kampfgeist und meine Entschlossenheit wecken, falls nötig auch durch unrealistische gedankliche Übertreibungen. Genauso kreiere ich aber einen Gegenpol, der mir meinen Erfolg mit all seinen Vorzügen und den damit verbundenen Glücksgefühlen vor Augen führt und mich auf diese Weise motiviert und anschiebt. (Sie erinnern sich an das Prinzip Sog- und Druckmotivation, siehe Seite 93.)

Sie können Ihre Fähigkeit zum inneren Dialog auch gern in Form eines lauten Selbstgesprächs nutzen. Wenn es um Problemlösung geht, hilft es zudem, unterschiedliche den verschiedenen Meinungen entsprechende Körperhaltungen einzunehmen. Dieser Vorgang strukturiert die Gedanken, schafft ein besseres Verständnis für die jeweiligen Perspektiven und erleichtert so die Entscheidungsfindung.

6. Zaubere dich gelassener

Einer meiner persönlichen Lieblingstricks ist mein Gelassenheitscountdown. Bevor ich aufgeregt oder überstürzt auf etwas reagiere, das mir gegen den Strich geht, zwinge ich mich, in Gedanken langsam bis zehn zu zählen. Mit jedem Ausatmen lasse ich dabei meine Schultern ein bisschen weiter nach unten sinken. Diese kleine Prozedur lässt schon mal gehörig Dampf aus dem Kessel.

Nun ja, Dinge hinzunehmen, die wir nicht ändern können, ist äußerst schwer. Auch hier können Sie einige der oben gelernten Entspannungstechniken wie die spezielle Atmung oder das Autogene Training (siehe Seite 267 ff.) einsetzten, um sich etwas zu beruhigen. »Herr, gib mir die Gelassenheit, Dinge hinzunehmen, die ich nicht ändern kann, den Mut, Dinge zu ändern, die ich ändern kann, und die Weisheit, das eine vom anderen zu unterscheiden«, formulierte der Theologe Reinhold Niehbur. Denn erst wenn wir aufhören, das Unveränderbare zu bekämpfen, haben wir die Kraft, die Zeit und die Phantasie, die Probleme anzugehen, die wir auch tatsächlich lösen können.

Ein weiterer Trick, um zu mehr Gelassenheit zu kommen, besteht darin, einfach zu abstrahieren. Also: Falls vor Ihnen im Straßenverkehr ein Schleicher fährt, regen Sie sich nicht auf. Auch wenn es im ersten Moment so aussehen mag, der Vorausfahrende macht es sicher nicht, um Sie zu ärgern. Es gibt bestimmt einen wichtigen Grund für sein Verhalten. Vielleicht ist sein Tank fast leer und er versucht, mit dem letzten Tropfen Sprit eine Tankstelle zu erreichen. Oder es handelt sich um einen Fahranfänger, der noch etwas unsicher im Straßenverkehr ist.

Sie merken, es geht hier um eine Art von Reframing (siehe Seite 186). Hierbei ist es ganz egal, ob Ihre Gedanken tatsächlich die wahren Hintergründe widerspiegeln, denn sie dienen einzig dem Zweck, Sie selbst zu schützen. Damit Sie sich nicht aufregen und wütend werden, sondern gelassen und entspannt bleiben.

Wenn Sie beispielsweise zu den Menschen zählen, die sich über eine rote Ampel aufregen, dann versuchen Sie doch einfach mal, die Farbe Rot mit etwas Positivem zu verbinden und sich darauf zu konditionieren. Stellen Sie sich zum Beispiel vor, Rot bringe Glück. Je mehr Rot Sie an einem Tag sehen, desto mehr Glück wird Ihnen widerfahren. Sie werden schnell merken, wie Sie durch diesen kleinen Trick in der Lage sein werden, das rote Licht der Ampel gelassener hinzunehmen.

7. Zaubere dich geduldiger

Ich bin ein sehr ungeduldiger Mensch, aber mit folgenden Methoden kann ich mir das Warten etwas erträglicher gestalten. Wenn es nämlich darum geht, Dinge zu verändern, die tatsächlich veränderbar sind, kann die Fähigkeit, Geduld aufzubringen, einen entscheidenden Beitrag zum Gelingen leisten. Ein Sprichwort sagt: »Das Glück kommt zu dem, der warten kann«, was nicht heißt, sich dem bloßen Nichtstun hinzugeben, sondern den richtigen Zeitpunkt zum Handeln abzupassen.

Den besten Trick, um Geduld aufzubringen, haben Sie bereits kennengelernt: sich ablenken (siehe Seite 139). Wenn ich beispielsweise auf einen wichtigen Anruf warte, dann beschäftige ich mich mit etwas völlig anderem, statt die ganze Zeit auf das Telefon zu starren, in der Hoffnung, dass es in den nächsten Sekunden klingeln wird.

Sie sollten die Wartezeit auch nicht als verschwendete Zeit ansehen. Nutzen Sie Ihre Phantasie und stellen Sie sich den Prozess wie langsames Wachsen vor. Freuen Sie sich auf das Ergebnis, es wird sicher nicht ausbleiben. Vergegenwärtigen Sie sich nur einmal, wie wichtig die Pausen bei einem Theater- oder Musikstück sind. Sie sind in Ihrem Leben der Regisseur, setzen Sie die Kunst der Pause und des Abwartenkönnens gezielt ein.

Wenn es Ihnen gelingt, Ihre innere magische Melodie zu hören und ihr zu folgen, sprich, stetig und besonnen Schritt für Schritt in die richtige Richtung voranzuschreiten, werden Sie irgendwann erfolgreich am Ziel Ihrer Wünsche ankommen. Franz von Assisi soll einmal gesagt haben: »Tu erst das Notwendige, dann das Mögliche und plötzlich schaffst du das Unmögliche.« Ich wünsche Ihnen viel Spaß auf diesem spannenden Weg zu Ihren ungeahnten Möglichkeiten.

Anmerkungen

Geht nicht, gibt's nicht

1 Vgl. Ernst, Heiko: Innenwelten. Warum Tagträume uns kreativer, mutiger und gelassener machen. Stuttgart 2011.

2 Vgl. Wisemann, Richard: Wie Sie in 60 Sekunden Ihr Leben verändern. Frankfurt a. M. 2010, S. 127–130.

3 Vgl. Bischoff, Christian: Willenskraft. Warum Talent gnadenlos überschätzt wird. © 2010 Econ Verlag in der Ullstein Buchverlag GmbH, Berlin, S. 110.

Wunderbar, alles ist da

1 Vgl. Beyerstein, B. L.: Whence cometh the myth that we only use 10 % of our brains? In: Sergio Della Sala (Hg.): Mind myths. Exploring popular assumptions about the mind and brain. New York 1999.

2 Vgl. Kuhl, Julius: Lehrbuch der Persönlichkeitspsychologie: Motivation, Emotion und Selbststeuerung. Göttingen 2010.

3 Vgl. Charvet, Rose Shelle: Words that change minds: Mastering the language of influence. Dubuque 1997.

4 Vgl. Everson, S. A., Goldberg, D. E., Kaplan, G. A., Cohen, R. D., Pukkala, E., Tuomilehto, J. und Salonen, J. T.: Hopelessness and risk of mortality and incidence of myocardial infarction and cancer. In: *Psychosomatic Medicine* 58, No. 2 1996, S. 113–121.

5 Vgl. Seligman, Martin E. P.: Der Glücksfaktor: Warum Optimisten länger leben. Bergisch-Gladbach 2011, S. 77 ff.

6 Vgl. Seligman, S. 73 oder http://de.wikipedia.org/wiki/Optimismus

7 Vgl. Krueger, Ralph: Teamlife. Über Niederlagen zum Erfolg. Zürich 2002.

8 Vgl. Rhinehart, Luke: The book of the die. A handbook of dice living. Woodstock, New York 2000.

9 Vgl. Gibson, James J.: The ecological approach to visual perception. Mah wah 1986.

10 Vgl. Gillmeister, H. und Eimer, M.: Tactile enhancement of auditory detection and perceived loudness. In: *Brain Reserarch*, No. 1160, S. 58–68.

11 Nach Wegner sind das die Kriterien: Priorität, Konsistenz und Exklusivität, nach denen das Gehirn beurteilt, ob ein Ereignis Folge von

bewusstem Denken ist. Wegner, Daniel M.: The illusion of concious will. Cambridge.

12 Vgl. Dr. Joseph Murphy: The power of your subconscious mind. 2007.

13 Vgl. http://www.randi.org/site/index.php/1m-challenge.htm.

14 Dies entspricht der bekannten 55–38–7-Regel von Albert Mehrabian und stammt aus der Studie von Mehrabian und Ferris »Decoding of inconsistent communications«. (Vgl. Mehrabian, Albert und Wiener, Morton: Decoding of inconsistent communications. In: *Journal of Personality and Social Psychology* No. 6 (1) 1967, S. 109–114 und Mehrabian, Albert und Ferris Susan R.: Inference of attitudes from nonverbal communication in two channels. In: *Journal of Consulting and Clinical Psychology* 31, No. 3 1967 S. 248–252).

15 Vgl. Meier, Urs: Du bist die Entscheidung. Frankfurt a.M. 2010, S. 16.

16 Vgl. Csikszentmihalyi, Mihaly: Kreativität. Wie Sie das Unmögliche schaffen und Ihre Grenzen überwinden, Stuttgart 2010.

17 Vgl. Taylor, A. F., Wiley, A., Kuo, F. E. und Sullivan, W. C.: Growing up in the inner city. Green spaces as places to grow. In: *Environment and Behavior* 30, No. 1 1998, S. 3–27.

18 Zum kreativen Priming vgl. Wisemann, Richard: Wie Sie in 60 Sekunden Ihr Leben verändern. Frankfurt a.M. 2010, S. 149 f. und Förster, Jens, Friedman, Roland S., Butterbach, Eva. B. und Sassenberg, K.: Automatic effects of deviancy cues on creative cognition. In: *European Journal of Social Psychology* 35, No. 3 2005, S. 345–359.

19 Vgl. Wisemann, Richard: Wie Sie in 60 Sekunden Ihr Leben verändern. Frankfurt a.M. 2010, S. 152 f.

20 Vgl. Lipnicki, D. M. und Byrne, D. G.: Thinking on your back. Solving anagrams faster when supine than when standing. In: *Cognitive Brain Research* 24, No. 3 2005, S. 719–722.

21 Vgl. Mullen, B., Johnson, C. und Salas, E.: Productivity loss in brainstorming groups. A meta-analytic integration. In: *Basic and Applied Social Psychology* 12, No. 1 1991, S. 3–23.

22 Vgl. Johnstone, Keith: Improvisation und Theater. Berlin 2010, S. 206 ff.

23 Vgl. http://de.wikipedia.org/wiki/One_red_paperclip.

24 Dieser Ansatz findet sich auch in Heinz Heckhausen: Vgl. Heckhausen, Heinz und Jutta: Motivation und Handeln. Lehrbuch der Moti-

vationspsychologie. Berlin: Springer, 4. überarbeitete und erweiterte Auflage 2010.

25 Vgl. Storch, Maja: Motto – Ziele, s. m. a. r. t. Ziele und Motivation. In: Bernd Rainer Birgmeier (Hg.): Theoretisches Coachingwissen. Wiesbaden 2010, S. 183–206.

26 Shoda, Y., Mischel, W. und Peake, P. K.: Predicting adolescent cognitive and self-regulatory competencies from preschool delay of gratification: Identifying diagnostic conditions. In: *Developemental Psychology* 26, No. 6 1990, S. 978–986.

27 Verlaufstudien: Marshmallow test points to biological basis for delayed gratification. In: *Sience Daily*, September 1, 2011.
Casey, B. J., Somerville, L. H., Gotlib, I. H., Ayduk, O., Franklin, N. T., Askern, M. K., Jonides, J., Berman, M. G., Wilson, N. L., Teslovich, T., Glover, G., Zoyas, V., Mischel, W. und Shoda, Y.: From the cover: Behavioral and neural correlates of delay of gratification 40 years later. In: *Proceedings of the National Academy of Sciences* 108, No. 36 2011, S. 14 998–15 003.

28 Vgl. Ellis, Albert und Harper, Robert A.: A guide to rational living. Hollywood 1997.

29 Vgl. Frieß, Peter: Nachhaltigkeitsbericht 2010. Tyczka Unternehmensgruppe, S. 6., www.wirtschaftsforum-oberland.de / cms / index. php?id=170.

30 Vgl. Koch, Richard: The 80/20 principle. The secret of achieving more with less. London 1997.

31 Vgl. Marois, René und Dux, Paul: http://www.vanderbilt.edu / exploration / stories / multitask.html.

32 Vgl. Pakkenberg, B.: Neocortical neuron number in humans. Effect of sex and age. In: *The Journal of Comparative Neurology* 384, No. 2 1997, S. 312–320.

33 Vgl. Carnegie, Dale: Der Erfolg ist in dir. Frankfurt a. M. 2009, S. 201–203.

34 Gelesen bei Richard Wiseman; er hat sie sicher nicht entwickelt. Das Grundprinzip ist alt. Vgl. Wiseman, Richard: Paranormality: Why We See What Isn't There. London 2011, S. 91.

35 Ein derartiger Zusammenhang konnte statistisch nicht bewiesen werden. Vgl. Young, Donn und Hade, Erinn: Holidays, birthdays and postponement of cancer death. In: *The Journal of the American Medical Association (JAMA)*, No. 292, S. 3012.

36 Vgl. Gladwell, Malcolm: Überflieger. Warum manche Menschen erfolgreich sind – und andere nicht. Frankfurt a. M. 2009.

37 Vgl. Friedman, R. und Elliot, A. J.: The effect of arm crossing on persistence and performance. In: *European Journal of Social Psychology* 38, No. 3 2008, S. 449–461.

38 Vgl. Yerkes, R. M. und Dodson, J. D.: The relation of strength of stimulus to rapidity of habit formation. In: *Journal of Comparative Neurology and Psychology* 18, No. 5 1908, S. 459–482.

39 Vgl. Ellis, Albert und Harper, Robert A.: A guide to rational living. Hollywood 1997.

Jetzt wird gezaubert

1 Broadbent, Donald E.: Frederic Charles Bartlett. 1886–1969. In: *Biographical Memoirs of Fellows of the Royal Society*, No. 16 1970, S. 1–3.

2 Cherry, E. C.: Some experiments on the recognition of speech, with one and with two ears. In: *The Journal of Acoustical Society of America* 25, No. 5 1953, S. 975.

3 Harris, Paul und Mead, Eric.: The art of astonishment book 1. Rancho Cordova 1996, S. 285.

4 Vgl. Brown, Derren: Tricks of the mind. London: Channel 4 Books 2007, S. 178–179.

5 Gleiches zeigen Drew Westens Studien im Zusammenhang mit politischen Parteien. Wir nehmen selbst evidente Widersprüche der eigenen Partei nicht wahr, wohingegen uns dieselben Widersprüche auf der Gegenseite geradezu ins Auge stechen. (Vgl. Drew Westen, Pavel S. Blagov, Keith Harenski, Clint Kilts und Stephan Hamann: Neural bases of motivated reasoning: An fMRI study of emotional constraints on partisan political judgement in the 2004 U. S. presidential election. In: *Journal of Cognitive Neuroscience* 18, No. 11, 2006 (1947–1958).

6 Im Rahmen einer BBC-Dokumentation durchgeführt von Johansson und Hall inspiriert von Nisbett, R. E. und Wilson, T. D.: Telling more than we can know: Verbal reports on mental processes. In: *Psychological Review* 84, No. 3 1977, S. 231–259.

7 Vgl. Simons, D. J. und Levin, D. T.: Failure to detect changes to people during real world interaction. In: *Psychonomic Bulletin and Review* 5, No. 4 1998, S. 644–649.

8 Vgl. Zorzi, M., Mapelli, D., Rusconi, E. und Umiltà, C.: Automatic spacial coding of perceived gaze direction is revealed by the Simon effect. In: *Psyconomic Bulletin and Review* 10, No. 2 2003, S. 423–429.

9 Macknik, Steven. L. und Martinez-Conde, Susanna: Sleights of mind: What the neuroscience of magic reveals about our everyday deceptions. New York 2010, S. 146 f.

10 Vgl. Stattford, Tom und Webb, Matt: Mind hacks. Tips and tools for using your brain. Beijing 2005, S. 278.

11 Vgl. Bargh, J. A., Chen, M. und Burrows, L.: Automaticity of social behaviour. Direct effects of trait construct and stereotype activation on action. In: *Journal of Personality and Social Psychology* 71, No. 2 1996, S. 230–244.

12 Vgl. Dijksterhuis, A. und van Knippenberg, A.: The relation between perception and behaviour, or how to win a game of trivial pursuit. In: *Journal of Personality and Social Psychology* 74, No. 4 1998, S. 865–877.

13 Um eine eventuelle negative Wirkung eines Priming Effektes rückgängig zu machen, bedarf es lediglich eines Bewusstmachens des Beeinflussungsvorgangs und eines Rückbesinnens auf unsere eigenen individuellen Fähigkeiten (vgl. Stattford und Webb 2005, S. 343).

14 Vgl. Carnegie, Dale: Der Erfolg ist in dir. Frankfurt a. M. 2009, S. 67.

15 Vgl. Sheahan, Peter: Flip: How to survive and thrive by turning your business on its head. London 2009.

Die Methoden der Mentalisten

1 Vgl. Schulz von Thun, Friedemann: Miteinander reden. Störungen und Klärungen. Psychologie der zwischenmenschlichen Kommunikation. Reinbek 1981.

2 Vgl. Navarro, Joe: Menschen lesen: Ein FBI-Agent erklärt, wie man Körpersprache entschlüsselt. München 2010.

3 Vgl. Ekman, Paul: Ich weiß, dass du lügst: Was Gesichter verraten. Reinbek 2011.

4 Vgl. Wiseman, Richard: Quirkologie. Frankfurt a. M. 2008, S. 73.

5 Studie bei Richard Wiseman (vgl. Wiseman, Richard: Paranormality: Why we see what isn't there. London 2011, S. 19 ff).

6 Ursprünglich veröffentlicht in: Bandler, Richard und Grindler, John: Frogs into princes: Introduction to neurolinguistic programming. Utah 1979, S. 178–179.

7 Vgl. Brown, Derren: Tricks of the mind. London 2007.

8 Vgl. Chartrand, T. L. und Bargh, J. A.: The chameleon effect. The perception – behaviour link and social interaction. In: *Journal of Personality and Social Psychology* 76, No. 6 1999, S. 893–910.

9 Vgl. Ramachandran, V. S.: Mirror neurons and imitation learning as the driving force behind »the great leap forward« in human evolution. Edge 2000. Auch: http://www.edge.org/3rd_culture/rama chandran/ramachandran_index.html.

10 Vgl. Guéguen, N.: The effect of a man's touch on woman's compliance to a request in a courtship context. In: *Social Influence* 2, No. 2 2007, S. 81–97.

11 Vgl. Bandler, Richard: Using your brain for a change: Neuro linguistic programming. Colorado 1985.

12 Falls ich Ihr Interesse geweckt haben sollte, empfehle ich Ihnen jedoch, sich durch Fachliteratur und Kurse eingehend mit dem Thema zu beschäftigen. Aktuelle Seminarangebote und Empfehlungen finden Sie auf www.paracons.de.

13 Diese Technik wurde nicht von Freddy Jaquin erfunden, ich habe sie nur von ihm gelernt. Die Methode der Substituierung geht auf Milton Erickson zurück.

14 Einige der Beispiele stammen von meinem amerikanischen Kollegen Steve Cohen (vgl. Cohen, Steve: Win the crowd. Unlock the secrets of influence, charisma and showmanship. New York 2005, S. 135 ff).

15 Vgl. Langer E. J., Blank, A. und Chanowitz, B.: The mindlessness of ostensibly thoughtful action. The role of »placebic« information in interpersonal interaction. In: *Journal of Personality and Social Psychology* 36, No. 6 1978, S. 635–642.

16 Es gibt auch Studien, die zeigen, dass die Erfolgsquote ohne eine sinnvolle Begründung, gerade bei der Bitte nach einem großen Gefallen (25 statt fünf Kopien anfertigen zu wollen) deutlich absinkt (vgl. Folkes, V. S.: Mindlessness or mindfulness. A partial replication and extension of Langer, Blank and Chanowitz. In: *Journal of Personality and Social Psychology* 48, No. 3 1985, S. 600–604).

17 Vgl. Hopkins, Tom: How to master the art of selling. Grand Central Publishing 1988.

18 Vgl. Cialdini, Robert B.: Influence. The psychology of persuasion. New York 2006, S. 111–113.

19 Vgl. Miller, R. L., Seligman, C., Clark N. T. und Bush, M.: Perceptual contrast versus reciprocal concession as mediators of induced

compliance. *Canadian Journal of Behavioral Science*, No. 8 1976, S. 401–409.

20 Vgl. Benton, A. A., Kelly, H. H. und Liebling, B.: Effects of extremity of offers an concession rate on the outcomes of bargaining. In: *Journal of Personality and Social Psychology*, No. 24 1972, S. 73–83.

21 Vgl. Jones, E. E. und Gordon, E. M.: Timing of self – disclosure and its effects on personal attraction. In: *Journal of Personality and Social Psychology*, No. 3 1972, S. 358–365.

22 Vgl. Williams, K. D., Bourgeois, M. J. und Croyle, R. T.: The effects of stealing thunder in criminal and civil trials. In: *Law and Human Behaviour* 17, No. 6 1993, S. 597–609.

23 Vgl. Worchel, S., Lee, J. und Adewole, A.: Effects of supply and demand on ratings of object value. In: *Journal of Personality and Social Psychology* 32, No. 5 1975, S. 906–914.

24 Vgl. Davis, B. P. und Knowles, E. S.: A disrupt-then-reframe technique of social influence. In: *Journal of Personality and Social Psychology* 76, No. 2 1999, S. 192–199.

25 Vgl. Burger, J. M.: Increasing compliance by improving the deal. The that's-not-all technique. In: *Journal of Personality and Social Psychology* 51, No. 2 1986, S. 277–283.

26 Vgl. Freedman, J. und Fraser, S.: Compliance without pressure. The foot-in-the-door technique. In: *Journal of Personality and Social Psychology* 4, No. 2 1966, S. 195–202.

27 The racetrack study (vgl. Knox, R. E. und Inkster, J. A.: Postdecision dissonance at posttime. In: *Journal of Personality and Social Psychology*, No. 18 1968, S. 319–323. Vgl. auch Rosenfeld, P., Kennedy, J. und Giacolone R.: Decision making: a demonstration of the postdecision dissonance effect. In: *Journal of Social Psychology*, No. 126 1986, S. 663–665).

28 Cialdini, Robert B.: *The Psychology of Persuasion*, New York 2007, S. 111–113

29 Vgl. Regan, D. T.: Effects of a favor and liking on compliance. In: *Journal of Experimental Social Psychology* 7, No. 6 1971, S. 627–639.

30 Vgl. Evans, F. B.: Selling a dyadic relationship – a new approach. In: *The American Behavioral Scientist* 6, No. 7 1963, S. 76–79.

31 Vgl. LaFrance, M.: Postural mirroring and intergroup relations. In: *Personality and Social Psychology Bulletin* 11, No. 2 1985, S. 207–217.

32 Vgl. Carnegie, Dale: Der Erfolg ist in dir. Frankfurt a. M. 2009.

33 Vgl. Aronson, E. und Mills, J.: The effect of severity of initiation on liking for a group. In: *Journal of Abnormal and Social Psychology* 59, No. 2 1959, S. 177–181.

34 Vgl. Meston, C. M. und Fröhlich, P. F.: Love at first fright. Partner salience moderates roller coaster-induced excitation transfer. In: *Archieves of Sexual Behaviour* 32, No. 6 2003, S. 537–544.

35 Vgl. Cohen, B., Waugh, G. und Place, K.: At the movies: An unobtrusive study of arousal-attraction. In: *Journal of Psychology* 129, No. 5 1989, S. 691–693.

Wunderwaffe Gedächtnis

1 Vgl. Miller, G. A.: The magical number seven, plus or minus two. Some limits on our capacity for processing information. In: *The Psychological Review*, No. 63 1956, S. 81–97.

2 Vgl. Vester, Frederic: Denken, Lernen, Vergessen – Was geht in unserem Kopf vor, wie lernt das Gehirn, und wann lässt es uns im Stich? Stuttgart 1975.

3 Diese Erkenntnisse gehen auf den Entdecker des Carpenter-Effekts, William H. Carpenter, zurück.

4 Vgl. Hacker, Winfried: Allgemeine Arbeits- und Ingenieurpsychologie. Psychische Struktur und Regulation von Arbeitstätigkeiten. Berlin 1973.

5 Vgl. Ranganathan, V. K., Siemionow, V., Liu, J. Z., Sahgal, V. und Yue, G. H.: From mental power to muscle power. Gaining strength by using the mind. In: *Neuropsychologia* 42, No. 7 2004, S. 944–956. Gefolgt von einer Studie im Lerner Research Institut: Yue, G. H. und Cole, K. J.: Strength increases from the motor program: Comparison of training with maximal voluntary and imagined muscle contractions. In: *Journal of Neurophysiology* 67, No. 5, 1992, S. 1114–1123.

6 Vgl. Fußnote 5 zu Ranganathan, V. K., Siemionow, V., Liu, J. Z., Sahgal, V. und Yue, G. H.

7 Hier ein Beispiel des Kölner Gedächtnistrainers Stefan Fröhlingsdorf (www.gedaechtnisakademie.de).

8 Meine 20 Symbole ähneln dem System von Conradi Horster und Victor Jamanitzky Astor.

9 Harris, Paul und Mead, Eric: Art of Astonishment, Volume 3, Rancho Cordova o. J., S. 105.

10 Vgl. James, L. E. und Burke, D. M.: Phonological priming effects on word retrieval and tip-of-the-tongue experiences in young and older adults. In: *Journal of Experimental Psychology. Learning, Memory and Cognition* 26, No. 6 2000, S. 1378–1391.

11 Vgl. Scholey, A. B., Moss, M. C. und Wesnes, K.: Oxygen and cognitive performance. The temporal relationship between hyperoxia and enhanced memory. In: *Psychopharmacology* 140, No. 1 1998, S. 123–126.

Das Geheimnis dauerhafter Stärke

1 Diese Metapher stammt aus: Carnegie, Dale: Der Erfolg ist in dir. Frankfurt a. M. 2009, S. 205.

2 Vgl. Schultz, Johannes H.: Das autogene Training. Konzentrative Selbstentspannung. Versuch einer klinisch-praktischen Darstellung. Stuttgart 1970.

Werden Sie zum Magier Ihres Lebens

1 Vgl. Ader, R. und Cohen, N.,: Behaviorally conditioned immunosuppression. In: *Psychosomatic Medicine* 37, No. 4 1975, S. 333–340.

2 Beispiel zu Reiki: Assefi N., Bogart, A., Goldberg J. und Buchwald D.: Reiki for the treatment of fibromyalgia: A randomized controlled trial. In: *The Journal of Alternative and Complementary Medicine* 16, No. 11 2010, S. 1191–1200.

3 Vgl. auch Karin Meißner: Spiritualität transdisziplinär. In: *FOCUS Magazin*, No. 30 2011, S. 75 f.

4 Messungen der Hirnströme an Versuchspersonen legen die Vermutung nahe, dass Hypnagonia tatsächlich einen besonderen Zustand darstellt und nicht bloß einen Entspannungszustand, in dem unstrukturierter Informationsfluss zu ungewöhnlichen Wahrnehmungen führt. (Vgl. Wackermann, J., Putz, P., Buchi, S., Strauch, I. und Lehmann, D.: Brain electrical activity and subjective experience during altered states of consciousness: ganzfeld and hypnagogic states. In: *International Journal of Psychophysiology*, 46, No. 2, S. 123–146.

5 Es wird berichtet, dass weitere beeindruckende Persönlichkeiten der Weltgeschichte, wie Richard Wagner, Giacomo Puccini, Johannes Brahms, Albert Einstein, Johann Wolfgang von Goethe, Leo Tolstoi, Mark Twain, Edgar Allen Poe, Charles Dickens sowie Thomas Alva

Edison, sich mit dem Phänomen »Hypnagonia« auseinandersetzten und davon inspiriert waren.

6   Diese Anleitung stammt aus: Stattford, Tom und Webb, Matt: Mind hacks. Tips and tools for using your brain. Beijing 2005, S. 278.

Links zu den Videos

Seite 57   http://www.nicolai-friedrich.de/buchclips/clip1.html
Seite 110 http://www.nicolai-friedrich.de/buchclips/clip2.html
Seite 122 http://www.nicolai-friedrich.de/buchclips/clip3.html
Seite 129 http://www.nicolai-friedrich.de/buchclips/clip4.html
Seite 143 http://www.nicolai-friedrich.de/buchclips/clip5.html
Seite 197 http://www.nicolai-friedrich.de/buchclips/clip6.html

Dale Carnegie
Wie man Freunde gewinnt
Die Kunst, beliebt und einflussreich zu werden

Band 19053

Dale Carnegie hat mit diesem Ratgber ein bewährtes und immer noch hochaktuelles Werkzeug geschaffen, mit dem man

- die Sympathie seiner Mitmenschen gewinnt
- seine Beliebtheit und sein Ansehen steigert
- ein guter Redner und besserer Gesellschafter wird
- andere von sich überzeugt und mitreißt.

Millionen von Menschen weltweit hat Dale Carnegie mit seinem lebhaft und anschaulich geschriebenen Buch geholfen, erfolgreich im Umgang mit Menschen im privaten und geschäftlichen Bereich zu werden. Es ist der erste Ratgeber seiner Art und der einzige, den Sie brauchen, um schneller und leichter Freunde zu gewinnen.

Fischer Taschenbuch Verlag

fi 19053 / 1

Dale Carnegie
Besser miteinander reden
Band 19055

Dieses Buch vermittelt das notwendige Selbstvertrauen, um

- sicher und gewinnend aufzutreten
- frei und unbefangen im kleinen oder größeren Kreis zu sprechen
- mögliches Lampenfieber zu überwinden
- die eigenen Anliegen packend zu formulieren
- Ideen und Vorschläge wirkungsvoll zu präsentieren
- auf andere und ihre Bedürfnisse einzugehen
- die Aufmerksamkeit anderer zu fesseln
- zu motivieren, zu begeistern und zu kritisieren, ohne zu verletzen
- Visionen zu vermitteln und Anerkennung und Sympathie zu gewinnen.

Fischer Taschenbuch Verlag

fi 19055 / 1